新史学

观古今中西之变

在国家与社会之间

明清广东地区里甲赋役制度与乡村社会（增订版）

刘志伟 著

北京师范大学出版集团
BEIJING NORMAL UNIVERSITY PUBLISHING GROUP
北京师范大学出版社

目 录

第一章　绪论

第一节　问题与思路

在明清社会经济史研究领域，户籍赋役制度研究是一个传统的热门课题。梁方仲教授以明代一条鞭法为中心，对明代黄册、鱼鳞册、里甲制度、粮长制度等方面的研究，为明清经济史研究作出了奠基性的贡献。① 1961 年出版的韦庆远教授著《明代黄册制度》，是当时中国明清史研究中为数不多的杰出的学术研究成果之一。近年来一些新的研究成果，如栾成显关于明代黄册的研究②，郑振满关于里甲与宗族关系的研究③，在资料和课题上都有新的开拓。至于在日本的明清经济史研究中，里甲制度和赋役制度长期以来备受研究者重视，取得了丰硕的成果，更是众所周知。前人的研究成果，为笔者提供了一块坚实的土地，在这块坚实的土地上学步，无疑可以获得更多的安全感和充实感；但前贤所建构的大厦，也常常令笔者生畏，斗胆在一旁营筑一间小小的茅屋，总免不了诚惶诚恐，这就似乎需要首先对自己研究的一些基本问题和思路作一点交代。

---

① 参见梁方仲：《梁方仲经济史论文集》，北京，中华书局，1989。

② 参见栾成显：《明初地主制经济之考察——兼叙明初的户帖与黄册制度》，载《东洋学报》，1987，68(1/2)。

③ 参见郑振满：《明清福建家族组织与社会变迁》，长沙，湖南教育出版社，1992。

一、社会史视角的户籍赋役制度研究

在中国社会经济史研究领域，历代王朝的户籍制度，远不如土地制度那样被研究者重视。过去几十年，许多研究者将土地制度视作全部封建制度的基础，以这种假设为前提，力图透过土地制度，说明中国传统社会经济的性质和运行规律。然而，无论是从理论上还是从历史事实上看，忽视了户籍制度的意义，就不可能真正深入理解中国传统社会的特质。在前辈学者中，已经有不少人强调过户籍制度在中国传统社会结构中的位置。梁方仲教授在《中国历代户口、田地、田赋统计》这部不朽著作的《总序》中，精辟地阐明了户籍制度的演变与社会变迁的关系。① 王毓铨教授则指出，历代王朝都十分重视"民数"，"民数得到之后，封建国家即将他们编入什伍，控制住这既得民数而不失常额。控制民数还不是封建国家的终极目的，而主要是使他的人户能担负起供应国家的封建义务"。他一再提醒人们重视"编户齐民"的身份在中国传统社会结构中的重要性。② 业师汤明檖教授经常提到，对中国历代田制、户籍、赋役制度作细致的研究，是探明中国封建社会经济结构的必要步骤。他认为："历代王朝所推行的户籍制度对当时的社会经济结构不能不起着巨大的影响。"③这些深刻见解，多年来一直启发着笔者注意户籍赋役制度在传统中国社会制度中的重要地位，力图从户籍赋役制度入手，探讨传统社会变迁的真相。

所谓户籍制度，是历代王朝控制编户齐民的具体形式。而对编户齐民的控制，是每一个王朝建立正常的社会秩序、确立其统治的基础。因此，历代王朝都十分重视户籍的编制与使用。宋代以前，政府只编造户

---

① 参见梁方仲编著：《中国历代户口、田地、田赋统计》，3～12页，上海，上海人民出版社，1980。

② 参见王毓铨：《莱芜集》，北京，中华书局，1983。

③ 汤明檖：《从户籍制度看中国封建制下的小农》，见《中国史研究》编辑部编：《中国封建社会经济结构研究》，210页，北京，中国社会科学出版社，1985。

籍而没有地籍，土地赋税等都登于户籍中；宋代以后，虽有单行地籍的设立，但实际上，对于朝廷和各级地方政府来说，地籍的作用和意义，并不能与户籍相提并论。① 最耐人寻味的是，从魏晋到明清，规范土地、赋役、财产关系的法律系于“户律”或“户婚律”之下；在政府的机构设置中，管辖户口、田土、赋役等事务的部门叫作“户部”，而从没有“田土部”一类设置。这一众所周知的事实，表明对于王朝统治来说，对编户齐民的控制和管理，比起土地控制和赋税的征收来说，具有更本质的意义。这种关系在《礼记·大学》中已表述得很明白：“有德此有人，有人此有土，有土此有财，有财此有用。”所谓“德”，可以理解为王朝统治权力的正统性依据，在“有德”的基础上，“有人”就是“有土”和“有财”的前提。正如明代著名学者邱濬所阐发的那样，“君无民则无以为国”，“天下盛衰在庶民，庶民多则国势盛，庶民寡则国势衰”②。因此，历代王朝及其在各地设立的大小衙门，无不依赖各种形式的户籍制度来行使其政治统治权力和社会控制职能。

每个王朝设立户籍制度的最直接目的，是向编户齐民征调赋税和差役。尽管儒家正统的思想一向标榜重义轻利，苟言理财，反对聚敛，主张藏富于民，但其目的，亦不过是为了培植更丰富的税源。在最重要的儒家经典之一《周礼》中，关于赋役征发的文字就是其最重要的内容之一。如何在特定的户籍制度基础之上，向编户齐民征收赋税和调发差役，是历代王朝维持其统治的根基所系。而所谓土地制度，从更根本的意义上说，其实只是编户齐民向其所臣属的王朝承担贡赋义务的一种资源条件的分配，这种分配的方式必从属于一定的户籍及赋役制度，受户籍赋役制度制约和规范。

---

① 在一条鞭法改革之后，地籍的作用提高了，户籍似乎失去了意义，清代甚至停止过户籍编造，但如我们稍后将讨论到的，其实对于州县衙门来说，最重要的册籍仍然是户籍册，只是这时的户籍所登记的已经不是人口资料，而是纳税资料。这是本书第四章将讨论的一个重点，这里先作一点说明，以免引起误会。

② 邱濬：《大学衍义补》卷 13。

透过户籍赋役制度考察社会结构及其变迁，与直接勾画一个社会的各种关系和面貌的研究相比，似乎只能得到一些较为间接的了解。但是，这种研究所揭示的问题，也许有助于发现传统社会运作一些更为深层的机制。户籍赋役制度，作为一种规范，既要与一定的社会经济状况和发展方向相适应，起着规范和制约社会经济关系的作用，又不可避免地要与变动不居的社会经济条件发生矛盾和冲突。我们要透过户籍赋役制度了解现实的社会经济关系，又不只是把户籍赋役制度的条文规定看成现实的社会经济关系直接而简单的投射。

面对户籍赋役制度与现实社会状况之间复杂的关系，要阐明制度演变与社会变迁之关系，就必须用辩证的眼光把握其动态关系。既要尽可能具体地阐明制度的演变，又要时时扣紧当时社会变化的脉络。我深感自己才力浅薄，无力把握好这种关系，只能不厌其烦地引用一些资料，希冀读者与我一起通过这些资料去理解事实，而不致简单地从我的议论引出种种误解。

二、制度史的区域性研究

就内容来说，本研究课题无疑属于制度史的研究。一般认为，研究通行于全国的制度，应做全国范围的考察，至少应以江南地区或其他更“核心”一点的地区为中心，才更有“典型”意义。我不想争辩这种见解正确与否，只想说明，本研究的出发点和关注的焦点，并不是制度的演变本身。我希望做的，是透过明清时期里甲赋役制度在一个地区的实行情况，考察地方政府与基层社会之间的关系及其变动趋势。实际上，明清时期的赋役制度改革，大体上是一个自下而上的过程。种种改革措施，大多是由一些地区的地方官员先在本地推行，然后向其他地方推广，再由中央政府加以确认，并引入国家财政领域。更重要的是，明清时期赋役制度的改革，中心是解决地方财政的问题。虽然从财政体制的角度看，改革亦触动并改变了中央财政与地方财政的关系，但这种改变的社会后果却体现在地方政府与基层社会的关系上。只有透过地方性的社会结构的变动，财政改革的社会意义才能获得理解。这是我们有理由从一个区域的范围考察户籍赋役制度演变的基本依据。

我很清楚，要了解一个地区的制度变化，必须对全国范围的情况，尤其对中央政府的政策有宏观的理解。幸好在这个方面，以往已经有大量做得十分深入的经典性的研究。这些研究使我们得以对作为国家规制的赋役制度的演变有比较清楚的认识——这对于把握国家制度在一个地区范围的施行情况，是必不可少的。在这一前提下，选择一个赋役制度相对地不那么复杂，但改革的趋势又与全国范围的发展基本一致的地区，也许更容易揭示这种演变的主题。从这个意义上说，广东也许是一个合适的区域。

明清时期的户籍赋役制度改革在广东推行的情形，虽然可能如人们所认为的那样，不如江南地区那么具有“典型”意义，但事实上，在明清时期赋役制度改革的过程中，广东一直具有十分重要的影响。我们将讨论到的，也是历来为研究者所重视的种种改革，从均徭法、均平法，到一条鞭法，到摊丁入地，广东都是最早施行的地区之一，所实行的办法也与江南、福建等国家财富主要供给地基本一致。更重要的是，与其他地区相比，这些重要的改革在广东推行的过程似乎最为顺利。这背后隐含了一个重要的事实，那就是，这些改革的措施与广东地区的社会经济状况的变化相对较为适应。这一点对于我们的研究目的也许是相当重要的。

一个更简单也是更直接的理由是，我的研究基本上是在广东进行的。由于种种客观条件的限制，我可以较多利用的是广东的资料，而对其他地区的同类资料，我几乎没有办法深入全面收集，所以只好避重就轻，避难就易。这或有取巧之嫌，但我以为，这是一种为了保证研究时能更深入、更全面地把握资料的必要选择，而尽可能全面地掌握资料，是我们从事学术研究的起码要求。

我以为，从一个侧面对某一地域的社会经济问题做专门研究，需要对该地区社会经济的总体面貌有尽可能全面和深入的把握。中国实在太大了，以中国作为一个整体去研究，除非有大师般的学识和眼光，否则绝难作总体的把握。而将研究范围收缩到一个省区，更容易把握，因为一个省区至少在地理条件、地方行政、经济状况和文化类型上，比全国有更多的一致性。其实，许多标榜为全国性的研究，也大都是以研究者所着眼的地区为中心，很少可以真正作全国性的把握。本人对广东地区的经济、社会和文化的历史有较多的了解，这是将研究的范围局限在广东一地的主要理由。其实，就这一理由而言，以广东为范围也太大了，我曾想过是否应该将范围进一步缩小到广州府或珠江三角洲地区，但后来发现，一方面，由于资料的限制，地区过小，研究难以纵横展开；另一方面，因为明清时期许多制度性的改革，都是以省为单位推行开来的，以全省为范围比较适宜，只是必须对由此而不得不忽略了的地区差别这种局限性有充分的了解。

最后需要特别说明的，是所谓“典型性”的问题。与江南、浙江、江西等省相比，广东地区在明代以后的赋役改革，也许可以说不那么“典型”，因为在广东，改革的内容、过程都比较简单，不像上述地区那么多姿多彩。然而，第一，我不以为所谓“典型性”对于研究地区的选择是那么的重要。每一地区都有其“典型”的意义，在社会科学研究中，没有不具有“典型性”的区域。第二，如果说广东地区的赋役改革的过程和内容都比较简单，那么我们也可以说，正因为这样，我们更容易排除一些复杂的枝蔓的干扰，更好地把握住这一改革过程的主要趋势和实质。我毫不怀疑对其他地区的研究可能会更进一步丰富我们的认识，正因为这样，我希望我以后能够将视野逐步扩展到更广泛的区域。

三、本书的基本思路

通过明初制定的里甲制与赋役制度在一个地区实际施行情况，以及在后来发生的演变，考察王朝制度与现实的社会结构、经济发展、文化演变过程互相影响和互相制约的关系，是本书的主要目的。里甲赋役制度改革的具体细节，固然是本书不厌其烦力图阐明的内容，但我所关心的问题，始终是制度演变与社会变迁之间的对话和互动过程，而不会只满足于探明制度演变的内容。这一研究努力要弄清的，是户籍赋役制度在规范地方社会秩序和社会组织时，起着什么作用；它又是依赖什么社会资源得以有效运作；里甲体制下的社会秩序的紊乱，如何导致里甲制的运作陷入困境；在严重的社会压力下，赋役制度的变革，如何与里甲制性质的根本改变相配合。要回答这些问题，我们不能依靠所谓“理论”的解释和逻辑的推论，而必须依靠探明里甲制和赋役制度实际变化的种种细节，把握其变化的趋势和社会意义。要探明里甲制度和赋役制度的种种细节，非一人之力可以胜任，尤其是笨拙如我者，更不敢有奢望，只希望将这种努力推进一小步。

明清时期里甲赋役制度的演变，主要发生在明中叶到清代前期。但作为这一演变过程的前提和出发点，明初所定的制度，尤其是明初所定制度在地方社会实际施行的情形，对于认识后来变化的内容和性质，无疑是相当重要的。以往的研究，最为薄弱的一环就是对明初的制度及其实际施行情况缺乏足够真切的了解。许多研究者往往只是根据《明史》《明实录》《明会典》中记载的几条有关规定，描画明初户籍赋役制度的轮廓，并以此作为讨论明中叶以后变化的前提，而对这些制度施行的社会效果，实际上知之甚少。为此，本研究希望从明初的制度出发，在尽可能更清楚地了解明初制度的前提下，考察后来演变的内容和社会意义。

然而，当我们力图先搞清楚明初的情形时，却发现，对明初里甲制和赋役制度的研究，存在着一些明显的困难。首先，与明代中期相比，明初的文献资料相对稀缺，尤其像广东这种在明初经济文化还比较落后的地区更是如此。其次，在十分有限的资料里，大多数关于里甲户籍制度的记载，基本上以复述一些制度性的规定为主。人们通常认为明王朝在朱元璋的时代具有较强的控制力和行政效能，因而相信明初所定的各种制度，大致上曾经切实推行过，这是有相当道理的。朱元璋所定的里甲赋役制度，在经历战乱和动荡之后的明初社会，的确曾在各地比较有效地推行过，这些制度的设计，对于一个重建中的社会，有着不容忽视的影响。然而，我们没有理由简单地把朱元璋的理想化设计理解为社会的现实结构。尤其是极为整齐划一的里甲制施行到各个地方的现实社会时，当然不可能照着朱元璋设计的理想化模型原原本本地复制出来。因此，本书试图先行考察明初里甲户籍和赋役制度在广东施行的一些情况，尤其着重于里甲制与现实社会秩序的关系。

明代初年将里甲制这套以江南地区基层社会组织为基础设计的系统推行到地方上时，地方政府首先是将其作为一种收集编户、恢复地方秩序的措施来施行的。在建立起里甲制度的时候，一方面需要重组地方社会组织，另一方面也需要与既有的地方组织取得妥协，这是一个国家政府与地方社会之间的对话过程。因而，各地建立的里甲体制，在基本原则一致的大前提下，往往表现出多种多样的形式。

对于明初所定的里甲制，有两个基本的观点是本书所有讨论的前提，这里需要特别先行申述。第一，我认为，里甲户籍的编制，不是一种单纯的人口登记，将“户籍”编制理解为人口登记，是一种危险的误解。朱元璋把人民编制起来的重点，是要将“编户”固着于土地，让“编户”办纳粮差。因此，就立法本意而言，明代的里甲体制，体现了人民与田地的结合，而里甲中的“户”的内涵，应该是与土地相结合的人口，即所谓“人丁事产”。明代初年建立的赋役制度的整体架构，就是在这样的基础上建立起来的。第二，由于里甲编户是“人丁事产”的统一体，所以里甲“编户”并不包括全体社会成员，里甲制下的社会秩序，需要透过里甲“编户”与里甲编户之外的人口之间复杂的互动关系来了解。朱明王朝通过里甲系统，将一部分社会成员编制起来，使之向政府交纳赋税，供办差役，这些编户由此也获得了“良民”的身份，拥有种种合法的正统的权利。没有被编入或者脱离了里甲户籍的人户，不受王朝羁管，不供赋税，不服差役，但也没有合法占有土地、参加科举的权利，甚至常常被视为“盗寇”“亡命之徒”。

在广东地区，无论是洪武年间的征剿还是永乐年间的招抚，目的都是要将“无籍”的“化外之民”编入户籍，置于国家权力的控制之下。这一做法初时也确实取得了一定的效果，但是，后来实际发生的过程却出现了戏剧性的转变，在入籍意味着当差，当差往往难免破产的压力下，明初编集起来的编户齐民大量地逃脱里甲户籍的约束，走上了“亡命逋逃”的道路。这种情形加剧了明代广东“盗贼日炽”的局面，进而引致当时的社会陷入一种看似“失控”和“无序”的状态。明代中期开始的赋役改革以及随之引起的户籍制度的根本改变，就是在这种社会变迁的现实下，政府重建社会控制机制和重组社会秩序的一种反应。

明中叶以后赋役制度的变革，经历了一个长期的渐进的过程，其间有许多反复。从总体的发展趋势来看，我想特别强调以下几方面的变化。

一是赋役折银化。从正统年间解京粮米折银交纳，到嘉靖年间全部赋役项目用银计算，银子成为近乎唯一的计税手段。以往的研究者对这一点十分重视，但我以为，对折银意义的理解仍然需要重新思考。银子的普遍使用，当然需要以商业化达到一定水平为前提，但也由从皇帝到地方衙门的官吏对银子的贪婪直接促成。① 更重要的是，折银的普遍，也是以下几项变化的客观要求。就本书的论题而言，折银的最大意义，在于所有赋役项目必须统一用银计算，才可能定额化和合并编派。

二是赋役的定额化。里甲编户的赋役负担没有定额，这是建立在里甲制基础上的赋税与差役制度的一个重要特点。以往许多关于明清赋役制度的研究，对这一特点没有给予足够的重视。我以为，定额化可以说是明中叶以后每次赋役改革的一个中心议题，无论田赋、上供物料，还是均平、均徭、民壮、驿传，还有清初对里甲正役的改革，都是围绕着定额化来展开的。定额化既是赋役合并的前提，又与赋税的货币化趋势互相配合，标志着近代意义的赋税制度的出现；定额化的赋税征收，意味着纳税户与政府之间的人身关系发生着根本性的变化。

三是赋役征派的对象，经历了由人丁和土地结合的方式，到人丁与土地分离，再进一步单一化，以土地为唯一征派对象的转变。这是在赋

① 参见梁方仲：《明代一条鞭法年表》，见《梁方仲经济史论文集》，572 页。

役折银并制为定额的基础上最具实质性的一个变化。以往的研究,一般以为一条鞭法和摊丁入地就是将人头税摊入土地征收,这是一种过于简单化的理解。事实上,明代初年所定的赋役制度,虽然也以“有田必有赋,有丁必有役”为原则,但王朝统治下的人和土地的关系,与现代社会有根本的区别。古人讲役以身丁为本,赋以田地为本时,他们对人和土地的基本的理解,与现代人的观念有本质的不同。梁方仲教授用“役中有赋,赋中有役”来形容传统社会中赋役制度的性质①,王毓铨教授认为田赋、差役和贡纳说到底都是役,都是差②,这些都是对明代赋役制度的本质最具深度的见解,可惜长期没有得到重视。在他们的启发下,我认为,广东地区在明初实行的赋役征派制度,很明显是以里甲户为供应赋役的基本单位,而这种里甲户体现了人丁和土地的结合,因此赋役编派总是以“凡赋役必验民丁粮多寡以均其力”为原则。后来的改革,逐步将人丁和土地区分开来,分别征收一定比例的定额赋税,这是一项意义深刻的转变。我们甚至可以说,从一条鞭法开始,才有了比较接近现代意义的人丁税和土地税。但这个时候,由于建立在人丁与土地结合基础上的里甲体制已经解体,政府实际上已不能有效地掌握和控制人丁了,故在人丁税从户役中分离出来的同时,也开始了另一个更深刻的转变,就是负担“丁税”的所谓“丁”,渐渐演变成为以土地税粮计算的计税单位,后来又进一步合并到地税之中。

四是各种赋役项目合并起来,实现赋税项目的单一化。各项赋役统一用银交纳,有了明确的定额,并逐渐按照同一原则来征派,不同项目的赋役很自然地就可以合并起来。这种单一化的趋势,不仅改变了中央政府与地方政府的关系,而且更重要的是,在更深的层次上改变了里甲编户与政府之间的关系。编户因此不需要再像过去那样,不断地应付大小衙门的无定额征派。当然,在历史上,法外的摊派从没有消失过,但

① 参见梁方仲:《明代一条鞭法年表》,见《梁方仲经济史论文集》,572页。

② 参见王毓铨:《莱芜集》,368页。

在制度上将里甲编户对政府履行的财政义务简化为单一的赋税，与过去编户需要到衙门听候使唤的时代，毕竟大大不同了。

赋役制度的这些演变趋势，与里甲户籍制度的变质过程是互为前提、互为因果的。从形式上看，在广东地区，明初建立的里甲制度，延续到清代以至民国时期，一直是地方政府控制编户齐民和征收赋税的系统，社会成员一直以里甲户籍确认社会身份、确认土地占有的合法性，里甲户籍还是获得科举应试资格的根据。但从明初到清末，这一体制的内容、构成的法则以及实际的运作方式，都发生了根本性的变化。明初建立的里甲制度，在地方上常称为图甲制。关于明清广东地区的图甲制度，日本学者片山刚先生进行了富有开拓性的研究①，深刻地揭示了清代广东地区图甲制度的种种细节，尽管在一些问题上我与片山刚先生有不同的理解，但他的研究为我们了解广东图甲制度提供了一个很好的基础。因此，本书关于图甲制的讨论，对片山刚先生已经深入讨论过而我又同意其看法的问题，尽量不再重复。有兴趣深入了解这一制度的朋友，可以参考片山刚先生的研究成果。下面只扼要地申述我对明清广东里甲制度与片山刚先生不尽相同的理解。

我认为，明清时期里甲制度的变化，主要表现在，随着里甲户籍越来越不能实际地掌握具体的个人，赋役制度逐渐以田地为单一的征派对象，政府编造户籍的重点，也越来越注重田地和税额，户籍的内容也着重于土地和税粮的登记和查核，人口登记的意义逐渐丧失，图甲的编制逐渐变成以田地和税粮为中心。在明清之际，许多图甲的编制有从田不

---

① 参见[日]片山刚：《清代广东省珠江デルタの图甲制につぃて：税粮・户籍・同族》，载《东洋学报》，1982，63(3/4)；[日]片山刚：《清末广东省珠江尹デルタの图甲表とそれをめぐゐ诸问题：税粮・户籍・同族》，载《史学杂志》，1982，91(4)；[日]片山刚：《清末广东省珠江デルタにおける图甲制の诸矛盾とその改革(南海县)》，载《海南史学》，1983(21)；[日]片山刚：《清末广东省珠江デルタにおける图甲制の诸矛盾とその改革(顺德县、香山县)》，载《中国近代史研究》，1984(4)；[日]片山刚：《清末珠江三角洲地区图甲表与宗族组织的改组》，见叶显恩主编：《清代区域社会经济研究》，498～509页，北京，中华书局，1992。

从人的趋势。随着图甲的编成以田地为中心,同一图,以至同一甲的户口,就不可能也不必要同属于同一个基层社区或行政单位。

随着图甲编制的重点在登记土地、掌握税额,构成图甲的基本单位"户",也就不再是一个家庭的登记单位,而变成一定的土地和纳税额的登记单位;作为土地所有者的个人或家庭,则以纳税责任人的身份使用这个在图甲系统中的"户头"。于是,图甲的"户",就可能成为多个纳税人共同支配的一种资源,而"户名"也大多不是真实的人名。结果是,不同的纳税人就有可能以不同的实际的社会关系为依据共享图甲系统中的一个"户头"。这一制度与当时的社会基层组织系统能够达致一种默契的配合,既依赖于赋役制度的变化,也与当时的社会变迁和文化整合趋势相契合。在图甲系统中,纳税人(编户)常常以宗族的形式共同支配一个"户头",典型地反映出了里甲制度的变化如何和当时文化与社会整合的趋势相配合。关于这一点,郑振满在关于福建的家族组织与社会变迁的研究中已有深入的讨论,可作参考。① 广东的情况与福建的情况基本一致,但也有一些差别。我日后还有计划要对清代图甲制与广东基层社会结构作专门的讨论,本书先着重探明制度的演变,而关于清代图甲制的内容,暂时只作初步的讨论。

简言之,从明代里甲制到清代图甲制的转变,最重要的是"户"登记的内容由原来的"人丁事产"转变为土地或税额。与这一演变过程相配合的,是以一条鞭法为中心的赋役改革,赋税征收的货币化、定额化、比例化和单一化的趋势是户籍制度改变的基本依据。里甲在清代普遍称为"图甲",尽管"图"在明初已经是里的别称,但两个名称本来是有不同意义的,"图"的名称侧重在户籍册的登记形式,而"里"的名称则出自社会基层组织。虽然两个名称常常指的是同一事实,但它们之间的意义有着微妙的差别。清代的图甲体制的核心在"图"这一层意义上,因为它主要是一个户籍登记和税粮征收系统,而不是一种社会基层组织系统。但同

---

① 参见郑振满:《明清福建家族组织与社会变迁》。

时，它又在“户”的层次上与社会基层组织系统接轨。这反映出地方政府与基层社会在户籍编制和赋役征收上面的关系更为复杂化了。在图甲制中，政府册籍里的“户”直接登记的是土地或税粮，但社会成员仍然得由这个户籍系统来稽查。这样，政府就必然需要依赖种种中介势力来实现对编户齐民的控制，从而为种种中介提供了制度上的空间。在这个空间中，宗族、士绅、胥吏等中介势力在社会控制体系中扮演着更加重要的角色。他们既作为政府和民间社会的中间人，又分别在不同场景下扮演双方的“同谋”或“对手”。他们自己还与政府或民间社会有利益的冲突，在影响和左右政府与民间社会的运作的同时，又受政府和民间社会的制约。清代中期以后的社会秩序，在这种复杂的矛盾关系中形成了某种平衡和稳定的机制。但对这一问题，需要把研究的视野扩展到更广泛的领域。

第二节　明清广东社会经济变迁之概观

明清时期广东地区户籍赋役制度的演变，是在地区开发、商业化以及士大夫对地方文化再创造的社会环境下发生的。这几个方面的发展及其互动的过程，影响并制约着当时户籍赋役制度改革的内容和发展方向。因此，在开始讨论本书的主题之前，有必要概括地讨论一下明清时期广东地区社会转变的几点基本动向。

一、山区和沙田的开发

明清时期广东地区的社会转变，首先是在地区经济开发，即边疆地区拓殖的背景下发生的。关于这一过程的许多细节，我们尚未知其详，更缺乏可以运用的基本数据，例如土地和人口数字的变动情况。但这一时期留下的零碎的文字资料和在民间口头流传的形形色色的传说，令历史学家相信，从 14 世纪到 17 世纪，广东从一个“草莱未辟”的“蛮夷”之地，发展成为当时中国经济最发达的区域之一。在明清士大夫撰写的文献中，常常可以看到标榜广东在这时“声名文物，渐近中土”①的说法，固然是一些虚誉之词，但也隐含着某种历史的真实。

明清时期的广东经济，最为引人注目的发展，是珠江三角洲的开发。今天的珠江三角洲在古代只是一个由多条江河口环绕的海湾。虽然从秦汉一直到唐宋，番禺(三国以后称广州)都以一个繁盛的海上贸易港口城市著称，但直到唐宋元时期，广州城市经济的繁荣仍与其周围地区经济文化的不发达状态形成鲜明的对比。即使是今天已成为富庶之区的珠江三角洲，在明代以前还是“海浩无际，岛屿洲潭，不可胜记”②，三角洲显然还在形成的过程中。今天珠江三角洲最具经济实力的顺德，在明代前期也还是一个“大海弥漫，民刁悍，易为乱”③的地方，而香山(今中山市)则仍是海上一堆岛屿，用明代香山人黄佐的话说，是“邑本孤屿，土旷民稀”④。不过，从秦汉到宋元时期，广州及其附近地区，一直是北方士民避乱之地，每当中原战乱，就有大批移民南迁。他们到珠江三角洲定居后，一方面同当地土著融合，逐步土著化，另一方面也带动了土著的汉化。经历了这一长期的历史发展，到明代以后，珠江三角洲的开发进入了成熟时期。如前面提到的顺德县，到清代面貌已经焕然一新，清代的《顺德县志》云：

> 岭以南，顺德为壮县，地廓人众，膏壤沃野弥望，木石之工遍邻郡，会城居肆者皆邑人也。不事远贾，惟种树豢鸭，鼓棹而行。士好文学，音声嗜好，与南番大同。⑤

---

① 张渠：《粤东闻见录·序》。

② 《嘉庆重修一统志》卷44。

③ 咸丰《顺德县志》卷3，《舆地略》。此语出于明初当地“父老”罗忠建议立县的上书。

④ 嘉靖《香山县志》卷2，《民物志》。

⑤ 咸丰《顺德县志》卷3，《舆地略》。此段文字，原出于乾隆《顺德县志》卷3，《舆地志》，原文更详，可惜由于书残，文字不全，故此处引咸丰志的文字。

在珠江三角洲以外，明清时期在地区开发上有相当明显成就的还有潮州地区。王士性《广志绎》卷4《江南诸省》曰：

> 潮州在唐时风气未开，去长安八千里。今之潮非昔矣。闾阎殷富，士女繁华，裘马管弦，不减上国。……潮，国初止领县四：海阳、潮阳、揭阳、程乡，今增设澄海、饶平、平远、大埔、惠来、普宁六邑，此他郡所无。

明清广东地区的开发过程，并非本书的讨论中心，这里不想深入展开。但我们可以从一点简单的事实，看出广东地区的开发在明清时期的确转趋成熟。历来关于广东的记载，常常指广东为"瘴疠之地"。所谓瘴疠之气是什么，今人有不同的解释，大致是由潮湿的热带亚热带原始山林中产生出来的一些细菌或病毒。这种现象常常是与地区开发程度低下有关的一种标志。但是，在明清以后，我们看到，这种"瘴疠之气"在广东许多地方逐渐消失了。在明代万历年间，叶权《游岭南记》云：

> 岭南昔号瘴乡，非流人逐客不至。今观其岭，不及吴越间低小者，其下青松表道，豁然宽敞。南安至南雄，名为百二十里，早起半日可达。仕宦乐官其地，商贾愿出其途。余里中人岁一二至，未尝有触瘴气死者，即他官长可知……我朝自平广东以来，殆今承平二百年，海内一家，岭间车马相接，河上舟船相望，人气盛而山毒消，理也。

又清人张渠的《粤东闻见录》卷上《瘴疠》曰：

> 唐宋以岭南为迁谪之地，其时瘴疠甚重。青草、黄梅为瘴于春夏，新禾、黄茅为瘴于秋冬，而青草、黄茅二瘴尤毒，中之者每致不起。今则山川疏豁，险阻尽平，两间青淑之气，扶舆磅礴，已与中土并。昔宋济王恶史弥远，尝题"新恩"二字于几上，谓异日当于二州安置，盖即今肇庆府属之新兴、恩平二县，已为仕宦之善地矣。

用“瘴气”作为地区开发程度的标志固然过于简单化，但这却是一个十分确定的事实，直观地显示出明清时期广东地区开发的成就。如果更具体一些考察，这一成就突出表现在两个方面，一是山区的开发，二是滨海沙田的开发。

古代的广东，负山面海，陆地以丘陵山区为主，大部分地区都是崇山叠岭，地无旷原，长期以来，瑶畲獠僮等土著多依山而居，刀耕火种。明代中期，大量的流民逃户进入山区，与山区中的“原住民”一起，推动了山区的开发。下面这段记载写于清代中期，但所描述的大致是明代中期一直延续下来的情形：

> 新宁下三都，山利在林木，海利在渔盐，利之所在，人趋赴之。异县之寄食于宁者，以数万计矣。有系本地召来者，有自行投主者，有援引附和者。或入山种蓝靛，舂香粉，种香蕈，做木料，砍柴烧炭，或赴厂煎盐，或贩卖酒米，或采买鱼虾，或作水手舵工。①

在韶州、惠州、潮州等府，明中叶时山区中出现的开矿热潮，是当时山区开发的一项重要内容，史载：

> 东广之为铁冶，于利固肥而于害亦烈。凡韶、惠等处，系无主官山，产出铁矿。先年节被本土射利奸民号山主、矿主名色，招引福建上杭等县无籍流徒，每年于秋收之际，纠集凶徒，百千成群，越境前来，分布各处山峒，创寮住札。每山起炉，少则五六座，多则一二十座，每炉聚集二三百人，在山掘矿煽铁取利。②

这段记载提到每年开矿冶炼的时间，是“秋收之际”，透露出矿山的开发，与农事季节有关，表明在山里开矿之人同时也从事农业。如果这一判断不错，则在矿山开采兴盛的同时，山区的农业开发也必有相应的

---

① 乾隆《新宁县志》卷2，《食货册》。

② 嘉靖《广东通志初稿》卷30，《铁冶》。

发展。事实上，明代入山的逃户流民中，对山地的垦殖作出了相当大的贡献。尽管官方文件总是说他们入山为盗，造成田地荒芜，但实际上，正是这些脱离了官方户籍控制的“无籍之民”，在山中开出了大片的耕地，他们是山区开发的真正功臣。① 明末广东有 77 个州县，其中明代新设置的多达 24 个，占 1/3 弱。这些新设州县大多都是明代的“盗区”，是动乱最严重的地区。虽然在这些地区设置州县的直接原因，是明朝政府希望通过设立行政机构，强化对这些地区的管治，但其设立新州县的基础以及设州县的结果，无疑都是这些过去比较偏僻的地区有了进一步的开发。如归善、长乐、龙川三县交界的地区，原为著名“盗区”，隆庆年间，在经过明朝军队一番征剿之后，置为永安县。在屈大均笔下，永安县的乡村面貌是：

> 一路山谷间皆茅屋。或一二家，或十余、二十余家。高者曰砦，平者曰围，或曰楼。或在山绝巅，或在隘口，一径微通，一夫可守，皆绝险。……至林田，渐有大村，高下棋列。稻田随山势开垦，徂夷相半，多狭长细零，无有方广至数十亩者。……
>
> 县有古名、宽得、琴江三都，幅员几七百里。……然地肥美，饶五谷，三都皆然。三都一曰古名都……自火带以下皆秋乡江，旁溪注之甚众，水道迂曲，舟行半日。从陆以趋，尚不及数里云。……民皆佃作，地腴多谷。秋冬间，衔接漕归。……一曰宽得都……聚落数十，盘错两江间。被山排崎，丰草茂树，散为夷陆，原隰衍沃，自昔以为上田。……一曰琴江都……民务稼穑，饶积聚，有余以出米潭、大梧至潮。②

---

① 嘉靖《新宁县志·武备志》载：“嘉靖十年大征之后，凡经征剿之地，村落空虚，遗田荒废。巡按御史戴、兵备佥事吴议将恩平、新会、新宁三县杀绝田地，招来贫民，立为民屯之法。”可见被官府征剿而荒废的田地，原来就是被所谓“盗贼”开发耕种的。

② 屈大均：《广东新语》卷 2，《地语》。

这里所描述的景象，显然是经过明代数百年开发以后的结果。屈大均当然不会明说这是过去活跃在这一带的“盗贼”们的功绩，但如果我们注意到这里在明代中期曾经是“山谷中多良田，流民杂居”，“近巢居民，半为贼党”①的地方，就不难相信，对这一带的开发作出贡献的主要就是这些“流民”和“贼党”。

在山区开发的同时，沿海地区的开发主要表现为沙田的垦殖。② 从明代开始，珠江三角洲的开发进入成熟期。经过长期的冲积，广州以南的古海湾各个河口附近已经淤积成为广袤的平原，同时在河口之外的浅海上也开始浮生出成片的沙洲，古海湾内的主要岛屿由此与陆地连接起来，三角洲基本形成。在这个自然发展的过程中，珠江三角洲的居民经过多年的开发拓殖，初步修筑起有效的堤围水利系统，将肥沃的冲积平原垦辟为富饶的良田。这些肥沃土地的高产性和珠江三角洲温和的气候，为该地区农业生产的多元化提供了有利条件。

沙田虽然是由江河水带来的泥沙冲积而成，但明清时代珠江三角洲的沙田开发，多是用人工的力量加速泥沙的沉积，然后通过修筑堤围等水利设施，才成为可耕地的，因而沙田的开发需要大笔资金和充足的人力资源。③ 同时，由于沙田被视为“本以地力涨生无主之业，民争趋之，豪强每视为利薮”④，在沙田开发中，围绕着开发权和控制权的争夺，引出了一系列矛盾。

从政府的角度看，在政府控制下的土地垦殖，与政府不能控制的土

---

① 万历《永安县志》卷2，《前事志》。

② 关于沙田开发的详细讨论，参见谭棣华：《清代珠江三角洲的沙田》，广州，广东人民出版社。1993；[日]西川喜久子：《清代珠江三角洲沙田考》，中译文载《岭南文史》，1985(2)。

③ 参见龙廷槐：《敬学轩文集》卷1，《与瑚中丞言粤东沙坦屯田利弊书》。

④ 咸丰《顺德县志》卷21，《列传》。

地开发，有着根本的区别。① 前一种开发，对政府来说，不但增加了纳税土地，也增加了编户齐民，在官方文献中常称为流民复业、荒地垦辟；后一种则往往被官府视为“盗耕”，因为对政府来说，流民和盗贼对土地的开发，实与“丢荒”无异。然而，就一个地区的经济发展来说，无论哪一类的开发，都意味有更多的资源被开发出来，意味着地区经济的增长。

然而，地区经济开发的意义，并不只是资源利用的扩大和地区生产水平的提高，更重要的是，在边疆地区开发的过程中，原来生活在封闭的社会之中，互相隔离，相互之间很少发生联系的人群，被整合到一个更大范围的经济体系和社会体系之中，原来封闭的小社会之间发生了更密切的联系，并在此基础上与国家的系统联系起来。尤其是在开发的过程中，许多原来与外界隔绝的族群，成为那些拥有编户齐民身份的拓殖者的佃户。在广东地区，山区的开发中畲僮獠瑶等以及流寓的客民，沙田的开发中的疍人，与国家的编户齐民之间有了共同的生活空间，形成了一种基于共同的资源利用的社会关系。② 因此，一个地区的拓殖过程，必不可避免地要伴随着围绕着资源分配和控制所引发的紧张与争夺。在争夺共同资源的斗争中，每一个社会成员都需要利用某种文化资源来确认身份，证明权利。以沙田开发为例，陈邦彦曾经对在珠江三角洲沙田开发过程中的资源争夺有如下记述：

> 臣乡田多近海，或数十年辄有浮生，势豪之家，以承饷为名，而影占他人已成之税田，认为己物，业户畏之而不敢争，官司闻之

---

① 崇祯《博罗县志》卷 2《政纪》云：“至于流寓之民……其主若夫，伙茅而居，凿山而食，其地原是荒隙，不属土居之籍，既难责之约保之稽察。然尺地莫非王土，不入图籍而开山筑室，俨然据之，是悖民也，罪应加盗一等，按而诛之，谁曰不宜。”

② 光绪《高明县志》卷 15《前事志》云：“夫所谓土著者，其始半田主也；夫所谓客籍者，其始全佃户也。因开垦而招徕，因招徕而附籍，宅我宅，田我田，寒也授以衣，饥也饩以粟，为之贷牛种，为之谋家室。当是时，土强而客弱。生齿日繁，徒党日众，俄而预土流，俄而占学额，识者忧焉。”这虽然明显是站在田主立场上的看法，但亦反映出因开垦而形成的社会关系。

而不能直，此所谓“占沙”也。及至秋稼将登，豪家募召打手，驾驶大船，列刃张旗，以争新占之业。其后转相摹仿。虽夙昔无因者，皆席卷而有之。耕者之少，不敌抢者之多，甚或杀越折伤而不能问，此所谓“抢割”也。斯二者，小民积怨深怒，皆归咎于乡绅。乡绅读书知义理，受国深恩，其身为不肖者，固无几耳。乃其间或有子弟仆从之蒙蔽而不及知，或戚属奸徒之诈冒而不可诘，小民赴诉其门，则主人如帝，门者如鬼，未尝为之深察其颠末。当去冬寇犯郴桂，民言无嘉，至有愿寇之来与乡绅俱毙者。①

这是一段极为重要而且很有意思的资料。按照一般的逻辑，沙田本来是由海中浮生出来的土地，沙田的开发者理应就是沙田的业主，文中所谓“业户”可能指的是这类人。但实际上，他们是很难成为稳定的业主的，因为“势豪之家”总是会以“占沙”和“抢割”的形式将沙田占为己有。而这些势豪之家所依赖的，一是暴力，二是乡绅的身份或背景，三是“承饷”。暴力虽然是可以达到目的的直接手段，但并不会使目的合法化和稳固化。在沙田控制权的争夺中，似乎更重要的是后两种资源。

“承饷”就是以承担纳税义务为前提，为沙田的控制权寻求合法化的重要依据。嘉靖年间官至南京礼部尚书的霍韬曾针对沙田争讼建议：

东莞、顺德、香山之讼，惟争沙田。盖沙田皆海中浮涨之土也，顽民利沙田，交争焉，讼所由棼也。善断者，凡讼沙田，皆没入之官，则讼端永息矣。何也？沙田者，海中之洲岛也。先年五岭以南皆大海耳，故吾邑曰南海，渐为洲岛，渐成乡井，民亦蕃焉，南海阖邑皆富饶沃土矣。今也，香山、顺德，又南海之南，洲岛日凝与气俱积，亦势也。顽民利洲岛，交利互争，讼所由棼，有司所不能断者也。如遇沙田之讼，即按其籍曰：尔田何年报税，如果增报税额，有益国赋也，按籍给之永业；无籍者没之官。若曰：吾所承之

① 陈邦彦：《陈岩野先生集》卷1，《中兴政要书》。

> 业，从某户某田塌陷代之承补者也，则奸民之尤也，宜勿听，仍断其田没之官，则沙田之讼自息耳。①

虽然这只是霍韬的意见，不是实际执行的情况，但霍韬提出这一建议，是基于一个当时大家认同的前提，即没有报税的无籍土地，其占有权的合法性是不能得到承认的。值得注意的是，有人可能会以"吾所承之业，从某户某田塌陷代之承补者也"为由，证明自己占有的合法性，更说明田土登于户籍内，是土地占有合法化的依据。由此可见，政府的户籍赋役制度，与在开发过程中形成的社会身份的分化有着特别的关系。一部分人凭借着编户齐民的身份和其他的文化资源，控制和垄断了各种经济资源，另一部分没有户籍登记的人由于没有编户齐民的身份，就失去控制资源的权利或资格。在明代中期以前的赋役制度下，拥有编户齐民的身份，是以承担贡赋义务为前提的。当时的赋役征派办法，迫使许多人选择了逃亡脱籍的道路，这迫使政府不得不对赋役征派的方式作根本的改变。赋役改革的结果，使拥有编户齐民资格的人所要承担的义务发生了变化，具体的个人不需要亲身应役，政府也不再需要直接控制编户的人身。这样一来，许多人在地区开发过程中，就有可能通过建立有户籍的宗族或与有户籍的宗族联宗、归宗等手段，获得编户齐民的身份；而那些没有户籍的人，也就没有控制资源的权利，只能依附于大族。在这样一种关系的格局下，宗族逐渐成为合法地控制甚至垄断本地经济资源的一种形式。本书以后各章的讨论，将进一步说明明清时期户籍赋役制度的改革，如何适应着这个社会变迁的过程，在国家制度上配合着这种新的社会秩序的形成。

除了报税入籍之外，士绅的社会身份和文化背景，在现实的社会生活中也是极为重要的资源。对自然资源的占有和控制，及其对正统性和合法性的寻求，并不单纯地由拓殖行为自然产生出来，而是以种种文化

---

① 霍韬：《渭厓文集》卷10，《两广事宜》。

符号和社会关系为依据，在一个动态的历史过程中形成的。这是一个充满了矛盾的国家、社会和个人之间对话的过程。① 这里涉及一个有关明清广东社会转变的一个尚有待深入研究的问题。我们在明清文献中，常常看到有关"豪强"兼并土地的记载，这些所谓"豪强"其实有不同的身份，其基本的区别在于是否具有正统性的身份认同。一部分只是依赖着"暴力"，称霸一方，而他们的权势可能令其他人畏服，却得不到官方的认可，因而他们对自然资源的控制，是缺乏"合法性"基础的。在元末明初，广东各地，"豪宗大户，武断乡曲，积习成俗"，大约属于这一类，后来在沙田地区的"大天二"，也属这一类。另一部分固然也可能依赖形形色色的"暴力"，但他们在地方上的权势，主要来自他们的士绅身份，以及他们掌控着的正统性的文化资源。这两种"豪强"代表了两个不同的社会，一个是"正统"的，建立在里甲体制基础之上的士绅化的社会；另一个是"非正统"的，非士绅化的，被排除在里甲体制以外的社会。这两个社会原来相对分离，但明代以后，随着商业化和士大夫文化对地方社会的渗透和改造，在激烈的矛盾对抗中，逐步整合起来。这一社会整合的过程，就是在一套经过改革的户籍赋役制度的配合下，士绅化的宗族社会形成的过程。对这一社会整合过程的研究，对于了解明清社会变迁具有十分重要的意义，这是我希望在以后另作专门研究的课题。

二、商业化

明代以后广东经济最为引人注目的发展，是商业化的进程。② 这个商业化过程的主要动力，首先来自广东与东南亚地区和欧美国家的贸易。作为广东的政治、经济、文化中心的广州，历来是一个商业中心城市。

---

① 参见拙文"Lineage on the Sand：The Case of Shawan"，in David Faure & Helen F. Siu eds.，*Down to Earth*：*The Territorial Bond in South China*，Stanford，Stanford University Press，1995，pp. 21-43。

② 参见叶显恩、谭棣华：《明清珠江三角洲农业商业化与圩市的发展》，见《明清广东社会经济研究》，广州，广东人民出版社，1987。

明代中期，欧洲资本主义扩张引起的国际贸易格局的变化，更使以广州为中心的海外贸易发生了根本性的转变。过去以周边国家的朝贡贸易为主要内容的广州对外贸易，转变为以西方资本主义商人为主要对象的贸易。16 世纪以后，在以广州为中心的海外贸易中，出口贸易迅速增长，出口额长期超出入口额，形成了一个相当大的贸易差额，这个差额一直是由来自美洲的白银补偿。据梁方仲先生研究，“由万历元年至崇祯十七年(1573—1644)的七十二年间合计各国输入中国的银元由于贸易关系的至少远超过一万万元以上”①。此时中国为白银的输入国已毫无疑问。

白银的大量流入，对广东地区的经济产生了深远的影响，其中很重要的一点是，白银大量流入后，以自己的运动沟通了国内市场与进出口贸易的联系，本地的产品大量被拖入市场流通之中，从而将各层次市场连成统一的流通网络。清初著名学者屈大均曾描述过明代末年以广州为中心的商品流通的基本格局：

> 闽粤银多从番舶而来。番有吕宋者，在闽海南，产银，其行银如中国行钱。西洋诸番，银多转输其中，以通商故，闽粤人多贾吕宋银至广州……承平时，商贾所得之银，皆以易货。度梅岭者，不以银捆载而北也。故东粤之银，出梅岭十而三四。②

当时，由广州出口的商品，大多来自外省，而全国各地的商人用出售这些外销货物所得的白银购买广东本地产品，贩往内地各省。如浙江商人到广东的贸易方式是，“窃买丝棉、水银、生铜、药材，一切通番之货，抵广变卖，复易广货归浙”③。通过这种方式，因贸易顺差而流入的大量白银货币，把越来越多的本地产品拖入市场的流通，这就改变了广

---

① 参见梁方仲：《明代国际贸易与银的输出入》，见《梁方仲经济史论文集》，178～179 页。

② 屈大均：《广东新语》卷 15，《货语》。

③ 郑若曾：《筹海图编》卷 12，《经略二》。

州市场的单纯性过境贸易的性质，将广东与其他省区之间的商品流通关系同广州的对外贸易有机地联系起来，从而进一步促进了本地商品生产的发展。明中叶以后珠江三角洲地区蔗糖、铁器等商品生产都有长足的增长，就是在这种市场条件中发展起来的。乾隆年间，两广总督庆复指出："广东一省，地窄民稠，环临大海，小民生计艰难，全赖海洋贸易养赡资生。""就粤而论，借外来洋船以资生计者，约计数十万人。"这还只是直接从事外贸的人数，间接依赖对外贸易的人数当然更多，所以庆复又指出，如果禁止贸易，"内港之商船固至失业，外来之洋艘亦皆阻绝……内地土产杂物多至壅滞，民间每岁少此夷镪，流通必多困乏，游手贫民俱皆待哺"①。从庆复的这些看法，我们可以看到，广东地区各级市场与外贸市场之间已经形成了不可分割的有机联系，形成了一个以出口贸易为导向的市场体系。

在这样一个市场体系中，传统的墟市结构、功能和运作方式都发生了一系列重要的转变。在珠江三角洲商品经济最发达的乡村地区，传统的"墟"已经不像其他地方的传统农村集市那样，只是小生产者互通有无、调剂余缺的小市场，而发展成为更大范围的地区性市场网络上的一些节点。一些由农村墟市发展起来的地区性商业中心，成为连接本地市场和国内外市场的重要枢纽，如顺德的陈村、新会的江门、东莞的石龙等。一般乡村居民的日常生活消费品的供应，主要依赖那些遍布乡村的"市"。这些市一般规模不大，但几乎所有稍具规模的村落都有，一些大村镇还设立多个市，不但每天开市，很多还有早市和晚市。乡村居民每天的日用所需，几乎都依赖这些"市"供应。与此同时，那些由传统沿袭下来，以三五天为期的墟，则越来越趋于专业化或向更高层次的市场中心转变。向小商品生产者供应生产资料和收购其产品转销往更高层次的市场，成了这些墟的主要功能。正如后来的文献所记载的：

---

① 《乾隆朝外洋通商案·庆复折》，见《史料旬刊》，第22期。

粤俗以旬日为期谓之墟，以早晚为期谓之市。墟有廊，廊有区，货以区聚……市则随地可设，取便买卖而已。故墟重于市，其利亦较市为大……窃以为墟、市皆不可废，墟期以日利四方，市期以早暮利近地，在交易得所而已。①

这是清代珠江三角洲地区基层市场的基本模式。这种模式与当时中国绝大多数地区农村集市有着一些明显的差异。墟市的区分及其功能的分化，一方面反映了乡村中小生产者日常生活与市场的联系已经十分密切，另一方面也表明过去的地方小市场已经转变成为真正的初级市场。

在商业化的程度上，珠江三角洲与广东其他地区之间，存在着明显的地区发展的不平衡。但以珠江三角洲地区为中心的商业化发展，对新开发地区的经济和社会变迁有着十分重要的影响。明清时期广东山区和沙田的开发，与商业和市场的发展有直接的联系。在山区，矿山的开采与冶铸，产品不言而喻是销往外地的。而矿山中聚集的大量矿工，“万人之粮食，取办于附近之各县”②，形成了一个颇具规模的粮食市场。山区的开发，也为其他地区提供了更多的粮食供应。前引屈大均关于永安县农业状况的描述，显示出山区开发的重要成果之一，就是使得山区成为向沿海地区调运粮食的地区，从而在山区与沿海地区之间形成了更为密切的商业联系。陈春声曾经考察了广东省内的粮食调运情况，根据他的描述，清代广东省内粮食调出地区，基本上都是明代以来开发的山区和沙田地区。③ 这表明这些地区的开发是在一个商业化环境下进行的。尤其是珠江三角洲地区的沙田开发，既得到了商业资本的支持，又为其他手工业和商业性农业地区提供粮食，沙田经营本身，就是珠江三角洲商业化经济体系的一个组成部分。

---

① 民国《佛山忠义乡志》卷1，《舆地》。

② 乾隆《佛山忠义乡志》卷10，《艺文志》之李待问《奏请封禁矿山疏》。

③ 参见陈春声：《市场机制与社会变迁——18世纪广东米价分析》，52～63页，广州，中山大学出版社，1992。

由于明清时期广东经济的开发，伴随着一个商业化的过程，使得地区经济发展呈现出较高的整合性，土地的垦殖、矿山开发等，都通过市场的运转，在区域范围内形成一个整合程度更高的经济体系。在这个体系之中的所有经济角色，有更强和更不可分的互相依存的关系，各种社会成员的社会身份及其所控制的文化资源，也就有更多的紧张和冲突。而政府的户籍赋役制度改革，必须适应调适这些冲突的需要，这是我们研究户籍赋役制度时必须了解的一个背景。

三、士大夫的文化创造

明清时期广东经济的发展，必然在文化上也带来了一系列变化。这种变化的一个显著的动向，是士大夫文化进一步向基层社会渗透。

明代成化、弘治年间，以才学“名震京师”的理学家陈献章(世称白沙先生)辞官回乡，潜心讲学。他的学生来自全国各地，但以珠江三角洲为多，如增城湛若水、顺德梁储、番禺张诩、东莞林光等，皆为白沙弟子中较著名者。特别是湛若水，继承了陈白沙的事业，在珠江三角洲大兴讲学之风，“其弟子著籍者至四千余人。当时讲学之盛，与姚江相埒，天下称浙、广二宗”[①]。在陈白沙、湛若水等人的影响下，珠江三角洲地区治学风气大盛。在明代嘉靖、万历年间，除了陈献章、湛若水的一大批弟子外，广东地区还涌现出如南海的方献夫、霍韬、庞尚鹏、何维柏，香山的黄佐等一批著名的官僚学者，他们在政治和学术上都有很大的全国性的影响，或活跃于政坛，或归隐乡居，讲学授徒，形成了一个新兴的士大夫集团。

这些士大夫所受的教育及其对地方社会进行实际控制的“合法性”要求，使他们积极地在地方上建立文化正统的认同，而本地区在历史上长期被视为蛮荒之地的成见，使这种认同倾向表现得更为强烈。但另一方面，他们在自己的家乡接受的文化传承，是一种在长期历史过程中由多

---

① 陈徽言:《南越游记》卷1,《湛氏学舍》。

元文化融合而成的一种具有地方特色的传统，商品经济的发达以及他们自身与市场日益密切的联系，又为他们提供了改变原有规范的需要和资源。对地方文化传统的继承，认同王朝正统规范的要求，适应社会经济新环境的需要，使他们十分积极地致力于创造一种新的传统。他们在文化上的种种创制，对此后珠江三角洲的社会变迁影响殊深。这里不可能就这一问题展开讨论，只想指出，明代中后期珠江三角洲的士大夫集团在文化上的主要贡献，是既将宋明理学的意识形态和伦理观念地方化，又将地方文化传统和地方价值观纳入宋明理学的规范中，使之伦理化和正统化；在将地方社会的发展纳入大传统的轨道的同时，为地方利益以及同商业化相关联的行为模式提供了合理性的根据。

在商品经济的发展已经深深地影响着人们生活的社会环境下，对这一地区几乎所有有影响的社会集团和社会组织来说，商业和市场活动是扩张势力、提高威望的有效途径，其政治和社会活动总是直接或间接地与市场发生联系。与此同时，社会上对市场关系和市场机制已经开始有越来越深的认识，商人和商业活动的地位和作用受到广泛的重视。许多地方官和士绅也都公开主张发展商业贸易，呼吁减少对商品流通和经济生活的人为干预。这种社会观念的变化，实际上是市场的发展对减少非经济因素干预的客观要求的反映。

考察珠江三角洲士大夫集团的许多经济主张，很容易看出明清时期珠江三角洲地区市场经济的发展对他们思想的影响。明清时期广东的士绅一般都不会歧视商业活动，在珠江三角洲地区一些由士绅撰写的家训中，常常把经商作为一种本业，鼓励子弟经商。以下一段家训出自一位陈白沙弟子之手：

> 礼义兴由于衣食足，农工商贾，皆所以治生也。凡我子孙，间有读书不成，身家淡薄者，勿以明农为嫌，勿以商贾为耻，苟能居

积致富，则礼义可兴，亦足以振家声。勉之勉之！①

明代以在东南各省推行一条鞭法著名的官僚庞尚鹏在《庞氏家训》中更明确提出："民间常业，不出农商。"《庞氏家训》后来在珠江三角洲地区有很大的影响，许多宗族的家训也都以此作为范本。这种视商业为本业的观念在清代珠江三角洲地区已经得到社会上普遍的认同。在许多与商业有关的问题上，士大夫也会表现出较明智的态度。他们常常会站在地方利益的立场上，为商业活动辩护，反对官府的盘剥，如黄佐就直截了当地指出：

夫国有沃野之饶而民不足于食，有山海之利而民不足于财，吾粤是也。然其弊岂在于逐末哉，徭役之征太烦，而度支之途日广，皆足以瘠民者也。②

屈大均在清初时也有一段议论说：

比年以来，岭海亦大空虚矣。所喜者大庾绾毂其口，百里间磴道巉岩，十郡之大阻恃焉。天欲留不尽之货财于南越，故以此台关一线为咽喉，俾玩巧事末之民，与夫訾窳偷生者，得仰机利而食。不然者，地之所产者有尽，而贪人之捆载者无穷，岭海虽为天下饶，所存以为生且养者，亦无几矣。嗟夫，国之富藏之于民。复藏之于其地之民，夫使其地之民各享其利，而无眈眈者虎视其间，而其国治矣。③

这种站在地方利益的立场上，反对官府"眈眈者虎视其间"的掠夺政策，为"玩巧事末之民"说话的态度，是很有代表性的。但是，在基本的

① 《顺德桂洲胡氏第四支谱全录》。
② 嘉靖《广东通志》卷20，《风俗》。
③ 屈大均：《广东新语》卷15，《货语》。

世界观和价值观上，士大夫并没有真正表现出反叛传统意识形态和价值体系的取向，他们所做的，只不过是在既有的正统文化体系中建立新的规范，因而在最表层和最深层都表现出认同和维护传统的强烈倾向。比如霍韬之子霍与瑕虽然力主维持与澳门葡萄牙商人的贸易关系，但他关于处理占据澳门的西方商人的见解，就是从一套正统的儒学理论中演绎出来的：

> 凡处大事以仁为主，以义为制，以知为度，以权为通。主之以仁，制之以义，度之以知，通之以权，故销未形之祸，若东风之解坚冰，济莫大之艰；若太阳之释薄雾，上不见其劳，而下罹其毒，是古有道者之设施也。岛夷关市，与为寇异，四夷来王无以绥之，王者所不处也；既纳其税，又探其未然之恶，而漫为之议，义者所不为；不察其顺逆，不辨其奸良，一概名之曰贼，非但俱焚玉石，将有俗庖肠一刀之虑，知者所不出也。①

从政治伦理的角度来论证一种经济政策，是很典型的中国士大夫的逻辑。霍韬在认为“人家养生，农圃为重”的同时，也认为“居家生理，食货为急”，主张“本可以兼末”。在他的家训中，相当大部分的篇幅都是讨论经济问题。但是，所有这些讨论，都围绕着齐家收族的目的，他要建立的是一个符合儒家规范的家族，而不是一个合理化的近代企业。把中国传统的家族伦理同珠江三角洲社会经济生活条件结合起来，建立起新的社会规范，是明代中后期珠江三角洲地区士大夫集团的文化创造。他们的这种努力，充分体现了宋明理学的“有常理无常形”的精神。这也许是他们的社会思想在社会实践中能够获得成功的原因所在，并因此在适应市场发展需要的同时，成为制约市场结构性特质的重要因素。

在这种特定的社会文化背景下，珠江三角洲商业化的发展，并没有表现为对传统文化价值取向的疏离，相反的是，与市场的扩张同步，传

---

① 霍与瑕：《霍勉斋集》卷 19，《处濠镜澳议》。

统士大夫文化越来越广泛地向地方基层社会渗透，甚至在整体的市场活动中，也越来越表现出士绅文化的价值导向。清代珠江三角洲的许多商人传记，或者特别强调传主“弃儒就贾”“熟习经史”的经历，或者称颂传主的好善乐施的德行，或者赞扬传主助子弟读书仕进的贡献。一方面显示了商人与士大夫阶层的深厚联系，另一方面反映出无论是社会还是商人本身，都把士大夫文化的道德规范，作为衡量个人的行为以及成功与否的价值标准。即使在佛山这样发达的商业中心，商业的发展亦没有改变士大夫文化的主导地位。

在明代中期以后，广东地区的士大夫集团通过一系列的文化创造，积极推动了基层社会在正统文化规范基础上的整合，如黄佐制定乡礼，魏校等人的毁淫祠、兴社学，都是旨在按正统的文化规范改造基层社会。士大夫在乡村社会中的文化创造，突出表现为将宋明理学的文化规范积极向地方社会传布，尤其是他们充分利用当时商业化提供的资源，在家乡建立起按照士大夫文化规范组织起来的宗族组织。这种宗族组织并不简单地只是由父系继嗣关系联结起来的血缘群体，而是通过修祠堂、编族谱、置族田、举行标准化的祭祖仪式等手段整合起来，以血缘关系维系的，具有强烈的士大夫文化象征和很广泛的社会功能的地域性组织。

宗族组织的发达和普及化，是明清时期广东乡村社会的特色，尤其在珠江三角洲，几乎每一个定居的村落都建有多间祠堂。屈大均较详细地描述了珠江三角洲地区宗族发达的情况：

> 岭南之著姓右族，于广州为盛；广之世，于乡为盛。其土沃而人繁，或一乡一姓，或一乡二三姓。自唐宋以来，蝉连而居，安其土，乐其谣，俗鲜有迁徙他邦者。其大小宗祖祢皆有祠，代为堂构，以壮丽相高。每千人之族，祠数十所；小姓单家，族人不满百者，亦有祠数所。其曰大宗祠者，始祖之庙也。庶人而有始祖之庙，追远也，收族也。追远，孝也；收族，仁也，匪僭也，匪谄也。岁冬至，举宗行礼。主鬯者必推宗子，或支子祭告，则其祝文必云：裔

> 孙某，谨因宗子某，敢昭告于某祖某考，不敢专也。其族长以朔望读祖训于祠。养老尊贤，赏善罚恶之典，一出于祠。祭田之入，有羡则以均分。其子姓贵富，则又为祖祢增置祭田，名曰蒸尝。世世相守，惟士无田不祭，未尽然也。今天下宗子之制不可复，大率有族而无宗，宗废故宜重族，族乱故宜重祠，有祠而子姓以为归，一家以为根本。仁孝之道，由之而生。吾粤其庶几近古者也。①

这里的描述带有被屈大均理想化了的成分，但大致道出了广东，尤其是珠江三角洲地区的宗族是士大夫的文化创造的事实，勾画出了一个按照士大夫的标准建立起来的宗族模式。

在同一始祖的名义下，借助真实的或虚构的谱系关系整合而成的血缘群体，在经济生活中也扮演着重要的角色。珠江三角洲宗族发达的一个重要特点，就是宗族控制了相当部分的经济资源。一些大族控制的族产，规模多达数千亩以至数万亩，如番禺县沙湾镇的何留耕堂，就拥有约六万亩的沙田。除了相当量的土地被宗族直接控制之外，更为重要的是，在珠江三角洲地区，具有宗族成员身份的人与没有宗族成员身份的人在社会上处于不平等的地位，在资源的控制上也有不平等的权利。那些不属于被承认具有正统性的宗族的社会成员占有土地的企图，总是会遇到宗族势力的压制，甚至得不到国家的支持，因为如果在政府的户籍系统中没有户籍，即使购买了土地，也没有使自己的土地占有权合法化的资格。所以，没有按照士大夫的文化规范组织起来的宗族背景，是很难获得土地的合法占有权的，除非能够通过一定的社会和文化手段为自己创造出一个宗族的背景。这一规则使里甲户籍制度与宗族制度之间得以配合起来，构成明清时期社会秩序的重要基础。

---

① 屈大均：《广东新语》卷17，《宫语》。

第二章　里甲赋役制度与明初社会

明朝开国皇帝朱元璋亲手制定的里甲赋役制度，是明王朝在地方社会建立其统治秩序的最重要基础之一。嘉靖十四年(1535 年)，广东巡抚戴璟纂修《广东通志初稿》，其中有一段议论，颇有深意地说出了里甲赋役制度与明代广东地方社会秩序的关系，他说：

> 我朝洪武初取岭表，又明年，诏定天下版籍，凡民有色役者，令以色役占籍。十家为甲，十甲为图，图积为里，里积为县。其獠夷黎疍有愿附籍者，籍之。十年一更，而登降其生死。是时兵革之后，户口尚少。其后流甿渐复，深林穷谷，稍成村聚。有司不能申明法令，以渐制未萌，俟其根蔓枝披，然后一切绳以刀斧，至于血刃血指，仅乃获定，若己巳祸变及近日事可为鉴，已版籍图里鳞次，役事相联，此国家制民驯俗之深意，而吏直以为簿书架阁，漫不省虑，不亦过欤！①

此文所谓“诏定天下版籍”云云，当指洪武二年(1369)立户收籍的诏令②，而里甲制度的设立，应是稍后的事。戴璟在这里将二事混在一起，只是一种笼统的说法，不必深究。唯可注意的是，这一段议论很清楚地揭示，明代初年编制里甲户籍，是把地方社会纳入明王朝的国家控制体

---

① 嘉靖《广东通志初稿》卷 22，《户口》。

② 万历《明会典》卷 19《户口一》：“洪武二年令：凡军、民、医、匠、阴阳诸色人户，许以原报抄籍为定，不许妄行变乱。”

系之中的重要措施。户籍编制使一部分人成为明王朝直接控制下的编户齐民，但同时，还有相当一部分人口没有编入里甲户籍。文中所谓“户口尚少”并不是说自然人口少，而是编入户籍的户口不多。那些被称为“流甿”的人口，后来虽然部分也逐渐被编入户籍(即所谓“渐复”)，但随着户籍制度的松解，他们成为威胁王朝统治与地方秩序的力量。很显然，将人口编入里甲户籍，征调赋税差役，是国家政权控制地方社会的基础。戴璟所谓“此国家制民驯俗之深意”，道出了明代里甲赋役制度的本质，是我们通过里甲制度演变考察明清社会变迁的基本出发点。

第一节　“划地为牢”的里甲体制

一、明初的户籍登记

元代末年，广东地区虽然远离大规模战乱中心，但由于元朝中央政府对地方统治失控，地方豪强势力蜂起割据，“户口凋耗”，“兵乱民散”。当时，元朝地方政府的管治力，往往只达于治所的城墙之内，正如当时的惠州路总管所言：“据地之徒，罔知官府……今郡城外，皆非官有。”①洪武元年(1368)，割据广东的地方豪强何真降明，明征南将军廖永忠平定广州，结束了元末广东“群雄并起”“彼此割据”的局面。随着军事征服的结束，恢复和建立新的社会秩序和统治体制自然成为新政权的首务。

众所周知，明朝开国皇帝朱元璋是一位十分重视对编户齐民进行严格管束控制的君主。就在他登上皇位的当年，即下令各路指挥征服全国战争的总兵官，每征服一地，即收拾“户口版籍、应用典故文字”，“其迷失散在军民之间者，许令官司送纳”②。洪武三年(1370)二月，他下令中书省：“凡行郊祀礼，以天下户口钱粮之籍，陈于台下，祭毕，收入内库

① 何崇祖：《庐江郡何氏家记》(抄本)，收入郑振铎辑：《玄览堂丛书续集》。

② 《明典章》，洪武元年十月诏。

藏之。”①足见在朱元璋心目中，掌握着“天下户口钱粮之籍”，是朱明王朝向“天”确认其统治合法性的一种重要资源。廖永忠率领明朝大军进入广东时，割据广东的何真向明军投降的见面礼，就是“封库籍户口以归”②。交出户籍，在这里是作为交出政权的象征，户籍控制对于确立王朝统治的意义，于此可见。

朱明王朝强化其户籍管理制度的第一个重大措施是，洪武三年十一月，朱元璋下令“籍天下户口，置户帖户籍”③。这一制度在广东地区具体推行的情形，史料记载不详。据梁方仲先生研究，户帖奉诏设置虽在洪武三年(1370)冬月，其颁发于民则在洪武四年(1371)。④ 由此推测，广东某些方志有“洪武五年定民籍”⑤的记载，大概即户帖规制在当地推行的记录。有资料显示，在明代初年的广东，确有些地方官对户籍进行过整顿。如：

> 钟镃，山东掖县人，洪武初河源县丞，集流逋，定版籍，建学校，立坛祠。
>
> 又有王渊者，湖广人，洪武二年知遂溪县，创公宇，建学校，安集流移，编籍定赋。
>
> 陈本，会稽人，洪武二年由儒士知海康县，创置公宇，区别庐井，招抚流移，编集图籍，抚绥初附，远近归者七百余家。⑥

这些记载中提到的“流移”“流逋”，指的是脱离了户籍登记的人口，政府通过“编籍定赋”实现对其安抚招集，反映出户籍整顿和编制，是明初各地重建统治秩序的一项首要措施。这些州县官员“编集图籍”的做法，

---

① 《明太祖实录》卷49，洪武三年二月。

② 万历《广东通志》卷13，《藩省志十三·名宦三》。

③ 《明史》卷77，《食货志一》。

④ 参见梁方仲：《明代的户帖》，见《梁方仲经济史论文集》。

⑤ 康熙《信宜县志》卷6，《赋役志》。

⑥ 嘉靖《广东通志》卷49，《列传六》。

很有可能就是在当地推行朱元璋所定的户帖规制时的具体行动。

王朝时代设立户籍登记制度，往往是和整顿基层行政组织结合起来的，明初的户籍整顿也自然是在乡村既有的村社组织基础之上进行，如在潮阳县：

> 本县自建置以来，旧有四乡，共统十四团，元末多为土人所据……及大明一统，削平僭乱，知县姚复初因即其故址疆理之，民稍复业，称团如故。①

姚复初任潮阳县知县在洪武二年(1369)，他整顿原来的基层组织，应该就是在实行户帖制度的时候，结合户籍登记进行的。在这里，"土人"和"民"的身份，似乎是以是否编入政府户籍中来区分，所谓"民稍复业"，也就必须通过户籍整理才可以实现。然所谓"称团如故"，则显示出初时的户籍整顿大致是以当地原有的基层社会组织为基础。当时，如何在户籍整顿中建立新的基层行政组织，似乎还没有统一的完善的新规制，各地方官多是根据本地实际采取一些权宜措施。

明初户籍本以元代以前的户籍登记为依据，洪武二年(1369)的一条诏令规定："凡军、民、医、匠、阴阳诸色人户，许以原报抄籍为定，不许妄行变乱，违者治罪，仍从原籍。"②然而，尽管原割据广东的元江西行省右丞何真降明时已经将所辖郡县的户籍奉献给新政权，但这个时候的社会已经相当混乱，"兵乱民散"③，"田野蓁荒，室空十九"，"民逋未还，田野荒芜"④，旧籍所载户口，大多逋逃无稽。这些旧时户籍，实际上已不可能作为稽查户口的依据，更不能适应新朝政府控制编户齐民和征调赋税徭役的需要。明朝政府要建立起稳定的社会秩序，就必须将大

---

① 隆庆《潮阳县志》卷 6，《乡都》。

② 万历《明会典》卷 19，《户部一》。

③ 崇祯《博罗县志》卷 1，《地纪》。

④ 万历《广东通志》卷 21、30。

量的无籍之民编入政府的户籍之中，这是明初整顿户籍时所要解决的一大问题。

早在洪武元年发布的《大明令》中，就规定："凡各处漏口脱户之人，许赴所在官司出首，与免本罪，收籍当差。"到洪武三年(1370)朱元璋下令颁发户帖时，更采取了严厉的手段，将没有登入户籍的人户强行编入军籍，朱元璋在颁发户帖的诏令中说：

> 我这大军如今不出征了，都教去各州县里下着绕地里去点户比勘合。比着的，便是好百姓，比不着的，便拿来做军。①

这几句话绝不是一时戏言，而是明代初年实行的一项重要政策。洪武二十六年(1393)编定的《诸司职掌》中就明确规定"无籍户""游食"等应该充军。明初州县地方官员的政绩，往往表现在大力招徕安集流亡②，其实际内容，无非就是将没有登记在政府户籍之中的人口，重新编入户籍之中。我们在一些后来编的族谱中，也可以看到当时人在实行户帖制度的时候，被登记入政府户籍而获得编户齐民身份的记载，如《香山小榄何氏九郎族谱》卷1载：

> 五世祖，讳时彦，字朝聘，号乔林，葵斋公之子也。明洪武四年洪由帖附公，收户民籍，男妇三口。

这里所说的"洪由帖"，相信就是明初的户帖。户帖制度是朱元璋建立一套新户籍制度的开始。当全国局势已经完全稳定下来，新王朝的统治巩固之后，他进而在洪武十四年(1381)建立起一种无论是他自己，还是后来的研究者都相信堪称完备的户籍制度，这就是常为后人称道的黄册里甲制。关于明代黄册里甲制的推行经过及其内容，以往已经有梁方

---

① 李诩：《戒庵老人漫笔》卷1，《半印勘合户帖》。

② 《粤大记》卷12《宦绩类·循良芳躅》："武亮，浙江人，洪武三年知徐闻县，时法制草创，首辑归附，招集流移。"类似宦绩同卷还有数条。

仲、韦庆远、松本善海、清水盛光、小烟龙雄、栗林宣夫、川胜守等前辈学者进行了大量而深入的研究，读者可参阅他们的著作，这里不再赘述。① 但为讨论方便起见，我们这里引用一段《明实录》中对黄册里甲制度的记载，以见有关规制内容之大略：

以一百一十户为里，一里之中，推丁粮多者十人为之长，余百户为十甲，甲凡十人。岁役里长一人，甲首十人，管摄一里之事。城中曰坊，近城曰厢，乡都曰里。凡十年一周。先后则各以丁粮多寡为次。每里编为一册，册之首总为一图。其里中鳏寡孤独不任役者，则带管于百一十户之外，而列于图后，名曰畸零。②

虽然在广东地方史料中对黄册里甲制推行初期的情况较少专门记载，但这一制度当时曾得到较切实的推行，似为可信的事实。以下两条即为当时广东州县地方官推行黄册里甲制的实例。隆庆《潮阳县志》卷6《乡都》载：

至洪武十四年，知县杨智奉例丈量境内田土，始开阡陌，稽民数以造册籍……于是更故十四团为十六都，都别有图，平道里之远近矣。(谓每都地理有远近广狭不等，故复为图以别之。)

又嘉靖《广东通志》卷49《列传六》载：

沈仲德，江西人，由人材洪武十四年任揭阳知县……尝丈量田地以均税亩，遇攒造，更定都图，以为民便，民咸德之。

随着黄册里甲制度的推行，地方上户籍混乱的情况得到改善，许多原来没有登记在户籍之中的人口由此而成了里甲编户。通过编制里甲纳

---

① 有关研究的书目及简要评介，参见[日]山根幸夫：《中国史研究入门》，484～490页，北京，社会科学文献出版社，1994。

② 《明太祖实录》卷135，洪武十四年正月。

入政府户籍之中的，首先是大量的流移人口。当时地方政府收集流移无籍之民，通常是通过编制里甲实现的。如电白县的得善都，原“乃腴沃之区，地广无人，后招韶州流民与之处，而图遂立焉”①。在一些宗族的谱牒中，也记载着他们的祖先在明初编制里甲时获得户籍从此定居下来的历史，兹列举数例如下。

《新界大埔林氏族谱》载：

长乐林氏祖系林崇高，谨按：公生于福建兴化府莆田县涵头，兄弟三人，其次崇兴、崇旺，其一，惟公在闽中旧谱牒不载矣。公于元元统间移家长乐，始家柘口，洪武初年，编长乐湫溪都第五图民籍。

《(香山)前山徐氏宗谱》卷首《原序》载：

吾族奉延祚公为始祖。公长子广达公遭世乱，离自河南开封府陈留县，避冠播迁。初至粤之南雄，又至番禺，终止于香山之雍陌长埔，见前山山水明秀，可为子孙计长久，因徙居之。数年，弟广德公访兄至前山，亦家焉。同占县籍，购得朱友仁田二百九十四亩，为二场第一甲灶户，则洪武二十四年及永乐元年先后登之版籍者也。

《香山翠微韦氏族谱》卷1《世传》载：

里正慕皋公，旧谱叙公讳方寿，碧皋公长子，幼聘翠微梁氏，既长，家于梁，遂居翠微，置产业二顷余，明洪武〔十〕四年，初造黄册，随田立灶籍。

《(顺德)胡氏族谱》第2册载：

(六世)讳德孚，字民先……至公始迁甘竹之龙应居，洪武十四

---

① 万历《高州府志》卷1，《都市》。

年始造黄册，供报南海县光华乡马宁都甘竹堡一图民籍，生年失记，卒洪武己巳。

《夏贡黄氏家谱》载：

云谷公……乘元末明初，不安长乐本土，观风察俗，慨然迁乔于陆丰县吉康都五云洞下崆乡竹园下居焉。始收买田租九十一石有余，粮山俱一无杂，创前人未开之基，垂后裔弘远之业，真正英杰万世祖也。①

又该族另一家谱中云：

皇明洪武十四年，立籍海丰县吉康都一图三甲民籍，今割陆丰县管。

这几个宗族的定居祖，就是明初最早登入里甲户籍之人。他们在此前的社会身份颇为不明。但是，他们入籍前的来历真实与否，其实并不重要。重要的是，这些记载不管如何掩饰入籍前的真正身份，至少透露出他们原来不是"本地人"，很可能是一些流移的人口。明代初年将他们编入里甲户籍，是这些流移人口定居下来的一个重要契机。

在明代初年被编入户籍的人，还包括相当部分在新王朝军事征服和政治统治下的归附者，例如：

洪武十四年(1381)，"潮州府海阳县民作乱，南雄侯赵庸调兵讨平之。擒贼千余人并其家属二千七十人至京，上命诛其首恶，胁从者释之，各归其家属，俾之复业"②。

同年，又"招降番禺等县民三千三百余户复业"③。

---

① 转引自刘伯奎：《河婆史话》，37页，新加坡，东艺印务公司，1978。

② 《明太祖实录》卷139，洪武十四年十月丁卯。

③ 《明太祖实录》卷140，洪武十四年十一月庚戌。

次年(1382)冬，“南雄侯赵庸讨平广东群盗……招降其民一万三千二百六十七户”①。

这些被招降人口的所谓“复业”，意味着被编入版籍，成为王朝的编户齐民。

特别值得一提的是，明初被收入政府户籍的，还有相当部分是当时遍布广东各地的非汉人族群。当时，在广东的江海之间，分布着人数众多的疍户②，瑶僮獠黎等则遍布山林。这些土著族群一般不在政府户籍管理系统之内。但根据记载，明初在广东推行里甲制时，特别允许他们登记在户籍中，“其獠夷黎疍，有愿附籍者，籍之”③。由此看来，在明初推行里甲制度时，很可能有相当数量的瑶僮疍獠一类非汉人族群被编入了里甲户籍，成为王朝控制下的编户齐民。如在阳山县收集到的一份万历年间的赋役黄册供单，就记载着连州瑶山二图二甲内一个户口的来历是：“洪武十六年，抚招广西黄茶山民瑶头黄法护男黄文清、黄文华、黄文爵、庞国辉、伶元会三(疑为‘五’之误)人，合承何家田段。”④史籍上也记载了一些成批被招抚入籍的事例，如：

> 洪武初，瑶劫阳山村落，寻降。时瑶庞一歌、周一歌等往南北水西等处劫掠乡村，太祖命赍榜招抚。陈阳满等三百八十六户入籍当差……后大木山瑶陈孟颜、白云山瑶冯以亮、黄莲山瑶齐有喜等一百余人寻招抚入籍。⑤

特别值得一提的是疍民的入籍，这些在广东地区分布广、人数多的

---

① 《明太祖实录》卷149，洪武十五年十月戊子。

② 今天一般认为疍民是汉族的一部分，但在明代，疍人确实不被认为是汉人，这里根据当时的分类，说疍民属于非汉人的族群，不等于笔者认为今天的疍民不是汉族。

③ 嘉靖《广东通志初稿》卷22，《户口》。

④ 李默、房先清编：《八排瑶古籍汇编》，851页，广州，广东人民出版社，1995。

⑤ 道光《阳山县志》卷13，《事纪》。

疍民，由于明朝政府实行的两项特别的政策，在明初曾大规模地被编入政府户籍。一项是在洪武初年将疍民“编户立里长，属河泊所，岁收渔课”①；另一项是明朝政府在广东大规模籍疍户为军。史载：

洪武十五年三月癸亥，命南雄侯赵庸籍广州疍户万人为水军，时疍人附海岛，无定居，或为寇盗，故籍而用之。②

洪武二十四年夏五月，指挥同知花茂收集民兵。茂，巢县人，在广州尝剿平阳春等县叛贼，及清远、英德、翁源、博罗、东莞、增城、龙川、兴宁、归善、南海、香山诸县及海南、雷州等处山寨猺贼、蛮贼及倭贼。至是升都指挥同知，因上言：广州地方，若东莞、香山等县，逋逃疍户，附居海岛，遇官军则称捕鱼，遇番贼则同为寇，不时出没，劫掠人民，殊难管辖，请徙其人为兵，庶革前患。……皆从之。③

这里提到的疍户，原来多属“逋逃”无籍之人。所谓“殊难管辖”，显然是因为没有登入政府名籍之故，明初将其收为军兵，就把这些原来在政府户籍登记体系外的人户编入了政府的户籍。这一政策的实施，在后来编撰的一些族谱中仍留下痕迹，例如《番禺市桥房邓氏荫德堂家谱》记载该族祖先在明初入籍事曰：

洪武十八年，为无籍事发，充广州府后卫守城当军伍，邓英与总旗谢谦、小旗胡全，贯籍番禺县沙湾司榄山堡十三图五甲役，户长邓胜和。

又《（顺德）胡氏族谱》载：

① 嘉靖《广东通志》卷68，《外志五·杂蛮》。

② 《明太祖实录》卷143，洪武十五年三月癸亥。

③ 嘉靖《广东通志》卷7，《事纪五》。

(八世)讳广端……生洪武丙辰，终永乐己丑……按旧谱称公性资自然，襟怀豁达，家蓄饶裕，十八岁失怙恃，时国初垛集军伍，又以税粮编为里长，公独身支持，事无不举。

这些记载均没有提到他们的祖先是否以疍户身份被编入户籍，或者是族谱编者有意隐瞒①，或者是祖先的身份早已在流传中迷失了，到后来编族谱的时候已不知晓。一些宗族中关于祖先入籍的故事之所以流传下来，本来只是一种通过户籍的获得以确认其身份的记忆，入籍以前的身份在记忆中的“迷失”，是完全可以理解的，我们似乎没有必要深究。但从这些记忆可以推见，一些宗族的祖先，其实是在明初编制里甲时才登入户籍之中，从此成为王朝直接控制下的编户齐民，这一过程与明初籍疍户为军的政策很可能有着直接的关系。《(东莞)园沙王氏族谱》中的《四世祖元处士王公孺人叶氏墓志铭》有以下一段记载：

公讳里宝……有志江湖，携重赀，挈英侠，往来两浙间……洪武二十七年甲戌，都督刘公恭至邑，编垛集军，而公亦以淳善见免，里排佥举，乡训得练(?)，隶民籍。是以优游田里，克终其天年。

且不论其人当时在垛集军的时候得以逃脱编入军籍是否可信，即使真有其事，这位里宝也显然是在编集军户的过程中被编入户籍的，可见当时编集军户的行动，的确曾经使得一些“流移”人口被编入里甲之中。

① 我们在一些族谱的记录中，可以看到有意隐瞒祖先身份的痕迹。如香山《坎溪梁氏谱略》记载其先世的历史云：“……即今所号乾雾公者，乘鱼舟游海上，至香山潮居里(即黄梁都，在宋属新会潮居里)。舟泊乾雾之前，望其山川秀拱，遂挈家而居之，今考其时在南宋之后，胡元之初……公生白石公……白石公生三子，长敬忠公……而敬忠公时当大明开国之初，法度严密，有婿同居，以强媒为人讼，罪连及公，发戍陕西宁夏卫。”又有记载本族祖先被编军籍是因为欠饷，《新会凌冲谭氏族谱》：“税吉……于洪武十九年为凤阳府畴州盐商，因欠国饷，〔充〕肇庆卫军。洪武二十五年又充直隶通州左右卫所军，至永乐间释役还乡。”

事实上，在珠江三角洲地区的里甲编户中，军户占了相当大比重①，许多著名大族，原来的户籍也是军籍，如香山小榄何氏，据《香山小榄何氏九郎族谱》载：

> 六世祖汉溟……洪武十四年，初造黄册，公承户，充大榄都第一团里长，十六年收集军，戎于南京镇南卫百户，年老，长子泽远代行，后改水军左卫。

类似的情况当不是个别现象，反映出明初编制里甲户籍以及籍疍户为军的政策，使许多原来不在政府控制下的人群，由“化外之民”转变成为明王朝的“编户齐民”，归化到明王朝的统治体制之中，构成了明王朝统治的社会基础。明清时期广东地区的社会变迁，就是在这样一种历史的前提下发生的。

二、里甲制与地方基层组织的关系

关于明代初年在广东各地通过户籍编制建立起来的里甲组织的情况，文献记载大多语焉不详。地方志里有关里甲制度的内容，大多只是抄袭明朝政府关于里甲制度的一般性规定。如经常被研究者引用的嘉靖《香山县志》卷2《民物志》云：

> 里甲之制，洪武十四年始诏天下编赋役黄册，以一百一十户为一里。同一格眼谓之一图，推丁粮多者一人为长。在城曰坊长，在乡曰里长，余一百人分十甲。每一甲则一长，管摄甲首十户，丁粮绝少及鳏寡孤独不任事者附于格眼外，谓之畸零户。

类似文字，在明代广东方志及其他地方文献中辗转袭引，这些文字与前引洪武十四年关于明代里甲制度的法令条文，几乎完全一样，很难

---

① 以南海县为例，在明末的崇祯十五年(1642)，军户仍有12677户，约占登记总户数54467户中的23.3%。见乾隆《南海县志》卷6，《食货志》。

径据以为即里甲制在地方上施行情形之实录。如果只根据这类关于里甲制度的法规性文字，重构里甲制下的现实社会组织形态，往往难免流于皮相之谈。但要更深入了解里甲体制在明代广东基层社会组织系统中的位置，现有的文献尚缺乏足够清楚的资料。这里只试图从一些较为间接的材料，来讨论广东地区的里甲组织与基层社会既有的地域或社区单位的关系。

就明代制度而言，作为户籍组织的里甲，无疑是州县以下最重要和最基本的基层行政单位，嘉靖《广东通志初稿》中描述的明代里甲户籍制度下的行政控制体系，就是：家(户)→甲→图(里)→县。明代对州县行政有深刻了解的广东惠州籍官员叶春及曾明确地指出：

> 里长者，里之长也。天下之势，自下而上，甲首上有里长，里长上有县令，县令上有郡守，郡守上有藩司，藩司上有六卿，而天子加焉。予尝谓里长下县令一等，非訾言也。①

可见在当时人心目中，作为户籍编制的里甲组织，是国家行政系统中最基层的一环，而宋元以来一直存在的乡、都之类的地域性单位，似乎并不在这一行政系统之内，至少在制度上没有被赋予多少实际的行政职能。明初基层行政组织以里甲体制为核心应为不争之事实。

不过，里甲制度的施行似乎并没有以人为的户籍编制组织简单地取代原有的地域单位或社区组织。洪武十四年(1381)各地攒造黄册，编定里甲的同时，对除里甲以外的地域性基层单位，也不同程度地作了调整。乾隆《龙川县志》中较具体地记载了明初整顿基层组织的情况，这里仅摘引其中一段：

> 宁仁都去县二十五里至九十里，所统地名下泡、岭西、田心、

---

① 叶春及：《石洞集》卷10，《志论一·里役论》；又见同书卷9，《公牍二·谕宾民》。

通衢、曾田、四都、莲塘、义都之地，宋册原辖四图，明初兵燹，改州为县，田心、岭西民田设立军屯二所，以太和、仙德等都并入宁仁共作二图，即今宁仁都一图二图，在册当差。按：太和都去县八十里之外……宋册原辖三图，明初兵燹，人民亡□，本都田粮土名尚存在册，并入宁都一图二图籍内矣。仙德都去县一百五十里之外……宋册仙德原辖二图，明初并入宁仁都一图二图之内，今本都田粮上名依旧明载在册，故额犹可考也。①

由此看来，明初整顿户籍编制里甲时，对原来的地域单位是有所调整的。前引隆庆《潮阳县志》卷 6 的记载也表明，该县在洪武十四年编造黄册时，将以前的“团”改编为“都”，“自斯团名遂废，四乡之号亦寝不行”。“都”的设置，在明代基层组织体制中有着特别的意义，因为明初里甲的编定，就是以都为基本地域单位的。洪武二十四年(1391)颁行的《攒造黄册格式》规定：

凡编排里长，务不出本都，且如一都有六百户，将五百五十户编为五里，剩下五十户，分派本都，附各里长名下带管当差。

按照这一规定，里甲编制必须在“都”的地域范围内进行，以都为单位编排里甲。明代地方志中关于坊都的记载，很明确标出某都辖几图。②说明里甲的编排，确实执行了上述“务不出本都”的规定。但明初推行黄册里甲制的重点，在于编排里甲，而对其他层次的社会基层组织的设置，明王朝并无划一的规定，因此各地的基层组织系统颇为参差不一。从广东的地方志记载看，明代州县以下的基层单位，大体有乡、都、堡、图(里)、社、村等，以下列举几个州县的情况，以见各地情况的多样化。

广州府的南海县以及后来分置的顺德县也许是地域单位层次最多的

---

① 据笔者印象，该段文字当出自万历《龙川县志》，但由于笔者当年在北京图书馆看万历志时，没有抄录下来，现在手头一时没有万历志可征，姑从乾隆志转引。

② 参见嘉靖《香山县志》卷 1，《风土志》；嘉靖《增城县志》卷 1，《地理志一》等。

例子。据万历《顺德县志》的记载(因顺德是景泰三年析南海县西陲四乡置，这里引顺德县志的资料说明之)，该县是“乡以统都，都以统堡，初置县，乡有四，曰忠义，曰光华，曰儒林，曰季华；都如乡之数，忠义所统者曰东涌，光华所统者曰马宁，儒林所统者曰鼎安，季华所统者曰西淋”。各都所辖堡数为：

东涌	12	马宁	14	鼎安	3	西淋	11

各堡所辖图、村之数则多少不一，兹举若干个堡为例：

勒楼堡	一图七村	黎村堡	八图七村
甘竹堡	二图二十三村	桂林堡	十一图七村
龙江堡	四图一村	龙山堡	四图二十一村

同属广州府的香山县则没有堡一级，其基层组织的关系如下所示①：

仁厚乡	仁厚坊	图二街十三
	良字都	图四村十八
德庆乡	龙眼都	图九村二十七
永乐乡	得能都	图三村二十四
	大字都	图二村十五
长乐乡	四字都	图二村十四
丰乐乡	谷字都	图二村十五
长安乡	恭常都	图三村二十二
潮居乡	黄梁都	图二村十七
宁安乡	大榄都	图二村二
古海乡	黄旗都	图四村五

这种地域单位的层级结构也许是一种比较规范的类型，潮州府各县也大体属于这种类型，其中饶平、惠来等县在都和村之间也有堡一级，饶平、惠来县是先后在成化和嘉靖年间分别由海阳、潮阳县析出，为何

① 参见嘉靖《香山县志》卷1，《风土志》。

与原辖之县不同，有待后考。① 此外，南雄府保昌、始兴二县和雷州府的海康、遂溪、徐闻三县，也基本上属于这一类型。② 但在惠州府各县则没有乡的设置，县以下是都，每个都编若干里，如表 2-1 所示③：

表 2-1　惠州府各县都、里设置

县别	归善	龙川	博罗	长乐	海丰	兴宁	河源	和平
都	13	4	10	3	7	4	5	4
里	42	6	49	12	28	7	6	4

表中显示，在惠州府，一般是一都辖数里，只有和平县是一个都只编一个里。在这种情况下，都和里实际上就合二为一了。在韶州府，这种一都一里的编制，是各县的通例。④ 而高州府四个州县更是将都与图混搅在一起，但在都图之上仍有乡一级。另外，根据万历《永安县志》，该县虽然都以下设图，但在都和村之间的层次是“社”，如古名都下有 10 个社，每个社有 6 至 14 个村。由于永安县是隆庆元年(1567)由归善、长乐二县析地而置，故可以推测惠州府各县当亦类此。

以上几种模式表明，在州县以下，实际上存在两种基层组织的层级系列，一种是“县→都→图”，另一种是“县→乡(都)→村”。前者是在明代里甲体制基础上形成的户籍管理系统，在这一系统中的都图里甲属于户籍编制的单位，后者是基层社会既有的社区组织系统，在这一系统中的乡社村落则是以自然聚落为基础的地域单位，正如乾隆《嘉应州志》卷 1《舆地部・疆域》所云：

若夫厢都图里，以核粮亩，堡约卒社，以聚编氓……旧志都图之内兼载乡堡，但地方纷错，总记于都图，界书难清，略举数处，

① 参见嘉靖《潮州府志》卷 1，《地理志》；卷 8，《杂志》。
② 参见嘉靖《南雄府志》卷上，《提封志》；万历《雷州府志》卷 4，《地理志》。
③ 参见嘉靖三十五年《惠州府志》卷 1，《图经》。
④ 参见嘉靖《韶州府志》卷 3，《坊都》；万历《仁化县志・舆图志》。

亦多遗漏。①

此处所言，固然是清代情形，两个系统的完全分离，是明代中期以后变化的结果，但在明初建立里甲制度时，已经为这种区分提供了制度上的依据。按朱元璋的设想，里甲固然应该是在村社组织的基础上编成，他在《教民榜文》中也赋予里甲组织一系列村社组织的职能。但是，里甲制度在地方上实际施行时，政府的着重点一直是放在征税和差役供应上，结果，由政府相对固定的户籍编制形成的里甲和现实中的村社组织实际上仍然是两个并存的系统。这一区分为后来里甲制度的衍变提供了制度上的根据。里甲编排与乡村地域单位之间的连接点，是"都"的设置，"都"既有确定的地域范围(明代中期，广东新设立了许多个县，这些新设县从原来的县析分出来时，就是以"都"为单位割出的)，而里甲编制又以"都"为单位编定，可见"都"是将两个系统连接起来的交接点。

州县以下的基层组织系统在各地呈现出多样性，是由于自宋元以来乡村组织已经没有严格的统一规制。明初各州县地域单位的划定，基本上也是各自为政，一般是以原有的地域单位的架构为基础。② 洪武年间，出于编制里甲的需要，对"都"这一层进行了调整，但原来不同层级的地域单位和社区划分，实际上不可能也不需要普遍地调整或重组。里甲制度的推行，并不要求对乡、堡、社、村这些自然形成的社区单位作大的更动。因为每个里甲所包含的社会范围，并不必与特定的地域单位或既有的社区一一对应。

明代里甲制研究最为纠缠不清的问题之一，是里甲与自然村落的关系。在明代文献中，关于二者关系的记载，不是语焉不详，就是互见歧异。在广东地区，更是十分缺少明确的资料。所以，学者们的解释也有比较大的分歧。松本善海把里甲制看作一种为征收赋役而按户数编成的

---

① 此引文据广东省立中山图书馆古籍部 1991 年出版的标点本，但原标点有明显错误。引者在这里作了订正。

② 嘉靖《增城县志》卷 2《地理志二》："邑属乡都所因者，前代旧名。"

行政村落，而清水盛光、鹤见尚弘等则强调了里甲制与自然村落的关系，栗林宣夫和川胜守也认为里甲是在自然村落的基础上编成的。① 这些研究在揭示里甲编制与村落的关系上多有发见，我目前不能提出能够更清楚地显示出明初里甲制与自然村落关系的资料，所以不能对这些研究所揭示的事实有更多的批评。但我感觉日本学者在讨论这一问题时，似乎过于受一种由日本历史经验形成的共同体理念支配。中国传统社会基层组织往往是一种多元复合的结构，不同地方在不同时期常常存在千差万别的形式，我们一方面需要小心地区分国家制度与地方社会现实之间的差别，另一方面又要充分注意到制度化的规范如何在地方社会现实之中展现出来。企图建立一种能够具有普遍适用意义的"明代"和"中国的"基层行政体系的模型，甚至将其抽象成一种规范化的共同体模式来解释中国的村社组织，可能只是一种徒劳的努力。

梁方仲教授曾认为："里甲在户籍上的编制，是以其居处相邻近这个'地区'因素作原则，从现存嘉靖四十五年福建泉州府德化县里甲清册原件来看，知道一甲就是一条村。"②按我的理解，这里的后一点判断只是一个特称判断，用以推证前一判断，即"居处相邻近"是里甲编制的原则。明代初年的里甲既然是一种具有行政职能的基层组织，它的编排以一定范围的村落社区为基础，亦似乎是顺理成章的。川胜守、栗林宣夫等人考察了包括闽广地区在内的全国各地的情况，认为里甲在各个区域都是在现实的村落的基础上编成的。栗林宣夫在《里甲制の研究》中引万历和康熙《新会县志》的记载，以为这些记录明确指明哪些村子属于某图，同一图的村落也大致是相邻近的。由此看来，现实的自然村落，大致是里甲编制的基础。这一理解无疑有相当的道理。直到今天，我们在乡村中还可以看到用"图"作为某一地域范围的名称（例如我们在新会县潮连乡实

① 参见[日]栗林宣夫：《里甲制の研究》，26～49页，东京，文理书院，1971；[日]川胜守：《中国封建国家の支配构造——明清赋役制度史の研究》，105～125页，东京，东京大学出版会，1980。

② 梁方仲：《论明代里甲法与均徭的关系》，见《梁方仲经济史论文集》。

地考察过当地一处叫“五图”的地方，就是一个很清楚的地域单位)，想必是明代里甲制留下的痕迹。

不过，栗林宣夫似乎错误地理解了万历《新会县志》的记载。查该志卷2《舆地略下》有关乡都村落的记载，如下例所示：

> 潮居都，十三里，甲四：曰冲茶，曰天台，曰淡水，曰北到；其村落曰小冈，曰天台……曰冲茶……

这里的“甲”，显然不是里甲的甲，而是保甲(或类似的组织)的甲。而康熙《新会县志》中虽然列出了某些村落属于某都某图，但并不意味着这些图的户口只属于这些村落，而不包含其他村落居民所开的户口，也不意味着这些村落的人户没有在其他都图开立户籍。① 更值得指出的是，类似新会县这样明确标出哪些村子属某图的记载，虽然不是唯一的特例②，但在明清时期广东其他州县的方志中确实是相当罕见的，大多数地方志只是笼统记载某都有哪些村，有哪些图，至于村和图之间，地方志的记载并无显示出彼此之间存在着隶属的关系。这种在都之下并列村若干、图若干的记载方式，表明图甲体制可能并不需要每个图有清晰确定的村落范围。即使是新会县，虽然大致列出每一图所包括的村落范围，同一里中的乡村也不一定相联属，甚至不属于同一地域范围。道光《新会

① 新会县实际的图甲编制也不见得就如县志所载，如康熙《新会县志》所载，属于归德都二图的村子有麦园、南山、麻园，但在《(新会)张氏族谱》中开列的归德都二图包含的村子却与此有较大出入：

一甲滘头林姓	壬辰	二甲麻园林姓	癸巳
三甲麻园梁姓	甲午	四甲麻园李姓	乙未
五甲杜阮黄姓	丙申	六甲白石张姓	丁酉
七甲北街张姓	戊戌	八甲鸠湾黄姓	己亥
九甲杜阮黄姓	庚子	十甲麻园马姓	辛丑

这里出现的村名除了麻园外，在县志中分别系在其他图内，其中滘头在十图，杜阮在一图，白石在三图，北街在十图，鸠湾未见。也可能族谱所载是后来里甲变动后的情况，但至少说明里甲编制实际上并不受村落范围的限制。

② 道光《高明县志》也是这样记载的。

县志》卷2《舆地志》论曰：

王志（这里指的是乾隆《新会县志》，但万历、康熙志亦同——引者按）各村都图多无次序，有同都而不联属，相去太远者。如能（俗作熊）子与三江略相近，当入潮居二十图，今乃入潮居五图，与龟岗同图，或旧本比邻，而子孙他徙者，亦未可知，类此者多，今仍其旧。

后面所估计的可能性是存在的，但类似情况之普遍，恐怕是一开始编里甲就没有严格受地理范围所限的缘故。因为就里甲制的功能要求而言，里甲之间的人丁税粮分布的平均化（即所谓“衰多益寡”），显然是比地理上的相联属更为优先的考虑。明代黄册制度关于编制里甲务不出本都的规定，也暗示着在同一都内可以灵活调整。① 此外，新会县的里甲，除了方志中可以列明村落的以外，还有几个图是“俱寄附别图散住，并无坐落乡村”②。表明里甲虽一般在自然村落基础上编成，但并不等于说里甲制度是一种村落制度。它其实只是一种相对独立于村落和地域性社区系统之外的户籍组织。

由前面所列举的广东一些州县的事例可以看出，由于村落大小不一，一都之中里甲与村落的比例可以相当悬殊。如顺德县，甘竹堡有二十三个村，编为两个图，而编为四个图的龙江堡只有一个村。这一差别显然是由于村落大小不一的缘故，如村落规模较小，则将邻近的数个村编为一里，如是大村落，则按居址邻近的原则将人户编为数里。不过，一个

---

① 里甲的编制超出都的地理范围的情况实际也是存在的，如大埔县，是嘉靖五年（1526）新设的县，其管辖范围包括原来属于饶平县的两个都，但设县之后，“又有本县粮米二千余石，先年因地方旧属海阳，混造于丰政等都册内，寄籍于海阳县当差”（《潮州耆旧集》卷17，饶相《奏拨大埔县都图疏》）。缘饶平县为成化十四年（1478）从海阳县析置，后划入大埔县的两都中有如此多的粮米（即田地）编入其他都的户籍中，当是成化以前的事。

② 乾隆《新会县志》卷3，《建置志》。

村超出一里规模的情况实际并不普遍。这一现象似乎又显示出，里甲在自然村基础上编成，并不等于直接以自然村为单位编制，这样，里甲组织系统与地域性社区组织系统就不一定简单地叠合。

朱元璋建立里甲制度的目的，除了作为供应赋役的单位外，还赋予其行政、司法、教化等多种社会职能。① 从逻辑上讲，这些职能只有在现实的社会基层组织的基础上才可能履行，这似乎可以证明里甲应该是一种村落组织。但问题是明代的里甲组织究竟在多大程度上履行了这些职能呢？搞清楚里甲与现实的社会基层组织的关系，是一个十分关键但又不易弄清的问题。我们先看如下一些与里甲在乡村社会中行使职能有关的事实。

首先，明初差役征派实行轮役制度，在差役由里甲户亲当的方式下，自然要求里甲组织具有一定的行政效能，才可能维持这一制度的正常运作。(详见本章第二节与第三章的讨论)

其次，在明代，代表民间基层社会与官府打交道的，一般都是以“排年”“里老”的名义出面。一个人们熟知的事例是，在黄萧养起义后，南海县大良的“九图九十排户罗忠等上书揭侍郎，奏割南海三都，分立顺德县，县令周亶筑栅为城，九图里排各捐税地，建造衙门……等处”②。又弘治六年(1493)，顺德县沙滘乡“……排年三十余人，在县陈告，取文送布政司，开库揭查洪武至正统(黄册)”，以查明他们的祖先的姓名、户籍等事项。③ 在这里，排户、排年即里长，他们至少在名义上是地方社会与官府打交道的代表。

最后，里甲除了轮流到官府应当差役外，一些地方事务也按里甲轮流充当。嘉靖《增城县志》卷9《政事志・民赋类》中列出的见役里甲的任务，就包括“本图里公务”。《南海鹤园陈氏族谱》卷4中记载了佛山八图

① 参见《皇明制书》卷8，朱元璋《教民榜文》。

② 民国《顺德县续志》卷6，《经政》。

③ 参见《(顺德)沙滘陈氏族谱》。

按甲轮值见年所需办理的各种事务，包括料理各种地方祭祀事宜，管理地方公共经费收支，主持乡饮酒礼等。虽然该族谱记载的是清代的情况，轮值方式也已经与里甲制有较大差别，但值年之甲所承担事务的基本范围，大致上应是从明代一直延续下来的。① 明代人的一些关于里甲职能的讨论，也常常强调里甲组织在维持地方秩序、负责地方社会事务中的作用。正德《琼台志》卷 12《乡都》曰："今制联民有乡里都图区保之名，虽与古异，亦先王乡田同井，使百姓亲睦之意也。"嘉靖年间南海人霍与瑕云："乡村盗贼，责在里甲，此洪武旧制也。"②虽然这些议论所表达的更多是一种理想化的社会设计，但如果里甲这种制度完全不可能在基层社会组织基础上发挥职能，他们也不至于无的放矢。

以上几点事实，似乎证明了里甲组织实际具有一定的基层行政组织的职能。但另一方面，我们也要看到，里甲组织在基层社会的实际职能与理想化的制度设计间显然有相当大的距离。叶春及曾论曰：

> 里一亭，坐里正三老，十有九章，听民讼，制也。祇具文于县门射圃，匪独观德，欲得穿札之士用之。废者十九，即存有足音乎。洪武间，建社学，有司奉职无状，高皇帝发艰哉之叹而止。③

事实上，明初朱元璋的许多政治设计，在现实中都没有能够真正按他的理想实现，里甲制度也一样。叶春及曾特别提到："令甲都里有申明亭，粤无之，亦不知其当有矣。廑廑悬额县门，当时奉诏不恪，况今乎。"④申明亭是制度上规定的里长、老人处理里甲内部事务的地方，据我所见文献，除了只在一些县以上治所曾经见过申明亭外，在乡村中几乎没有任何痕迹。申明亭是里甲组织行使其职能的地方，叶春及甚至比

---

① 《南海鹤园陈氏族谱》卷 4："时(指黄萧养起义后——引者按)里户八图八十甲，历今数百余年，凡属子孙，遴充里役，急公无误。"

② 霍与瑕：《霍勉斋集》卷 12，《复代巡陈青田》。

③ 万历《顺德县志》卷 2，《建置志》。

④ 叶春及：《石洞集》卷 11，《志论四・肇庆府志・建置志总论》。

喻为里长的衙门。广东乡村中从不知道应该有申明亭的建置，这是广东地区的里甲组织至少没有真正具有朱元璋所设计的那种社会功能的明证。明代地方文献讨论到地方社会控制时，很少强调里甲组织可以起何种作用。明代人，从地方官到士绅，其实没有对里甲在维持地方秩序方面的作用寄予多少期望，本来在朱元璋的设想中赋予里甲的社会职能，实际上大多是通过设立乡约保甲来实现的。早在明代初年，当时里甲在赋役征派方面仍能有效发挥作用，已经有人提议推行保甲乡约。如洪武年间南海人唐豫《乡约十则》曰：

> 其十曰居处相接，当以十家为甲，其出入务相周知。或有出入不明，众必体察之。倘为不善，则呈于官，庶免累己。①

这里所说的十家为甲，似乎不是指里甲的编制，而是类似保甲一类的组织。永乐宣德以后，广东各地推行乡约保甲制度愈见积极。② 嘉靖三十五年《惠州府志》卷5《户口志》云："国初，民徙不出乡，事咸统于里长，后居非本里，于是照所居分社，佥充总甲。"清楚表明里甲其实不是一种严格意义上的地域性社会组织，亦反映了当时的里甲组织事实上没有能够真正发挥基层行政组织职能。

洪武八年(1375)朱元璋亲自制定的《洪武礼制》规定："凡各处乡村人民，每里一百户内，立坛一所，祀五土五谷之神，专为祈祷雨旸。"又规定："凡各处乡村，每里一百户内，立坛一所，祭无祀鬼神。"③根据这些规定，里应该是一个以社坛和乡厉坛为中心的祭祀单位，这样的祭祀单位自然就是一个村社。《洪武礼制》是地方官和士大夫在地方上推行教化的重要依据，我不怀疑这种制度可能在乡村中推行过，近代不少地方的

① 吴道镕：《广东文征》卷6。

② 如《粤大记》卷12《宦绩类·循良芳躅》："王源……宣德十年任潮州知府……设乡社，立警铺。"

③ 《皇明制书》卷2，《洪武礼制》。

乡村的祭祀活动，仍然实行一种按坊里逐年轮流主办祭祀的制度①，很可能就是明代里甲轮流主持村社祭祀的遗风。尽管这样，在明初广东基层社会里，《洪武礼制》实际推行的效果仍然十分令人怀疑。万历《永安县志》曰：

> 国朝之制，一百一十户为一里，立社稷坛一，故曰社。里长十人，甲首百人，共一图，亦曰图……县凡三都七图，社三十有四，村二百二十有六。

该段前面数句显然是引述制度的规定，但对照后面所记的里数与社数相差悬殊的事实，可以推想当地社的设置并非实行洪武礼制的产物，表明里甲并不一定是以社坛为中心的祭祀单位。今天在乡村见到的一个社的范围，显然比明代一里的范围小得多，这也可能是后来演变的结果，但永安县在万历年间社多达 34 个，而里只有 7 个，恐怕不会如此多的社都是后来分化的结果。因此，我对明清时期广东乡村中的社坛与明初《洪武礼制》的规定以及里甲组织之间究竟有多少联系，颇有疑问。如果有的话，是一开始就没有按朱元璋的设计来编立里甲，还是真的是后来发生了相当大的变化呢？万历年间编撰的饶平县《东里志》述及明代社祭之礼时论曰：

> 国朝社祭之设，盖因社稷之祭而推行之，乃敬神洽俗之一事也。东里昔年尊行，谓之春福秋福，但社坛又迷处所，乃即各土地庙行之。如上里三社、大埕七社、上下湾二社，欢聚群饮，少长雍雍，间惟酗酒喧哗，令人可厌。然饩羊之意，尤有存焉。迩自寇乱，民人凋耗，此礼久废。②

---

① 参见拙文《大族阴影下的民间神祭祀：沙湾的北帝崇拜》，见《寺庙与民间文化研讨会论文集》，台北，汉学研究中心，1995。

② 陈天资：《东里志》卷 2，《风俗志》。

该书所记关于洪武年间事，大多只是抄袭一些一般性的法令，不能看作在地方社会实际发生的事情，而这里所记的明代中期以后当地的所谓“社祭”与《洪武礼制》相违甚远。“社坛又迷处所”和“此礼久废”之类说法，可以读作此地并未曾有过按《洪武礼制》建立起来的社坛，也从没有根据《洪武礼制》在里甲制的基础上建立起规范的社祭制度。

总之，种种现象显示出，明初作为户籍编制组织的里甲与村落的关系是复杂的，政府立法的意图，当然希望里甲成为一种规范化的社会基层组织，通过里甲建立起理想的稳定的社会秩序。然而，里甲既然是为征派赋役而设立的户籍编制组织，实际上并不可能直接与既有的社区单位对应地重合。在制度上，事实上也没有相应的措施令里甲一定要与村落相重合，相反，作为一种户籍制度，里甲从开始就隐含着不按村落编制的倾向。当然，不管里甲编制与既有的乡村组织的关系如何，明初的里甲既然由政府赋予种种实际的行政和社会职能，总会影响到基层社会组织系统的结构。我们在一时还缺乏足够的资料来了解明初广东地区的里甲组织实际运作的情况下，可以假定明初的里甲或多或少在不同程度上曾经按照立法意图来实行，但制度规定与立法意图已经有相当的差别，而制度上的规定与实际施行的效果更有相当的距离，这是我们讨论明代以后里甲制的变质应首先厘清的一个前提。

三、里甲体制下的社会秩序

朱明王朝建立里甲制的目的，是要建立一种“划地为牢”的社会秩序。① 梁方仲先生概括地指出这种秩序的几个特点是：

> 1. “人户以籍为断”，户籍既编定以后，除有重大特殊的理由，不准轻易更改。换言之，人户皆世其业，编入军户的人丁照例是世世代代皆为军丁；余亦仿此。2. 在每一地区内，各类户籍的划分，

① 《明经世文编》卷63马文升《抚流移以正版籍疏》的按语载：“祖宗朝特重黄册，非但为税粮，专欲使户籍清整。民安其乡。此则本意也。”

> 大致以满足当地最简单的经济生活的需要为依据，造成了全国各地无数分散的自给自足的小单位。3. 人民的移动、迁徙，是受限制的。从一个地方到另一个地方的行动，都要得到政府发给的“路引”(即通行证)。4. 对于赋役的负担，采取连带责任制。如一甲十户之中，有三四户已逃亡或死绝时，所遗留下来的田赋与徭役的负担，由剩下的六七户分担，务须补足原额，不许亏欠。全甲逃亡死绝时，便由一里中剩下的九甲人户分摊。5. 主持一里赋、役的里长，和管理一粮区(多数辖有数里)的粮长，例以大户充之。他们对农民建立了一种直接统治和隶属底关系。①

这里所揭示的，应该理解为朱元璋建立里甲制度的一种社会设计理想，不可以简单地等同于明初的社会现实，但梁方仲先生这里对里甲制度在立法意图上所规范的社会秩序的深刻见解，可以作为我们讨论明代里甲体制下的基层社会结构的基本出发点。

要了解里甲体制下的社会秩序，首先需要澄清里甲构成的一些问题。明代万历年间，对州县行政十分熟悉的叶春及在编纂《永安县志》时，如同他在著名的《惠安政书》中所用方法一样，根据万历年间的黄册，编制了一组有关里甲户口的图表。在我们看不到黄册原件的情况下，这些图表是我们了解明代州县里甲户籍如何组成的重要资料。根据这一资料，明代万历年间永安县里甲户籍的构成如表 2-2 所列：

表 2-2 永安县里甲户籍的构成

	总数	里长	正管	带管	绝户
总户数	2031	70	700	982	279
民户	1701	52	590	826	233
军户	73	12	15	17	29
附军	151	3	64	75	9

① 梁方仲：《明代一条鞭法年表》，见《梁方仲经济史论文集》。

续表

	总数	里长	正管	带管	绝户
官户	20		8	12	
灶户	1		1		
匠户	2		1	1	
铺兵	2		2		
马驿	4		2	1	1
水站	39	3	14	18	4
递运	3		1	1	1
杂役	30		2	28	
力士	1				1
僧户	3			2	1
道户	1			1	

虽然这些资料出自万历年间的黄册，但由于明代每十年一次大造，基本上都沿抄前届黄册，所以，当时的黄册记录，大致上亦能反映明中叶以前的户籍状况。这里特别值得注意的是带管户的数字。考洪武十四年(1381)命编造黄册时，对明代里甲制有如下规定：

> 一里之中，推丁粮多者十人为之长。余百户为十甲，甲凡十人。……其里中鳏寡孤独不任役者，则带管于百一十户之外，而列于图后，名曰畸零。

据此，“带管”的户口称为“畸零”，但据洪武二十四年(1391)《攒造黄册格式》规定：

> 凡编排里长，务不出本都，且如一都有六百户，将五百五十户编为五里，剩下五十户，分派本都，附各里长名下带管当差。不许将别都人口凑补。其畸零人户，许将年老、残疾并幼小十岁以下及寡妇、外郡寄庄人户编排；若十岁以上者，编入正管。

在这里，“带管”和“畸零”实际上是两个不同的概念。至于这些规定在广东实施的情况，没有更具体的资料。广东地方志里关于里甲制度的记载，大多只是根据上述规定在文字上略加改动，较为有变化的文字，见于万历《新会县志》卷 2《版籍略》所载：

> 邑有都，都有图，图而百一其户，百之户曰甲首，一之户有十曰里排，各以其一统其户之十者，岁轮直以役于官。凡统十之户，而粮差，而勾摄，而结勘，胥其任之甲首，诸办悉听诸里之长。一者户十，十者户百，逸户附图之外曰畸零。

大致上，里甲内的人户可以分为三类，即十户里长(又称里排)、一百户甲首，在此之外为畸零带管①。里长、甲首称为正管户，在正管之外的是“带管”，但“带管”在里甲之中的其实有两种，一种是畸零户，是没有能力因而也不负担政府差役的人户，亦即嘉靖《香山县志》中所谓“丁粮绝少不任役”者；另一种是在一百一十户之外的所谓“剩余户”，这部分虽不在正管之内，也是需要当差的，为与畸零户区别开来，也可以称之为“带管户”。但在明代文献中“畸零带管”常常并称②，万历《永安县志》中的带管户显然包含了这两种人户，即被编入了里甲户籍，而又不在一百一十户里长、甲首(即所谓正管户)之内的户口。

以上永安县里甲户籍的构成显示：1. 即使在永安县这样偏僻的县，政府黄册户籍也是严格按照法定的制度编制的；永安县共编七里，每里严格由十户里长和一百户甲首(正管户原指里长和甲首，不过在这里显然只指甲首)组成。2. 户籍的分类，基本上是按照职业和编户所承担的差役划分。3. 在里甲户籍编制中，带管户的设置具有十分重要的意义，其重要性首先表现在带管户的数量多于里长户和正管户(即甲首户)，其次

---

①　关于里甲内这种户别划分的详细讨论，请参见[日]鹤见尚弘：《明代の畸零户について》，载《东洋学报》，1964，47(3)。

②　参见梁方仲：《明代黄册考》，见《梁方仲经济史论文集》。

还表现在下一点。4. 在永安县的户籍中有数量很多的绝户，表明明初编入里甲的人户后来很多逃亡故绝了，其中必定有相当部分原来是里长或正管户，但里长和甲首户都仍然能维持法定的数额，于是，可以推知在带管户和正管户之间其实没有严格的界限，当里长户或正管户成为绝户时，由带管户填补，提升为正管户。① 5. 带管户中也包括军户、官户、驿户、匠户、水站户、杂役户等，可见带管户确实如上所说，并不只限于“丁粮绝少不任役”的人户。

由于里甲户籍的编制和划定，主要是为了征派赋役而进行的，上述里甲户别的划分，也就很显然是以负担赋役的能力，即所谓“丁粮多寡”作为标准。这就使得社会中的贫富差别通过里甲体制确立起一种等级性的秩序(关于这种秩序，以往关于里甲制的研究已经讨论甚多，这里不复赘论)。

然而，问题并不到此为止，在以往的研究中多被作为不言自明而没有深入讨论的问题是：在里甲体制下，户的内涵是什么？里甲制本身的构造，是否真的能规范和涵盖整体的社会组织结构？

人们常常用现代的生活经验去理解传统社会的各种范畴，对于明代里甲中的“户”，一般视为基于一定的亲属关系组成的社会生活单位。② 但是，如果我们小心地考察里甲户籍中登记的“户”的社会内容，可以发现，王朝时期的户籍制度中“户”的内涵，并不可以简单地理解为由一定

① 万历《明会典》卷20《户口二》：“排年里长，仍照黄册内原定人户应当。设有消乏，许于一百户内选丁粮近上者补充，图内有事故户绝者，于畸零内补凑。”

② 里甲制中的“户”代表什么社会单位，是一个与了解明清时期广东社会变迁真相有重要关系的问题。明初建立的里甲体制，初时似乎是以个体家庭为单位编制的。我们在广东地区的族谱资料中所见的有关明代初年的入籍记事，大多都是以家庭为单位的。从明初在里甲制度基础上设立的赋役制度来看，按里甲编制轮流亲当差役的方法，也只有在个体家庭的基础上才可以有效运转。但不久以后，随着宗族的发展，这些户籍似乎逐步为宗族所支配，这显然是后来里甲体制变质以及相应调整赋役制度的一个基本的背景。如果说后来里甲制的变质是对宗族发展现实的一种反应的话，明初里甲制度下的社会秩序，是以地方政府对个体家庭的直接控制为基础的。这个问题将在下面的章节中进一步讨论，这里暂时不展开。

的人口构成的社会生活单位。

明代许多关于立户入籍的记录表明，所谓“入籍”的意义，并不单纯地只是一个家庭到官府衙门去登记户口，而往往是以定居与购置土地相联系的行为。前引前山徐氏、香山韦氏、夏贡黄氏等族谱记载的祖先入籍故事都是和置产联系在一起的，下面再举出两个例子：《(丰顺)吴氏族谱》卷1下载：

> 四世严质公……生于前明正统九年甲子，卒于弘治十五年壬戌，享寿五十九岁。初创居鹤洋寨，后迁居新坡村。成化十八年大造黄册，收入粮亩，始立吴万隆户眼，创业立产，振兴家规。

《缪氏文智问仁公派下家谱》云：

> 我祖元朝末自广东惠州府归善县都乐里大坡居住，转迁居长乐县蒲溪约建业，即收买林士高等兄弟田塘一处，娶士高之妹为妻，法名林妙四娘，承户输差。①

这些例子都是由于置了产业才开立户籍的。又崇祯《兴宁县志》卷2《政纪》载：

> 县自洪武为都四十余，安远冠(当为“寇”字——引者按)周三破县，民悉流窜，继经大兵，炊汲殆绝，仅存户二十余，编二图，附于长乐，刁令韶兼宰之，夏令则中招集流亡，民且欲集，而病官田税重，莫肯承籍。则中请以官田同民田定赋，从之。为都四，曰一都，曰四都，曰五都，曰六都。后渐垦辟，复于一都内拆置为二图三图，六都拆其赢，益以徭人疍人置为七图，遂为编户七里。

很明显，所谓“承籍”，并不只是户口的登记，而是使户口与土地配

---

① 转引自罗香林：《客家史料汇编》，64～65、279页，香港，中国学社，1965。

合起来，登记在官府的户籍之中，承担贡纳赋役的义务。黄册的编造，里甲户口的增加，里甲的设立，都不能简单理解为一种人口管理行为，而是意味着人口附着于土地，并登记纳税，成为王朝的编户齐民。

诚然，我们也看到一些并无田产，只是出于户籍管理的需要编制的里甲或户口，但这种里甲户口，有时会被列为一种特殊的类别，崇祯《廉州府志》卷2《地理志》载：

> 僮人初来自广西之上思州，为人赁耕，岁久土著。洪武中，知县刁从善编为无粮里甲，凡十里，令赋役于官，仅有里名，初无分地，皆附居各乡，而习俗亦颇不类于编民云。

这里把“无粮里甲”与“编民”区别开来，正说明一般的“编民”是有田产并由此要向政府承担赋役义务的。明人霍与瑕讨论到在广西的广东流民入籍问题时所提出的意见很值得注意：

> 广西各府州县，半是广东流民寄居。或买田收租，或娶妻住宅，多有长子育孙者，然无一人得立籍。是逃于版章之外，非制也。盖由土人恐别省立籍，冒此间禀粮贡举，是以厉为告禁……若四都新州，正宜查流寓之民，凡买田娶妻造宅其地者，俱许立籍当差，有佃丁多者，本身许充里长，而佃丁便为甲首。①

可见在一般的观念上，购买了田产并定居下来，是开户立籍的基本条件。因此，在逻辑上，一个“户”的内涵应该是人口与土地财产的结合。当然，在里甲的规制中，没有规定一定要有田产才可以立户，没有田产的人户，在制度上可以编入里甲，霍与瑕的这一建议是把佃丁编为甲首，但实际上，由于“立籍”是与“当差”联系在一起的，编入里甲意味着要向政府承担赋役义务，没有田产的人口一般是不会立籍入户的。《程乡杨氏

---

① 霍与瑕：《霍勉斋集》卷19，《定四都州址揭帖》。

族谱》卷首载：

> 公姓林，传七世而易姓杨，原籍福建汀州府宁化县石壁村人，元明之交……初抵程之东境……遂定居焉。时值明初定鼎，徭赋繁重，增户例当加役……而邻居杨姓者，籍旧丁单，苦以应役，乃寄籍于杨。

虽然不知道这位林姓的新定居者有没有置有田产，但从这一事例可以看到，开立户籍将意味着承担赋役义务，必然令没有田产的人户不会轻易登记入籍。

明代建立里甲户籍制度的意义，对政府来说是控制地方社会和征调赋役的组织化手段，对民间而言则意味着对明王朝统治的接受、认可，以及承担义务(具体表现为向政府缴纳赋税服差役)，从而获得作为编户齐民的身份与权利。从王朝统治体制的角度看，在王朝的疆域内是存在两个社会的，一个是纳入了王朝统治体系内的，由国家的编户齐民组成的社会；另一个是王朝统治体系之外的社会。元末以来土豪割据的局面，使后一社会空前地膨胀，而前一社会则相对衰微。明初整顿户籍，编制里甲，恢复了王朝统治的秩序，在里甲体系中的编户齐民构成了社会稳定的基础。因此，在一个由里甲制度规范下的社会里，里甲户籍首先就是一种身份辨认的标志。① 以往研究里甲制度时，一般只是在考察户口记录时，才比较重视里甲以外的“漏登人口”，而且也往往只将这种现象局限在人口登记的意义上。其实，我以为，里甲以外的“漏登人口”，是里甲体制下社会秩序的重要组成部分，这一社会范畴与里甲户之间的关系，是我们了解明代乃至以后的社会秩序的关键。

日本学者研究明代里甲制，注意到了里甲之中的畸零户的意义，但他们似乎对未编入里甲户籍的人户在地方社会结构中的意义没有给予足

---

① 社会成员被编入里甲，意味着社会身份的变化，万历《顺德县志》卷 1《地理志》云：“甘溪之末，乃疍人河泊所革置，此鳞介而衣冠之王政也。”

够的重视。在明代广东基层社会结构及其变动的历史过程中，这种在里甲户籍之内的“编户”与里甲户籍以外的“无籍之徒”之间的流动关系，具有十分重要的意义。就是在明代前期，虽然政府大力招集流亡，编制户籍，在广东地区仍然有大量人口没有登记在里甲户籍之中。在天顺年间(1457—1464)，仅英德一县，申报等候大造黄册时入籍的就有1700余户，5900余丁。① 成化年间，由于当时两广总督朱英的政绩，“流民得复业者十五万家”②。得复业者已多达15万，未复业者之数当大大超出这一规模。当时的流民实际上就是不在户籍登记的人口。这种无籍人口的大量存在，在明代文献之中随处可见，如《粤大记》卷12《宦绩类》载：

> 滕员，瓯宁人，正统三年任韶州府知府，七年监造黄册，吏不敢欺……所部地界江闽湖三藩之冲，主户少而客户多。少拂其意，辄相煽弗靖。而翁源、乳源二邑尤甚。员躬行巡省，揭榜开谕，许其占籍，遂与编户无异。

又隆庆《潮阳县志》卷2《县事纪》载：

> 揭阳有沿海而村曰夏岭者，以渔为业，出入风波岛屿之间，素不受有司约束。

有明一代，在广东，这些在政府户籍登记之外的“无籍之徒”，成为威胁社会稳定的主要因素。有人曾对明代各省的叛乱作过统计，显示广东是一个动乱记录最多的省份，这种动乱反映了广东社会中的无籍人口与政府极力建立起稳定的社会秩序的目标有着尖锐的冲突。读者可参见本章第三节的讨论。

综上所述，明代初年里甲制度在广东推行时，尽管可能在实施程度的深浅和采用规制的详简方面存在或多或少的差别，但朱元璋要建立一

---

① 参见叶盛：《叶文庄公奏议·两广奏草》卷8，《题为巡抚事》。

② 《粤大记》卷9，《绥抚鸿勋》。

种“划地为牢”的统治秩序的理想确实通过黄册里甲制度的施行得到贯彻。作为这种立法意图在地方社会实现的结果，广东各地普遍建立起来的里甲体制，有以下几个与此后社会变迁关系甚大的特点：

1. 在明初整顿户籍、设立里甲之前，广东各地有大量不在政府户籍控制之下的人口。明初里甲制度的建立，是政府招集流亡无籍之民的一个重要手段。许多流移人口，尤其是大量的原属于非汉人土著人口，通过里甲户籍的整顿，成为编户齐民。

2. 明王朝建立里甲制度，本意固然是赋予里甲组织以州县以下的基层行政组织的职能，一般地也是以居址相邻近为原则编成，但从一开始，里甲组织就不必与既有的村落社区组织重合，里甲系统与村社组织有某种制度性的结构分离，这为后来里甲制的衍变留下制度上的依据和伏笔。

3. 由里甲体制的建立而形成的社会秩序，大体上可以理解为建立在地主制经济基础上的社会，土地的占有与里甲户籍身份有相当重要的联系。但我们对这种社会秩序的理解，不应简单化地理解为是直接从土地占有关系派生出来的。这种社会的结构是多元的，在里甲内，固然有里长户和甲首户的区分，同时还有正编户与畸零户的区分。更重要的是，在里甲体制下的编户齐民与体制外的无籍之人的社会区分，在以里甲体制为主导的社会秩序中有着十分重要的意义。政府对基层社会的控制，在明初是通过里甲系统实现对编户的控制，户是这一控制体系内的最基本的单位。但同时，里甲户籍之外的人口，或者通过对编户的依附关系而纳入这一控制系统之内，或者成为“化外之民”，构成明代近三百年越来越严重的社会动乱之源。明初的这种体制，是“以里甲任万民”，对于基层社会而言，国家的权力的存在，是通过里甲户籍制度的控制实现的。里甲户籍既是政府统治的手段，又是国家控制权力的象征，国家与社会的对话透过里甲制的种种矛盾展现出来。

第二节　里甲体制下的赋役征派

历来对里甲制度的研究，多注重其作为差役制度的一面。不错，朱元璋设立黄册里甲制度的出发点，确是要建立一套更为公平合理的差役制度。但有些论者以为里甲制度主要是为征派差役而设立的，甚至简单地只把里甲制作为一种徭役制度来讨论，这是对有关史料望文生义的理解。其实，明代赋税和差役制度有着相当密切的联系，其整体架构，是建立在里甲制度基础之上的。梁方仲教授早已深刻指出，明代的赋役制度是“役中有赋，赋中有役”①。里甲制度的设计，体现了它们之间内在的微妙关系。里甲制度的设立和以后的演变，与明代赋税差役征派以至整个财政制度有直接的联系。要了解里甲制度的演变与社会变迁的关系，就需要对明代初年建立的赋役制度的内在结构有比较清楚的把握，才可能进一步理解后来户籍赋役制度演变的实况及其社会意义。

一、田赋与杂赋

明代税收，以田赋为正赋，沿袭宋元以来的两税法，以夏税秋粮为正项。就“两税”的原意而言，夏税秋粮之别，是根据它们的征收季节区分的。但由于在国家主要的赋税供应地江淮、江南等区域，夏季的主要收获物是麦子，秋季的主要收获物是稻米，故明代夏税主要以麦为本色，秋粮主要以米为本色。《明律集解附例》“仓库收粮违限”条下注云：“夏税，夏月所收小麦；秋粮，秋成所收粮米。”因此，夏税的意义又可以转义为向种植小麦的土地征收的田赋，而秋粮则相应地主要指向种植稻米的田地征收的田赋。②

---

①　梁方仲：《明代一条鞭法年表》，见《梁方仲经济史论文集》。

②　这里只就两税的主要征收税目而言，实际上夏税秋粮的征纳物有许多名色，详见梁方仲：《明代“两税”税目》，见《梁方仲经济史论文集》。

对于中国多数地区来说，夏税作为夏季征收的田赋和作为向种植小麦的土地征收的田赋，秋粮作为秋季征收的田赋和作为向种植稻米的土地征收的田赋，在意义上实际并无差别。但在岭南地区，情况就有所不同了。这里地处亚热带，夏秋两季的收获物均主要是稻谷。因此，尽管广东各地的田赋也有夏税秋粮之分，但二者的比重相当悬殊。如洪武二十四年（1391），广州府的秋粮有 294786.2478 石，而夏税则只有 872.4494 石。① 在洪武二十六年(1393)广东全省的实征田赋总数中，夏税只占约 0.5％。

更重要的是，在广东各州县，夏税秋粮之分，与其说是按征收季节还不如说是按土地种类来区分的。征收夏税的土地，在税册上有专门的分类，称为“夏税地”“夏税山”等。这些征收夏税的土地，初时大概是根据其出产物而定的，种植小麦、豆类等广东人视为杂粮的土地，征收夏税；种植水稻的土地，征收秋粮。在一些地方志中，有“夏税以地山塘计亩科税”，“秋粮以田计亩科粮”②的说法，或云“田塘则征秋粮，地山则或征夏税，或征秋粮”③。大约就是由于夏税的征纳物大多为地、山的出产，而秋粮的征纳物主要是田地的出产。但这样的区分似乎只有概念上的意义，因为哪些土地纳夏税，哪些土地纳秋粮，一经确定，便历代相沿成例，少有更改。后来，随着地籍的混乱，明代广东地区所征夏税，实际上只在税额上存其名目，就赋税实征而言，夏税秋粮已经逐步混为一体了。

广东夏税的征纳物，在明初有麦、麻、豆等④，由于广东地区罕种麦子，征收麦子非当地所产，多有不便，在明代前期已有地方官奏请改征米。如：“永乐十年正月，广东乐昌知县徐善惠言：‘本县耕农多稻少

---

① 参见万历《广东通志》卷 17，《郡县志四·广州府·赋役》。

② 隆庆《潮阳县志》卷 7，《民赋物产志》。

③ 光绪《嘉应州志》卷 13，《食货志》。

④ 参见万历《明会典》卷 24，《会计一》；《永乐大典》卷 11907，《广州府三》。

麦，岁以稻易麦输官，请自今止令输米。'并从之。"①永乐十四年(1416)五月，海阳县也以"去年冬季霜杀麦"为由，提出"夏税乞折输米粟"②。香山县在天顺六年(1462)"夏税麦始改科米"③。看来各州县夏税改征麦为征米的时间先后不一，但到明代中叶，广东全省的夏税征收显然基本上都改征米了。随着夏税的课税对象和征纳物日益与秋粮混同，夏税在明代中叶以后可以说是名存实亡。正如嘉靖《香山县志》记载了天顺六年改征米后所云："自后皆同秋粮。"明中叶后，许多地方的夏税甚至连税额也逐渐亡失。以顺德县为例，"初尚二石四斗有奇，至弘治仅剩三升，〔秋〕粮岁增，不觉其亡矣。"④总之，原来在广东的田赋中就数额不多的夏税，到明中叶以后更逐渐并于秋粮之中。尽管作为一种税则，其名义一直保留到清代，但实际上早已不再是一项独立的税目了。明清时期广东地方文献提到田赋时，常用"税粮""粮米""粮"等术语，主要都是指秋粮。我们下面讨论的田赋征收，也自然以秋粮为主。

明代广东地区所征田赋，有官米、民米之分。⑤ 官民米的区分，由其征课的土地属性决定，官米征自官田地山塘，民米征自民田地山塘。⑥明代广东的官田大多"传自前代"⑦，也有些是政府籍没或断入为官田的，此外还有通过其他途径(如买卖、捐赠等)成为官田的。由于来历或用途的不同，官田的名目繁多，有官职田、贡士庄、官学田、书院田、废寺田、没官田、官租田等。⑧ 广东官田数量较多，弘治十五年(1502)，全

---

① 劳堪：《宪章类编》卷19，《税粮・子粒》。

② 《明太宗实录》卷137，永乐十四年五月丁巳。

③ 嘉靖《香山县志》卷2，《民物志》。

④ 万历《顺德县志》卷3，《赋役志》。

⑤ 此外还有僧道米、废寺米、轻赍米、渡米等名目，然究其性质，亦不外或官或民，故不专门讨论。

⑥ 康熙《程乡县志》卷3《版籍志》："明之赋役，略仿前世，曰官米、民米，即官田、民田之赋也。"

⑦ 万历《顺德县志》卷3，《赋役志》。

⑧ 屯田也是官田，但由于屯税属于民税之外的系统，这里不涉及。

省官田 1796196 亩，民田 5346250 亩，官田约占总数的 25.15%。① 有一些县的官田数量甚至超过民田，如潮阳县，嘉靖十四年(1535)官田占总数的 58%强。② 由于在理论上官民田有不同的属性，官民米的性质也相应不同，对此，叶春及有一段颇为精当的阐述：

> 民田，农人受于富人，既入大半之税，县官不得更重取之，故其科也轻；官田，官挈以授农人，岁收其入，以富人为比，故其科也重。③

若套用现代的概念来分析，民田相当于私人所有的土地，地租由地主征收，政府所收民米是赋税；官田相当于国有土地，政府征收的官米是地租与赋税的合一，故民田赋轻，官田赋重。不过，当我们直接用现代的法权概念分析传统中国的土地制度时，需对两者之间在所有权理念上的根本性区别有清楚的了解，不可将明代的官民田的区分与现代意义的国有土地和私有土地的区分完全等同起来。特别是在明代，官田与民田的区分，大多只体现在税率轻重差别上，而在土地的占有形态、处置方式、法权关系等方面，其实并无明显的差别。④ 尤其在明代中叶以后，官田与民田的区别更是越来越混淆不清。广东地区的官田大部分只是在政府的账籍上保留其名义，而实际上是“官者尽属于民，空存故号，即其所坐，识别亦难”⑤。政府税册上的官米，也就由此只作为一种田赋科则保留下来。

明代田赋科则相当复杂，各地并无统一标准。除了官民米科则轻重悬殊是最基本的区分外，又按土地的自然属性分为田地山塘四大类，每一类还可能根据土壤的肥瘠等因素划分若干等级，此外还有由于种种原

---

① 参见梁方仲编著：《中国历代户口、田地、田赋统计》，351 页乙表 40。

② 参见隆庆《潮阳县志》卷 7，《民赋物产志》。

③ 万历《肇庆府志》卷 11，《赋役一》；又见万历《顺德县志》卷 3，《赋役志》。

④ 万历《顺德县志》卷 3《赋役志》：“后世无复在官之田，科仍旧贯。”

⑤ 万历《肇庆府志》卷 11，《赋役一》。

因形成的所谓“正科田”“倍科田”①等名目的区分。田赋科则的轻重繁简，各地不一，这里举顺德县田赋科则以见其例②：

公职田　0.256石/亩	官租田　0.152石/亩
抄没上田　0.35石/亩	抄没中田　0.24石/亩
抄没下田　0.16石/亩	儒学等田　0.16石/亩
废弛寺田　0.1石/亩	军余田　0.3石/亩
僧尼道田　0.5石/亩	民塘　0.05石/亩
民地　0.02石/亩	民山　0.02石/亩
民田　0.03石/亩	屯军依民田　0.03石/亩

除了官米和民米的区分外，州县所征田赋又因用途的不同，划分为“起运”“存留”两大类。“起运”有起解京库、解布政司充军饷、解运外地仓口等；“存留”为府州县库贮俸米、各仓米、儒学米等项。官米全部起运，此外还有虚粮米和部分民米。明代田赋制度的一个重要特点，是田赋征收与税粮用途相对应，每项税粮征收时已经确定运往何处仓库，故田赋的实际负担、折银先后以及折银率高低均与田赋用途、解运地点有直接联系，起运存留的区分是明代田赋制度的重要内容。③

明代田赋除正项外，还有种种名目的杂项，如农桑丝绢、蓝靛米、芝麻折米、黑豆折米、苎麻折米等，广东的地方志一般都将它们归入夏税之中。这些杂项数量甚微，这里不赘述。④

从原则上说，明代田赋以田地为课税客体。因此，如果只从一般意义上说田赋是土地税，大体没有什么不对；但是如果严格地深究田赋的

① 光绪《嘉应州志》卷13，《食货志》。

② 据万历《顺德县志》卷3，《赋役志》。

③ 参见梁方仲：《田赋史上起运存留的划分与道路远近的关系》，见《梁方仲经济史论文集》。

④ 参见拙文《明代一条鞭法改革前广东地区赋役制度考述》，见《明清广东社会经济研究》。

性质，简单地将田赋等同于近代意义的土地税，在某种意义上可以说是一种误解。

中国古代赋役制度的基本原则是“有田则有赋，有丁则有役”，但无论赋还是役，都是作为编户齐民对朝廷的一种贡纳义务，它们的共同基础，是王朝对编户齐民的人身控制与役使，朱元璋曾讲过：“为吾民者当知其分，田赋力役出以供上者，乃其分也。”①上一节我们曾讨论过，里甲户籍的开立，并不是单纯的户口登记，而往往是以置产定居为基础的行为。耕种田地，供纳田赋，都是作为编户齐民的“分”内义务。《大明律》中就有专门的条文，惩治“凡里长部内已入籍纳粮当差，田地无故荒芜，及应课种桑麻之类而不种者”②。以户籍制度为基础的田赋制度的设立，出发点是将编户齐民约束在土地上，为王朝提供贡赋。所以，明代用来登记田土以为征收田赋的主要依据的，是作为户籍的黄册，“州县田土，开各户若干、条段四至，官田依官田起科，民田依民田则例征敛，编入黄册”③。于是，尽管明代田赋在原则上以土地为课税客体，但赋税征收实际上并不是直接地“求田问赋”。一个显而易见的事实是，当田地坐落与其所登记的户籍分隶不同州县时，田赋一般仍根据纳税人的户籍来征收。例如大埔县，嘉靖五年(1526)由饶平(饶平则是成化年间析海阳置县)析出设立以后，有许多田地是“田在大埔县之境，而粮登海阳、饶平二县之册”，这些田地所负担的赋税长期都是“输于海阳、饶平间”④。又如香山县，由于很多田地的业主居住在邻县，要专门在本县设立专门的“侨立都图”的户籍，才能向这些田土征派赋役(参见本书第五章第一节)，显示出征派赋役的依据是户籍。这种赋役征收的做法，与其说是“求田问赋”，不如说是“求户问赋”。编制在里甲之中的“户”，不仅是纳税的主体，也是王朝征课赋役的对象。

---

① 《明太祖实录》卷150，洪武十五年十一月丁卯。

② 《大明律》卷5，《户律二·田宅》。

③ 万历《肇庆府志》卷11，《赋役一》。

④ 康熙《埔阳志》卷2，《政纪》。

由于明代田赋以里甲“户”为征税对象，田赋征收的最重要依据不是地籍，而是里甲户籍，所以，当户籍登记的内容能够比较接近实际时，田赋征收以田地为课税客体和以户为纳税单位之间可以是统一的，但当户籍登记与土地占有状况相分离时，课税客体与征税对象之间就呈现出某种疏离，正如隆庆《潮阳县志》卷 7《民赋物产志》所云：“各都各图册眼之中，尚有人户姓名历数百十岁而未削去者，以其粮存而莫敢开除也。”下一章将讨论到的明代中叶广东田赋征收中出现的“寄庄”和“虚粮”问题，都是由于土地占有状况与里甲户籍之间的这种疏离引起的。明代初年，土地与业主都同处一地，里甲户籍比较整齐，“划地为牢”的社会秩序相对稳定，这一矛盾只是潜在地隐藏在“役平赋均”的表象背后；但当这种社会秩序被打乱之后，矛盾就会尖锐地表现出来。因此，指出明代田赋课税客体与征税对象之间的区别，对于理解赋役征收制度的性质及其演变甚为重要。

田赋之外，明代赋役还有种种名目的杂赋。这些赋役原并不以土地为课税客体，明代广东文献中一般称之为“杂课”“课料”等。明代赋役“役中有赋，赋中有役”，赋与役之间，没有截然分明的界限的情形，在这些杂赋中表现得更为明显。

杂赋中最重要的一个项目，是“上供物料”。所谓“上供物料”，是由地方为宫廷和中央各部供应的物资，一般根据朝廷需要的品类和数量，摊派给各地办纳。① 对于上贡物料属于赋税还是里甲正役的一部分，学者们有不同的意见。② 我认为，较合理的做法，应该是以明代人自己的分类为准。明代广东地方志大多将上供物料归入杂赋类。戴璟《广东通志

---

① 章潢《图书编》卷 89《古今贡物·总论》：“圣祖立国之初，即定诸州所贡之额，如太常寺牲币、钦天监历纸、太医院药材、光禄寺厨料、宝钞司桑穰、诸皮角翎鳔之属，著为定额，俾其岁办。”

② 参见[日]山根幸夫：《明代徭役制度の展开》，东京，东京女子大学学会，1966；[日]岩见宏：《明代地方财政之一考察》，见《日本学者研究中国史论著选译》，北京，中华书局，1993；唐文基：《明代赋役制度史》，北京，中国社会科学出版社，1991；拙文《关于明初徭役制度的两点商榷》，载《北京师范学院学报》，1982(4)。

初稿》称之为“课料”，同田赋、差役并列作独立一卷，黄佐《广东通志》则与田赋一起记载在同一目下。就上供物料本身的性质而言，本来源自古代的土贡，明代有的方志中明确说“料本土贡”①，有的甚至将记载上供物料的篇目名之曰“土贡”②。嘉靖《新宁县志》云：

> 赋者，其田之所出，秋粮夏税是也。贡者，贡其地之所产，布帛绵绢漆蜡皮张物料之类是也。

明代初年，广东各地所办确实基本上属土贡性质，且品种、数量都很有限。如海丰县，在洪武年间，只是“贡各式杂皮一百七十五张，翎毛一千根，河泊所翎毛三千七百一十五根”③。这些贡物由各地官府措办，初时似无划一的办法，有的甚至是由官府支钱收买，称为“采办”，如广州府在明初办纳的铁木等物料，就是由官府采办的。这种古代土贡性质的征派，体现的主要是地方对中央王朝承担的义务，既没有明确的统一的课税对象，也没有相对固定的税率或税额，对于由政府支钱采办的物料来说，更与近代意义的赋税相距甚远。后来，随着中央朝廷派办的物料越来越多，其性质也逐渐发生了变化。据光绪《嘉应州志》卷13《食货志》记载：

> 洪武以来，上供物料即古之土供也，初贡物亦少，其后以随时经费所输户、礼、工部，始派各式物料，递年增加。

例如，兴宁县在永乐年间只办各式杂皮和翎毛两项，成化后骤增至办纳藿香、木耳、生漆、鹿皮等十项，正德元年(1506)又增到办纳红枣等四十六项。④ 前面提到的海丰县，到弘治年间，“始增核桃、银朱、黄

---

① 万历《顺德县志》卷3，《赋役志》。
② 如嘉靖《海丰县志》、正德《琼台志》等。
③ 嘉靖《海丰县志》卷上，《舆地志，土贡》。
④ 参见嘉靖《兴宁县志》卷3，《赋役》。

白蜡、藿香、木炭、墨煤、绵羊皮、大小锉，共折价银一百一十八两二钱七分二厘五毫，为坐派物料。折造胖袄、生漆、水牛底皮、白硝、鹿皮、铁线、翠毛、南枣木，共折价银一百四十四两六钱二分，为额派物料”①。

随着朝廷所需物料的大幅度增加，原来由各地方政府贡纳土产的办法越来越行不通，因为上贡本来主要是各地的土特产，物料需求量的增加，必然使这些物料的主要产区不堪负担。于是，“以所产地不可偏重，而斟酌均之四方办纳”，即向非特产地征收价银，然后“就于所产处平买”②。而且，随着派额的增加，地方官也必然将这一负担摊派到所有的纳税户头上，这样上供物料的征派也就逐渐演变成为一项税收了。

由于明朝政府一直没有对州县如何向民户征派上供物料制定统一的办法，而里甲又是明代供应一切赋役的基本单位，承办政府派下的各项公务又是里甲正役的基本任务，随着上供物料的征派成为一项固定的税负，由里甲正役出办上供物料渐成制度。尽管办纳上供物料成为里甲正役的任务之一，但我们不可以简单地将上供物料与里甲正役混在一起，从一个分析性范畴的角度来说，上供物料仍然是一个独立的税项。③ 它与里甲正役在现实中混淆不清的情形，恰恰典型地反映出明代赋役制度中“役中有赋，赋中有役”的特点。

杂赋中还有其他一些项目，这里仅将比较主要的项目概略地分述如下。

农桑丝(绢)，本出自明初的一项劝农政策。这项政策规定，凡有田五亩至十亩者，栽桑麻木棉各半亩，十亩以上者倍之。不种者罚之。当

---

① 嘉靖《海丰县志》卷上，《舆地志・土贡》。

② 嘉靖《海丰县志》卷上，《舆地志・土贡》。

③ 唐文基《明代赋役制度史》认为支应“上供物料”是里甲正役任务中的“勾摄公事”的任务之一，又试图论证出办“上供物料”在洪武年间已经是“里甲负担”，唐著显然要证明里甲正役在明初已经包括出办“上供物料”，但他似乎混淆了作为里甲正役负担的办纳“上供物料”的任务与作为税收的“上供物料”之间的区别。

时还规定了对这些种植桑麻木棉的地征收专项课税。但到洪武十八年(1385)，又规定："今后以定数为额，听从种植，不必起科。"①大概是由于广东当时并无种植桑棉的习惯，地方官初时并未认真执行，"奉法不虔，徒以空文塞诏，纸上栽桑之谚在在而是"②。所以，各州县所征农桑丝的定额极少，如惠州府归善、博罗、河源、长乐、兴宁五县一共只有绢 29 匹，丝 9.3 两，另海丰、龙川、和平三县更是无额。③ 即使如此微少的税额，后来也没有明确的征收对象，如香山县，"惟报数止此，遂为定额，非有业户主名可以征纳，惟有司措办而已"④。在顺德县，则是"本无业户主名，旧取通县粮之羡者抵纳"⑤。在惠州府，则是"各县于各里派征"⑥。由于这项赋税只是一项虚额，并非实际向种桑之地课征的赋税，所以很早已经改为征米。⑦

盐钞，本来在性质上也不是赋税。明代初年，政府按官民户口定量配给食盐，"男女成丁者发给盐三斤，征米八升。永乐二年，令天下官民户口，大口纳钞一十二贯，支盐十二斤；小口纳钞六贯，支盐六斤"。后来，官府不再支盐，令民自买于商，盐钞却照旧征收如故，遂成一项赋税。⑧ 天顺年间，盐钞的支付手段是"市民纳钞，乡民纳米"⑨。成化十年(1474)，令钱钞兼征，嘉靖后改为征银。

鱼课米，本是向渔民征收的渔税。明初在鱼课较多的州县设立河泊所管理鱼课征收，未设河泊所的则由州县官兼理。由于广东沿海和内河

---

① 万历《明会典》卷 17，《农桑》。

② 万历《顺德县志》卷 3，《赋役志》。

③ 参见嘉靖三十五年《惠州府志》卷 7 上，《赋役志上》。

④ 嘉靖《香山县志》卷 2，《民物志》。

⑤ 万历《顺德县志》卷 3，《赋役志》。

⑥ 嘉靖三十五年《惠州府志》卷 7 上，《赋役志上》。

⑦ 《粤大记》卷 12《宦绩类》："李春……天顺初知南雄府……又以桑丝征本色，本无出产，科费数倍，奏允征米，省三之二，民甚德之。"

⑧ 参见万历《肇庆府志》卷 11，《赋役一》。

⑨ 叶盛《叶文庄公奏议·两广奏草》卷 8，《题为巡抚事》。

的渔民基本上是疍户，所以鱼课米一般是向河泊所管辖的疍户征收的赋税。但明中叶后，各地疍户逃亡几尽，而税额犹存，“疍民徒存空名，课无由出”，只好改用其他办法补足税额，“或以他税抵补，或派于黄册民塘，或融纳于民户”，甚至“混于民米”①。

鱼油翎鳔料，相当于普通民户办纳的上供物料，但是由河泊所办纳。初时的项目主要是鹅翎、鱼油、鱼鳔，后来鹅翎改折熟铁，鱼油、鱼鳔折收黄麻、苎麻、鱼线胶等物。明中叶后折银随鱼课米带征。

军器料，即各卫所制造军器所需的原材料。明初在各地设局置官制造军器，后裁革，令卫所官兼管。按照制度，制造军器所需原材料的价银，十分之七向民户征收，十分之三向军户征收。初时在里甲均平银中出办，后来另行随粮带征。

此外，各地还有名目繁杂的税项，如课钞、牛判银、炉税银、盐税、屯粮、班匠银等，不一一赘述。很明显，各种杂赋也和田赋一样，与户籍编审有着直接的联系，也同时具有户口税的成分。

二、里甲与差役征派

明王朝通过里甲组织将人民编制起来，最直接的目的，是为了征派赋税和差役，正如梁方仲教授所指出的：“明代里甲制是具有两个方面作用的：其一是户籍的编制，另一是赋役的编排，后者是根据前者来决定的。”除了上节所讨论的里甲在赋役征收方面的作用外，里甲最直接的功用，就是作为供应各级政府运作时所需的各种人力和物力资源的单位，因此，里甲制度自然成为明初各种差役征派的基础。

由里甲负担的差役，最基本的任务，是由里甲组织本身的基本职能产生出来的。洪武十四年(1381)建立黄册里甲制度时规定：“岁役里长一人，甲首十人，管摄一里之事。”②所谓“管摄一里之事”，按照朱元璋的

---

① 万历《肇庆府志》卷11，《赋役一》。

② 《明太祖实录》卷135。

《教民榜文》中的设想，包括了经济、社会、司法裁判、教化种种方面，这些都属于民间基层社会组织本身的事务。除了这些任务外，官府对民间的种种差役的征求，也自然由管摄一里之事的里长、甲首承担。根据《大明律》，轮年应役的里长、甲首的基本职责是："催办钱粮，勾摄公事。"薛允升《唐明律合编》在这一条后的笺释云："役即催办钱粮，勾摄公事二项，属之里长，以其管摄一里之事，熟知众户住居名姓为便也。"① 因此，既然一里之事是由里甲户轮流管摄，对官府提供差役的责任，也自然在里甲户中轮流承担。随着里甲组织后来逐步失去了作为基层社会自治组织的职能，向官府提供差役就成为里甲组织最主要的任务，里甲轮流当值的方式就成了轮流到官府应役的制度。

关于里甲轮役的方法，有学者认为是："每年由 10 名里长中 1 名现年里长，带领 10 甲中一个值年甲首应役。"②这一表述十分含混，可以理解为每年只有一名里长一名甲首应役。但这样一来，意味着一里 110 户中有 90 户不需应役，显然是不可能的。因此，这一解释的意思似乎应该是一里十名里长中每年轮流一名应役，一甲十户中也是每年轮流由一户甲首应役，即每年由一名里长和十甲中各出一名甲首应役。然而，这一理解与大量史料的记载是相矛盾的，如本章第一节引万历《新会县志》卷 2《版籍略》中有"百之户曰甲首，一之户有十曰里排，各以其一统其户之十者，岁轮直以役于官"的说法，这里所谓"百之户"指的是甲首，"一之户"指的是里长(亦即文中的"里排")，"其户之十者"显然指的是一个"甲"，而不是十甲各出一户，其义甚为明白。因此，里甲轮役的方法，即梁方仲先生早已经清楚地表述的，"是于一里一百一十户之中，推丁粮多者十户为里长；其余百户，分为十甲，十年内，每年各有里长一户率

---

① 薛允升：《唐明律合编》，115 页，北京，中国书店，1990。

② 唐文基：《明代赋役制度史》，40 页。类似的观点又见衔微：《明代的里甲制度》，载《历史教学》，1963(4)；王昊：《明代乡里组织初探》，见《明史研究》，第 1 辑。

领一甲十户轮流应役。"梁方仲先生对这一问题早已进行了清楚的考辨①，而前一理解基本上是用推论、想象代替文献的考释，又不用力仔细研读文字原来的意思，其谬显而易见，无须赘论。

由里甲人户轮流承担的"催征钱粮，勾摄公事"的差役，是里甲最基本、最主要的任务，因而又称为"正役"或"里甲正役"。在这两大基本任务中，"催征钱粮"的任务范围比较明确，而"勾摄公事"的范围则有相当大的弹性。据梁方仲先生考证，"勾摄公事"主要是拘传罪犯、词讼买办等项公事。这应是该任务的本来的意义。但后来里甲承办公事的范围，似有不断扩展的趋势。嘉靖《广东通志初稿》卷25《差役》云：

> 国家立法，里甲之制，每百十户为一里，同一格眼谓之一图。里长户十，甲首户百，余者附于格眼外，谓之畸零。又分为十甲，每一甲里长统甲首十。轮年在官者曰见年，空歇者曰排年，十年一周。

嘉靖三十五年《惠州府志》卷7下《赋役志下》在与上述一段相类似的文字下继续记载说：

> 凡岁中该图追征钱粮，勾摄公事，皆见役者司办。惟清勾军、匠，根究事犯等项，始用排年。

嘉靖《增城县志》卷9《政事志·民庸类》曰：

> 役民之制……里长当年谓之现役，其本图里公务，一应粮料违犯勾摄督催，俱责之现役里长，其余年只征纳税粮，谓之排年……常拘农民在官，有妨耕业。

根据这些记载，轮当差役的里甲称为"见(读作'现')年"，其余未轮

① 参见梁方仲：《论明代里甲法和均徭法的关系》，见《梁方仲经济史论文集》。

充差役的九甲称为“排年”，这也是后来将里长又称为“里排”的来历。《惠州府志》和《增城县志》都提到，排年对于某些事务，也要承担一定的义务。我以为，排年所负的责任只是涉及本甲之内的事务，与见年里甲要负担全里的事务不同。

见年与排年职责的最重要差别，在于是否需要到官府服役。以上几条资料都称见年里甲应役为“在官”，言下之意，即见年里甲是要到官府去“应卯听差”的。① 明代州县官署附近，往往建有专供里长到官府应役时使用的里长卯房，可证明见年里甲确实要到官府衙门去听候差遣。② 又陈献章有诗称颂新会县知县丁积实行的均平法（详后）云：“长官愿似丁明府，甲首终年不到衙。”③可证在均平法实行以前，见年的甲首也是要到官衙去应役的。既然见年里甲要到官府去“应卯听差”，各级官员以至各种衙门的胥吏对里甲的索求就难免有很大的随意性。明代文献和今人都往往将后来逐步增加的各种需索归入里甲正役的范围，关于这一问题，因与均平法的内容有关，我们留到下一章再专门讨论。

除了里甲正役之外，明代各级政府还需要大量的专门的人力供应。其中有相当大一部分由具有特殊户籍的人户应充，最普遍的当然就是军役和匠役了，不过军、匠一类特殊的差役需要作专门的讨论，这里不想涉及。除了这些由特定的人户应充的差役之外，还有许多杂泛差役，是由民户应充的。这些差役基本上都是服务于各级大小衙门的职役，诸如跟随官员听差的随从皂隶，在公堂上听候差唤的直堂皂隶，看守监狱的禁子，看守仓库的库子、斗级，在衙门看门的门子，做饭的斋膳夫，解运税粮官物的解户，养马的马夫，等等。④ 各地编征差役的名目和数量

① 康熙《高要县志》卷 7《赋役》：“洪武初颇重里老。里长见役，任追征应卯酉而已。”

② 康熙《三水县志》卷 5《建置表》：“旧里长房五十二间，在县署后街，嘉靖三十六年知县符良佶所建。”同书卷 1《事纪》称“里长卯房”；又参见《海瑞集》。

③ 《陈献章集》卷 1。

④ 关于这些差役的名目，参见邱濬：《大学衍义补》卷 31，《傅算之籍》。

不一，为得到一个大致的了解，我们不妨以名目比较简单的潮州府潮阳县为例①，列出该县在明代中期编派的差役的名目和数额：

京解户　六役	库子　四役
斗级　十五役	门子　八役
县禁子　七役	皂隶　四十六役
府税课巡栏　二役	渡夫　二十二役
铺司兵　四十三役	巡检司弓兵　二百役
柴薪(皂隶)　六十役	马夫　一百四十三役
斋夫　四役	膳夫　四役
堂斋门子　五役	司府备用水手　七役
会试举人水手　六役	梧州府门驿廪给库子　一役

虽然记载这些杂役的是实行了均徭法改革(关于均徭法，详见下一章)之后的资料，这些杂役在编派办法上也与明初不同，但所编杂役的名目大致是以前一直沿袭下来的。

这一类杂泛差役，初时是由官府根据需要征派。洪武十八年(1385)，明太祖朱元璋曾"命天下府州县官，等第其民户上中下三等，为赋役册，贮于厅事。凡遇徭役，则发册验其轻重而役之，以革吏弊"②。这种赋役册就是为杂泛差役的佥点而设立的。洪武二十六年(1393)编成的《诸司职掌》明确规定：

> 凡各处有司，十年一造黄册，分豁上中下三等人户，仍开军、民、灶、匠等籍。除排年里甲依次充当外，其大小杂泛差役，各照所分上中下三等人户点差。

然而，明初所规定的这些原则和佥役办法后来实际施行中弊窦丛生。

---

① 参见嘉靖《潮州府志》卷3，《田赋志》。

② 《明太祖实录》卷170，洪武十八年正月己卯。

天顺四年(1460)，右佥都御史叶盛巡抚两广时，广西布政司呈文陈述广西各地的徭役弊病，列举了一些事实，可以帮助我们了解均徭法以前徭役佥派的一些情况：

> 今访得各属府州县徭役弊病，有因无当役凡(及?)歇役年份，混扰拘役，人难遵守，民受其害者；有马头积年不换，因而出入衙门，移贫改富及挟制浸淫者；有官员皂隶，因无坐定州县乡都名数，泛滥多佥者；亦有皂隶巡栏，不定相应人户应当，却科里甲，转科小民，以一科十者；有铺兵、防夫等项，佥点不一，又有巧立名色，役占小民者；有州县官吏，通同里书殷户，放富差贫者，又以户役等钱为名，将贫难小户排门逼要钱物者，盖难悉举等因。①

这里虽然讲的是广西的情况，但显然是在均徭法未施行之前各地徭役佥派的通病。从这段文字可以看出，在实行均徭法之前，州县杂役的佥派并无一定的规制。不但佥派差役的名目数额没有一定的标准，也没有轮役的规则，只由官吏、里书随时佥派。正如当时广东的著名学者邱濬在《大学衍义补》中所说："其大小杂泛差役，各照所分之等，不拘一定之制，遇事而用，事已即休。"杂泛差役采用的这种"临期量力差遣"的办法，虽然原则上是按照里甲人户的丁粮多寡佥派，但佥役的权力操纵在胥吏里长之手，并没有有效的制度作保障，按照户等佥派的原则当然只能是一纸空文。

除了按照户等佥点的杂泛差役外，明代还有一些比较特殊的差役采用特殊的征派办法，其中比较普遍和比较重要的有驿传和民壮两种。

驿传，是在官府所设的驿递中服役，为政府传递公文，接送和款待过往官员、使客的差役。洪武元年(1368)，明朝政府就已在各地设置水马驿站，所用的马船人夫主要由附近人户供办。当时规定的佥派办法是按一定的纳粮额为单位出办，如：粮一百石出上马一匹，八十石出中马

---

① 叶盛：《叶文庄公奏议·两广奏草》卷8，《题为均平徭役事》。

一匹，六十石出下马一匹；水夫则佥有粮五石以上十石以下的人户应充；铺兵佥“有丁力田粮一石五斗之上二石之下者充之”；一户粮额不足时，皆可以由数户合粮并充一役。① 据广东的地方志记载，明代广东各地佥派驿传役的办法，基本上是执行明朝政府规定的原则，不过佥点的标准稍有变通，一般是以粮或七十石，或八十石，或百余石为单位，“视驿繁简，计粮朋编，十年而更”②，“水夫则撑红船，马夫则饲养马匹”，“粮多者为首，余户为丁”③，“轮年亲当”④。由于不是每个州县都设有驿站，为避免各州县间负担轻重悬殊，未设驿站的州县也往往要“编夫贴于其邻”，办法是“郡县编夫，下其数于驿，驿按名籍拘系之”⑤。另外，无驿站州县接待使客、官员来往的任务，由见年里甲负担。

民壮，“是明代民兵中最重要及最普遍的一种”⑥。明代初年民壮的设立还不普遍。正统十四年(1449)，“令各处招募民壮”⑦，民壮之设遂遍于各州县。广东似乎是在天顺年间开始征调民壮的，如新会县，“天顺七年始定六十名，分作上下两班，拨往梧州把港，每班三十名，一班在官，一班归农。各里输派甲首当之。不愿当者上下两班共贴钱三贯六百文，雇人代当”⑧。但充民壮者，得领军装月粮，鞍马器械悉从官给。此外，充民壮之户还可免粮五石，人二丁，以资供给。可见初时的民壮并不是一项重役。弘治七年(1494)，始定编佥民壮法，按州县里数，定民壮名额，佥编人民充当。民壮成为经常性的组织，充当民壮也成了一项繁重的差役。广东各州县佥编民壮的办法不一，或按粮额编派，或按丁

---

① 参见《明太祖实录》卷29；《诸司职掌·兵部》。
② 万历《肇庆府志》卷12，《赋役二》。
③ 嘉靖《增城县志》卷9，《政事志·民赋类》。
④ 嘉靖《海丰县志》卷上，《舆地志·诸役》。
⑤ 嘉靖《兴宁县志》卷3，《赋役》。
⑥ 梁方仲：《明代的民兵》，载《中国近代经济史研究集刊》，1937，5(1)。
⑦ 万历《明会典》卷112，《兵部七》。
⑧ 万历《新会县志》卷2，《公署》。

佥充，或兼而编之。如顺德县，“大约七八十石而编一人”①；增城县，“每粮五十石为民壮〔一名〕”②；新会县，“每米六十石编一名，册有人二丁者准米一石”③；琼州府则“只计丁编佥，诸户朋凑，至三十丁为一名”④。由于民壮是一项重役，一般都采用朋编的方法，“丁粮多者为正户，少者为贴户”⑤。被佥为正户者，“皆亲当之”⑥。有地方志云民壮“十年一编”，指的应是十年编派一次，而不是像里甲那样十年轮役。

以往许多著作都将明代差役的性质理解为人头税，这是一个极需澄清的误解，因为这种误解妨碍了人们准确地认识和把握明中叶以后赋役改革的内容及其意义。其实，关于明代赋役征派的基本原则，朱元璋在洪武十七年(1384)已经十分清楚地申明：

> 今天下郡县，以一百一十户为里，里有长。然一里之内，贫富差等。牧民之官，苟非其人，则赋役不均，而贫弱者受害。尔户部其以朕意谕各府州县官，凡赋役必验民之丁粮多寡，产业厚薄，以均其力。⑦

洪武二十四年(1391)户部奏准的《攒造黄册格式》进一步确认了这一原则，明确规定：

> 排年里长，仍照黄册内原定人户应当，设有消乏，许于一百户内，选丁粮近上者补充……其上中下三等人户，亦照原定编排，不许更改，果有消乏事故，有司验其丁产，从公定夺。⑧

---

① 万历《顺德县志》卷3，《赋役志》。

② 嘉靖《增城县志》卷9，《政事志·民赋类》。

③ 万历《新会县志》卷2，《公署》。

④ 正德《琼台志》卷11，《赋役志》。

⑤ 万历《顺德县志》卷3，《赋役志》。

⑥ 嘉靖《海丰县志》卷上，《舆地志·诸役》。

⑦ 《明太祖实录》卷163，洪武十七年七月乙卯。

⑧ 万历《明会典》卷20，《户口二》。

这些原则十分明确规定了将丁产两项作为佥派差役的依据，虽然在地方上实际的赋役征派过程，不见得能够真正贯彻这一原则，但社会上衡量赋役负担是否平均，是以能否贯彻这一原则为标准的。如康熙《程乡县志》卷5《官守志》载：

> 明刘宽，永乐中为程乡令，廉能勤俭，锄强扶弱。凡百兴作，俱扰害于民，悉禁罢之。差役验丁粮多寡为等第，无所容私。由是刁猾屏迹，良善安生。

这类记载在文献中时常可见，一方面说明在明初差役编派中，营私舞弊、差役负担不均的现象，其实是很普遍的；另一方面也反映出，“验丁粮多寡”的确是一种公认的差役负担合理化的准则。明代所定的种种具体的差役征派的办法，基本上都是以这一原则为出发点的。里长、甲首的编排以及应役的次序，都是按照“丁粮多寡”来确定的；杂泛差役按户等佥派，而明代户等的确定，也是“验其丁产”作为依据。很显然，明代的差役不是直接地按成年男丁征派的，而是按照里甲人户的“人丁事产”佥派轻重不同的差役。梁方仲先生曾将明代的役称为“等级丁税”，他指出：“当时的丁税，并不真正等于现代所说的人头税，而是按各丁所属之户的财产底大小来订等级的税。它的性质，兼人头税与财产税而为一。”①这一精辟论述所包含的深意长期没有为研究者所重视。就明代广东地区所征派的差役来看，我以为将明代差役的性质理解为“等级户税”也许比较接近于事实，因为各种差役其实是按户作为编派的单位，即所谓“随时量以户立差”②。这种等级户税的课税客体，兼有人丁和以田地为主的财产，而确定每户承担差役轻重，既是根据每户的丁额，更重要的显然是根据大致反映各户财产状况的田粮额。尤其在黄册建立起来以后，册中登记的人丁额越来越与实际不符的情况下，田粮额在差役佥派

---

① 梁方仲：《明代一条鞭法年表》，见《梁方仲经济史论文集》。

② 《明宪宗实录》卷33，成化二年八月辛丑。

中更日益成为主要的依据。嘉靖《韶州府志》卷3《坊都》云：

> 坊都之多寡因于户，户因于口，口因于田，有田则有民，民聚则户增，户增则坊都亦合增矣。

这里把户、口、田与里甲户籍的关系讲得相当清楚。在差役征派中作为纳税主体的“户”，固然是由一定的“人口”构成，但作为课税客体的“户”，则包含了人丁和事产。在对明代赋役制度作分析性研究时，区分“户”的这种二重性，对于揭示明以后户籍赋役制度变革的实际内容及其意义是十分重要的。

然而，必须指出，我在这里将明代差役的赋役性质理解为“等级户税”，也不是一个精确的概念，因为明代差役征派，并非比例赋役，它不是按照一定的丁产并按不同等级的税率摊派的。所谓“丁粮多者应重役，丁粮少者应轻役”，只是一个一般性的相对的原则，并没有固定的等级税率或税额，这是明初差役与后来的改革所形成的新制度最为明显的区别所在。

由以上讨论可见，明初建立的赋役制度的整体架构，是建立在比较健全的里甲体制的基础之上的。第一，无论田赋的征收，还是差役的佥派，都是以编制在里甲户籍之中的人户为对象；各种赋役名目，虽然征派的方法和原则不同，但实际上都以里甲户为供纳赋役的基本单位。第二，各户的人丁财产，均以黄册所登记的为依据，因此在黄册中登记的“户”，其内涵就是一定的人丁事产的集合体，这种人丁事产的集合体，才是明代赋役真正的课税客体。第三，所有赋税和差役的征收佥派，都是通过里甲系统来进行的。第四，里甲户负担的赋税和应充差役，都在里甲户籍中登记，并固定下来，里甲户应负担的田粮额、是纳官田之赋还是民田之赋、田赋交纳时上纳的仓口等，均以里甲黄册登记为依据；里长、甲首、畸零带管户的编定，决定了它们在差役负担上的区别；民户、军户、匠户、弓兵、皂隶、铺兵户、站户等户籍名色，也都分别按照明初编派的差役来划分。[①] 赋役制度，是王朝统治的基础，而里甲户籍制度，又是这一基础的基础，在这样一个基础上，确立了明朝统治的政治和社会秩序，这是我们考察明代中叶以后的社会变迁的一个基本出发点。

第三节 社会动乱与里甲制的危机

朱元璋建立里甲户籍制度，是要将人民编制起来，使之成为新王朝的编户齐民。从王朝的立场上说，承担交纳赋税、供应差役的义务，是这些编户齐民所要守的“分”。[②] 明王朝专制主义的统治秩序，就建立在这样的基础之上。明朝政府征服广东地区后，从洪武初年的大规模征剿，到永乐年间的大力招抚，目的都是要将这个地区的“无籍之徒”和“化外之民”编入户籍，置于帝国控制之下。初时，这些政策确实取得了一定的效果，本章第一节已有讨论。但是，后来实际发生的过程却出现了戏剧性的变化。在日益激化的社会矛盾下，明初编集起来的编户齐民大量地逃脱里甲户籍的约束，走上了“亡命逋逃”的道路。明代广东出现“盗贼日炽”的局面，进而引致当时的社会变迁表现为剧烈的社会动荡，明代中期开始的赋役改革以及随之引起的户籍制度的根本改变，是在这种社会变动的现实下，王朝政府重建社会控制机制，恢复社会秩序的一种反应。本书不可能详细考察和讨论明中叶以后广东社会演变的种种现象和总体发展过程，只想在这一节讨论一下明代中期广东社会的动荡及其对里甲制的冲击，希望能帮助了解后面将讨论到的户籍赋税制度的种种变化的社会背景。

---

① 参见光绪《嘉应州志》卷13，《食货志》。

② 《明太祖实录》卷150记载，洪武十五年十一月丁卯，朱元璋命户部榜谕两浙江西之民曰：“为吾民者当知其分，田赋力役出以供上者，乃其分也。”这段话道出了编户齐民与王朝之间关系的实质所在。

一、明代中期广东的社会动乱

明代初年，借着“以一旅取天下于群雄之手，不数年间，混一南北”①的威势，在本地豪强何真的配合下，明朝大军很顺利地平定了广东，结束了元末广东群雄割据的局面。随后，又通过收辑流亡，编造户籍，将本在明王朝统治的核心江浙地区实行的黄册里甲制度推行到广东，建立起明王朝统治的社会基础。但正如我们在第一节已经提到，被编入里甲户籍中的，并不是当时全部的社会成员，那些遍布在山林河海之间、未入版籍的社会势力，对明王朝统治的稳定构成严重的威胁。在洪武年间，明王朝曾经采取了一系列的军事行动，调动大军征讨。尤其是洪武中，“南雄侯赵庸讨平广东群盗，俘贼首号铲平王者至京，凡获贼党一万七千八百五十一人，贼属一万六千余，斩首八千八百级，招降其民一万三千二百六十七户”②。此外，明朝军队还先后征讨平定了广州、惠州、潮州、肇庆等府和粤赣边界的“山贼”“瑶寇”“蛮寇”“苗蛮”以及沿海的“海贼”。面对新王朝的政治影响和军事压力，广东地区的“化外之民”，一部分归附了新王朝，成为新朝的编户齐民(参见本章第一节)，另一部分未归附者与明王朝的关系也一度缓和。洪武末年以后，随着军事镇压取得了成效，明王朝对他们实行的政策逐步转变为以招抚为主。永乐皇帝曾经敕谕广东三司官员曰：

> 尔等但尽抚绥下人之道，无为多事以扰害之。……今九夷八蛮，自昔未归附者，皆来朝贡，随其大小，授予名爵。③

永乐十年(1412)颁授予瑶人的一份敕谕更清楚表达了明王朝当时实行的招抚政策：

---

① 郭传：《御制文集后序》，见《明太祖集》，473页，合肥，黄山书社，1991。

② 《明太祖实录》卷119，洪武十五年十月戊子。

③ 嘉靖《广东通志》卷67，《外志四·夷情中》。

> 恁每都是好百姓，比先只为军卫有司官不才，苦害恁上头，恁每害怕了，不肯出来。如今听得朝廷差人来招谕，便都一心向化，出来朝见，都赏赐回去。今后恁村峒人民，都不要供应差发，从便女生乐业，享太平的福。但是军卫有司官吏军民人等，非法生事，扰害恁的，便将着这敕谕，直到京城来奏，我将大法度治他。故谕。①

在这样的政策下，永乐至正统年间，广东各地瑶畲黎苗等族上京朝贡事例甚多，其中有些还要求"附籍供役"，成为王朝的编户齐民。如永乐十四年(1416)十一月，"广东肇庆府高要县瑶首周四哥等来朝，籍其属八十七户，男女二千二百四十口，愿入版籍，供赋税"②。由于本地土著族群与明王朝之间暂时的妥协，明代初期广东地区的社会秩序一度出现过相对稳定的局面。

但是，这种局面并没有能够维持太久。随着政治的腐化因循和军事力量的疲弱，在山林河海之中的峒獠瑶僮俚等"蛮族"越来越不服明王朝的拘管，尤其是一些官员的欺压科索，更是激化了官府与土著居民的矛盾。③ 散布在谿峒河海之间的人民纷纷起来反抗，逐步汇成一种不可遏止的势力。同时，作为明朝统治基础，被编制在里甲组织之中的编户齐民，也在各级衙门日益苛重的赋役征调的重压之下纷纷逃亡。到正统天顺年间，广东和全国其他地区一样，终于爆发一连串愈演愈烈的动乱，引发了越来越严重的社会危机。先是西江流域的瑶人在正统中起事叛乱，黄佐在嘉靖《广东通志》卷 67《外志四・夷情中》记其缘起云：

> 宣德间赐诸瑶敕谕，数十年间稍得休息，其作乱则始自正统间。

---

① 嘉靖《德庆志》卷 16，《夷情外传》。

② 《明太宗实录》卷 182，永乐十四年十一月癸巳。

③ 《广东文征》卷 12 何彦《督府洋山凌公平寇序》："永乐中，瑶首瑶总不时朝贡，后因守臣索取方物，遂至叛服不常。"

镇守内臣阮能因其朝贡，多索方物，知其所畏惟达舍狼兵，乃与兵部尚书陈汝言交通，凡土官统领狼家者，百端剥削，袭荫必须厚赂。又奏将达官尽数取回。既而科道诸臣议以烦扰不便，乃止。于是，寇贼四起。

黄佐随后详细记载了当时“瑶乱”的经过，因过于琐细，兹不赘引。后来因征瑶有功而由新会县丞升至广东巡抚的陶鲁在《奏立两广总督疏》中概述其情形曰：

两广地方，自正统年间，被蛮贼聚众流劫厢乡，攻破城寨，烧毁房屋，杀掠人财，连年屡岁，民受荼毒，无所控诉。①

撇开这里使用的言辞中包含的“偏见”不论，寥寥数语，已足以反映当时“瑶乱”对明王朝统治下的社会秩序产生的冲击。在粤西地区的“民瑶寇贼”蜂起的同时，正统十三年(1448)在福建爆发的邓茂七起义也波及粤东地区，“上杭贼范大满乘邓茂七之乱掠程乡之石窟、松源等都”②。“福建汀州等处流贼漫入潮州府海阳等县，劫掠乡民，而海贼陈万宁等亦诱致漳潮居民入海驾船，累次登岸，杀伤县官，劫掠官库”③。其影响甚至深入到了广东中部的河源、翁源一带。④ 此后，“岭南山海之寇并起，贼首魏崇辉、罗刘宁等各据要害，剽掠诸村落”⑤。

规模最大和影响最深远的叛乱，是正统十四年(1449)在珠江三角洲地区爆发的黄萧养起义。史载：

黄萧养者，(南海)冲鹤堡人……坐强盗，系部狱……越狱出，凡十九人……其党业舣船以待，遂入海，正统十三年九月也。啸聚

① 康熙《新会县志》卷17上。
② 顺治《潮州府志》卷7，《兵事部》。
③ 《明英宗实录》卷178，正统十四年五月戊子。
④ 乾隆《翁源县志》卷8《杂纪》：“正统间，闽寇邓茂七余党数百人潜入踞之。”
⑤ 雍正《揭阳县志》卷7，《艺文》之黄仲昭《惠爱祠记》。

群盗，赴之者如归市，旬月至万余人。十四年八月攻围郡城，官军御之……城几为所破。设伪官，招诱愚氓，渐至十余万……贼既屡胜，遂僭称东阳王，改元，受伪官者百余人，据五羊驿为行宫，四出剽掠。①

这次起义对珠江三角洲地区的社会所产生的强烈冲击和深远影响，如景泰三年(1452)出任两广总督的王翱所云：

访得两广军民，自洪武年间以来，一向安妥。后因黄萧养之徒作耗，在于有司者不设法处置，惟务妥安，兵政无备，以致招集无籍，酿成凶祸，展转不能禁遏。及至战舰抵岸，蛮贼寇城，又各畏缩推避。略无御寇之谋，相顾怆惶，莫效安民之策。遂使贼兵所至，村堡为墟。劫掠其资财，系缧其妻子，封豕长蛇，大肆其毒，一方受害，不可胜言。②

黄萧养起义是广东社会从“一向安妥”到“寇贼四起”的重要转折点。但黄萧养起义绝不是一次孤立的偶然事件，其原因更非如王翱所说，只是由于有关官吏对黄萧养起义处置失当所致，而是有着深刻的历史和社会根源。虽然这次起义于爆发的第二年就被镇压下去，但大大小小形形色色的叛乱却从此如燎原之火般地在两广地区蔓延开来。正如成化年间南京浙江道监察御史万祥所言：

两广地自景泰初年调广西官军从征广东，各山洞贼乘机窃发。高山之瑶日下平地，深洞之僮时近近村。天顺成化以来，大事猖獗。③

① 康熙《顺德县志》卷16，《杂志》。

② 《明经世文编》卷22，王翱《边情事》。

③ 《明孝宗实录》卷139，成化十一年七月壬戌。

又正德年间南京兵部员外郎顾清云：

> 两广，南方之重镇，地大物庶，蛮獠错居，自昔号为难治。……山谷之间，操戈矛，弦弓弩，叫号睢突，以抗王官而贼良民者，几无岁无之。①

关于明代中期广东各地的叛乱事件，在明代文献中可谓“史不绝书”②，若在本书一一细叙其详情，似未免过于枝蔓。汤维强根据地方志资料对明代11省的“盗乱”作的统计结果表明，无论是动乱的数量、频度，还是动乱所波及的州县，广东都排在全国的首位，而且各种指标甚至比排第二位的另一动乱大省福建多了一倍以上。③ 隆庆年间两广总督张瀚用一段十分简练的话概括了这些动乱的情形：

> 两广盗贼渊薮，大者啸聚山海，党类数千，攻城劫寨，负固亢敌。如曾一本、黎汝诚，及大罗山、古田、凤凰巢、八寨、十八山之类。虽调遣狼兵，招募浙福之兵，劳费不赀，未能即灭。其次千百为群，聚散倏忽……又其次一二十人，或三五十人，投间抵衅，突出焚劫，随时随处有之。④

这些叛乱规模虽小，但发生频率相当高，令朝廷和地方的大小官员应顾不暇，对当时广东的社会政治局势影响极大。面对此起彼伏的叛乱，明朝政府一再调动大军前来镇压，但总是“东平西叛，南靖而北攘”⑤，这些叛乱不仅没被镇压下去，反而愈演愈烈，至正德嘉靖年间以后，更

---

① 《明经世文编》卷112，顾清《送总督两广都御史杨公序》。

② 比较系统记述明代广东各地山盗海寇叛乱情形的文献有黄佐的嘉靖《广东通志》、郭棐的《粤大记》等。

③ 参见 James W. Tong，*Disorder under Heaven*：*Collective Violence in the Ming Dynasty*，Stanford，Stanford University Press，1991。

④ 《明经世文编》卷300，张瀚《议复梧镇班军疏》。

⑤ 《广东文征》卷12，何彦《督府洋山凌公平寇序》。

是"群盗窃发，雄据乡县，延蔓数百余里"①。发展到"山寇之为巢穴，累千百计而不可穷，缓则出，急则遁，抚之则阳听招而阴为寇掠"②。"各贼群起啸聚，日甚一日，烧城廓，杀官兵，劫库狱，酿成大患"③，一些士大夫甚至因此而惊呼"朝廷已无广东矣"，"岭表非我版图矣"④。这种剧烈的社会动荡局面，其实是当时广东社会急剧变迁过程中出现的阵痛，而社会变迁以这种阵痛的方式进行，原因之一就是明初所建立的里甲体制其实并没有能够在社会控制方面发挥有效的作用。

二、"化外之民"与"逋负之徒"

明代广东"山海之寇，啸聚不时"⑤的局面，是在当时全国范围社会矛盾激化的大背景下出现的，与明代中叶全国各地以流民为主体的起义有一致和共通之处，但更值得注意的是，当时广东的社会动乱也有相当明显的地方特点。特别是广东"盗寇"的社会成分，以及造成广东全省范围"处处皆盗"的原因，典型地反映了明清之际广东社会变迁中的一些特殊历史现象，以及社会变迁与户籍赋役制度的演变之间的关系。本节从明代广东地区"盗乱"的社会成分入手作一些讨论，我以为这对于了解明清时期户籍赋役改革的社会背景是相当重要的。

明代"山海之寇"的主要社会成分，是居住在山林河海之间的土著族群，即所谓"蛮夷"。众所周知，广东地区自秦始皇平定南越之后，就一直在中国的版图之内，除了几次短时间的割据外，都是中央王朝直接管辖的区域。从汉唐以后，逐步受中原文化影响，开始了汉化的过程。黄佐《广东通志》卷20《风俗》描述这一过程曰：

---

① 林大春：《井丹林先生文集》卷10，《贺督府吴公平二源序》。

② 《广东文征》卷16，潘梅《弭盗议上总制自湖吴公》。

③ 《岭南文献轨范补遗》卷5，黎贯《请两广举行雕剿法疏》。

④ 张居正：《张太岳集》卷25，《与殷石汀论吏治》；卷31，《答两广刘凝斋言贼情军情民情》。

⑤ 《明经世文编》卷357，庞尚鹏《题为陈末议以保海隅万世治安事》。

秦，徙中县之民，使与百粤杂处……南朝，民户不多，俚獠猥杂……隋，土地下湿，多瘴疠，其人性并轻悍。权结箕踞，乃其旧风……〔唐〕氓俗得华风之杂……〔宋〕民物岁滋，声教日洽……〔明〕衣冠礼乐，无异中州。①

但由于两广地处僻远，山海交错，境内非山高林密，即河海纵横，历来都有大量土著居民既未归附于中央王朝的统治，也未归化于中原的汉族文化，正如嘉靖年间林大春所指出的："两广僻在岭外……其间谿峒耕聚之国，魋结左衽之族，不可胜数。盖自上世弗臣，其人不可羁而理也。"②又吕天恩《岭西平寇记》亦认为："粤东古称东南蛮，其地崇岗巨泽，道里旷远，自宋元以来，未及经略控驭，以故盗贼凭陵。"③这些议论都指出了岭南地区的土著民族没有臣服于中原王朝的事实。郭棐在《粤大记》卷3《事纪类·山箐啸聚》中有更概括的记述：

五岭多崇山绝巘，深林丛箐。群不憓者，啸聚其间，时出流劫，累为民害。其山瑶种类不一，曰生瑶，曰熟瑶，曰僮人，曰款人，曰狑人，曰獠人，皆以犷悍而为名。其所聚曰寨，曰团，曰巢，曰隘，曰峒，曰冚，皆依险峻而窃据。《诗》称"蛮荆为雠"。《楚记》云"蛮与罗子共败楚师，杀其将屈瑕"。后逾其岭，居溪峒中，时出狺吠为梗。周秦之疆里不能及，汉唐之经略不能威，所从来逖矣。国初自申国公邓镇讨平之后，辄出没以肆虔刘。征之则遁，去之复还，诛之则不可尽其党类，若秋叶然，随扫随有。

这些被视为"异族"的人群，成分十分复杂，历来的文献常常是瑶僮峒獠狼疍混称，近人亦为他们的族属族源及其异同争论不休。黄佐撰嘉

① 屈大均《广东新语》卷2《地语》亦云："盖自秦汉以前为蛮夷，自唐宋以后为神州。"

② 林大春：《井丹林先生文集》卷10，《贺督抚吴公奏绩序》。

③ 光绪《四会县志》编10，《杂事志·前事》。

靖《广东通志》和郭棐撰万历《广东通志》中，列举与明代广东“盗寇”之乱有关的族类主要有①：

瑶，本盘瓠之种，产于湖广溪洞间，即古长沙、黔中、五溪之蛮是也。其后生息蕃衍，南接二广，右引巴蜀，绵亘数千里。

僮……出湖南溪洞，后稍入广西古田等县……与瑶人种类不同……后势众，亦与瑶人无异。

峒獠者，岭表溪峒之民，古称山越。唐宋以来，开招浸广。自邕州东，广州以西，皆推其雄长者为首领，籍其民为壮丁。其余不可羁縻者，则依山林而居。无酋长版籍，亦无年甲姓名……谓之山獠……其酋长有版籍者，颇知婚姻……淳化中冯拯知端州，奏允尽括诸路隐丁，更制版籍。于是岭西之獠多为良民，而广州以西时复生乱。有司加意招徕，虽渐向化，但终亦荒忽无常云。

俚人，俗呼山岭为黎，而俚居其间，于是讹俚为黎……生黎，着自古昔，有此地即有此人……嚣顽无知，不识姓名，性直而悍，不能受欺触。虽不服政化，亦不出为人患，其有时劫掠，则熟黎导之也。……熟黎其先本南恩藤梧高化人，多王、符二姓，言语犹仍其旧，因从征至此。(此段引自万历《广东通志》)

莫瑶者……本瑶、僮之类，而无酋长，随溪谷群处，斫山为业，有采捕而无赋役，自为生理，不属于官，亦不属于峒首……迩来亦有垦田输税于官，愿入编户者，盖教化之渐被也。

疍户者，以舟楫为宅，捕鱼为业，或编蓬濒水而居……自唐以来，计丁输课于官，洪武初编户立里长，属河泊所，税收渔课。然同姓婚配，无冠履礼貌愚蠢，不谙文字，不自记年岁……广中近年亦渐知书，或登陆附籍。与良民同编，亦有取科第者。

畲蛮，岭海随在皆有之，以刀耕火种为名者也，衣服言语渐同

① 以下引文除特别注明外，均出自嘉靖《广东通志》卷67,《外志四·夷情中》；卷68,《外志五·夷情下》。其中有部分文字模糊不清的，据万历《广东通志》补。

> 齐民，然性甚狡黠，每田熟报税，与里胥为奸，里胥亦凭依之，近海则通番，入峒则通瑶。

除此之外，两部《广东通志》还列举了海獠、卢亭、马人、乌蛮、飞头獠等所谓“杂蛮”，因过于琐屑，不一一引录。

近代研究民族学与民族史的学者，对于历史文献所记载的岭南民族的血统、族源、历史、族属以及相互之间的关系，众说纷纭，莫衷一是。笔者不谙民族学，曾企图从前人的研究中获知一二，无奈生性愚钝，越搞越糊涂。待读到清人吴震方《岭南杂记》中有“其类合分无定，故随代异名”语，始觉悟到，在漫长的历史过程中，这些族群经历过无数的迁移、分裂和融合，本来已经是盘根错节，古人既无近世民族学的知识和技术，又没有机会深入到“蛮夷”部落了解其生活真相，在不同的文献中出现或同族异名，或同名异族的记载，本是情理中事。就本书的论题而言，实不必在这些人群的血统族属问题上纠缠。我们所关心的，只是他们的文化和社会身份。黄佐、郭棐等人的分类尽管有明显的不精确之处，特别是所述各族群的源流，近世学者已多有辩证，自然已经比黄佐的分类更为切近事实。但黄佐等人所论，有一点对我们的论题是富有启发的，就是他们分别不同族群时，所重视的，除了血统的因素外，还多次提到了这些族群的文化特征与社会身份。

在明代人的著述以及近人的研究中，一般多将明代广东的“叛乱”归为“瑶乱”，但黄佐却将大部分主要的“叛乱”事件划入“峒獠”一类，我以为这是比较聪明的处理。因为明代广东的“盗寇”，其实很难从血统上辨认其民族属性，将其多数划入“峒獠”一类，强调的是他们在溪峒之间，依山林而居，不受政府羁縻，荒忽无常的共同特点。最值得注意的是，两部《广东通志》关于广东地区“蛮夷”的记载，除了提到一些文化上的特征以外，特别用了“不服政化”“不可羁縻”“不属于官”“无版籍”“无赋役”之类的字眼来描述他们的社会身份。这就反映出一个重要的事实：所谓“蛮夷”，不仅是一个血统的范畴，更是一个文化和社会的范畴，他们不仅在文化上属于“魋结卉服之民”①，在社会身份上更是区别于“良民”“编户”“齐民”，属于所谓“化外之民”②。

值得注意的是，上述引文中用了“有版籍”“附籍”“与良民同编”“渐向化”“输税于官，愿入编户”“教化之渐被”“有取科第者”一类字眼描述各种“蛮族”在明代的汉化倾向。种种迹象显示，遍布广东各地的“蛮夷”在明代加快了汉化的进程，黄佐形容为“渐入版图，旧俗亦革”，“风俗丕变，日新而月盛”③。很显然，这一汉化的过程固然是在汉族文化的渗透下，在生产技术、生活方式、语言、服饰以至教育程度等方面的改变，但更重要的是，作为一种正统性的身份标记，蛮夷与“王民”的区别，还在于是否具有“编户齐民”的身份，这种身份是需要通过“入籍”并承担赋税差役义务才得以确认的。④ 在这里“入籍”显然是一种更为基本的合法化的身份标记。因为一旦编入正式的户籍，其身份就与“良民”等，就可以获得入学、应试的资格。明代广东社会的动荡，其实是“蛮夷”汉化过程中的种种矛盾以激化的方式展开的表现。

明代广东地区的“山海之寇”，并非如一般所理解的那样，只是“少数民族”的反抗，其社会成分是相当复杂的，除了大量正在“汉化”过程中但又没有“归化”于王朝正统统治的所谓“蛮夷”之外，还有大量的是“不肯附籍复业，往来流徙不已”的所谓“顽民”⑤，即使在所谓“蛮夷”中间，也有

---

① 嘉靖《广东通志》卷20，《风俗》。

② 明代各种“蛮夷”与政府的关系有很多不同的层次和形式，有编入里甲的，有另编里甲的，有立抚瑶官一类首领羁縻之的，等等。由于本文不是专门讨论少数民族问题，不想在这一问题上展开，这里只就一般的情形而论。

③ 嘉靖《广东通志》卷20，《风俗》。黄佐在这一篇文字中，尽管用意在着重强调广东当时是“衣冠礼乐，无异中州”，但他对各地风俗的具体记述，使人读后深信当时广东地区在文化上还处在一个“汉化”的过程中。

④ “汉化”的身份，需要获得各种正统性认同的标记。顺治《潮州府志》卷7《兵事部》记载“蓝一清、赖元爵等之变”时，一些投顺者提出的要求就是“告归编籍”和“送子入学”。“送子入学”和“遣子就试”，意味着“斑襕化为青衿”(万历《高州府志》卷2，《瑶僮狼兵》)。

⑤ 《明英宗实录》卷179，正统十四年六月己巳。

许多是“奸民亡命者辄窜入诸瑶中”①。林大春《井丹林先生文集》卷8《论海寇必诛状》论曰：

> 为今岭海患者，不过曰山寇、海寇、倭寇三者而已……夫是三者，势相倚而祸相因者也……夫山寇非他也，盖多村里恶少，与夫愚蠢编氓，非有奇谋异能，特见间而起。又其所居，多负险易以伏匿。急之则啸聚岩谷间，州郡亡命闻而争奔走焉。

在另一文章中，林大春也特别指出“盗贼”势力的扩大，是由于“各处亡赖逋负之徒，咸相率襁负入贼”②。可见所谓“亡命”，也就是所谓“逋负之徒”。这些“逋负之徒”，有的是由外地流入的流民，庞尚鹏《百可亭摘稿》卷1《建府治以保万世治安疏》云：

> 清远北接连州，西连四会，西北抵怀集，东北抵从化，大罗山盘踞其间，延袤千有余里。谿洞诸瑶，星罗棋布，凡一百四十五所，通郴、桂、临、贺、上犹、安远诸山寇。而三省避役逃罪奸民，与百工技艺之人，杂处于中，分群聚党，动称万计，素以剽夺为生。始渐掳掠乡村，后乃攻劫郡县。永乐以来，屡勒铁钺。

但是，明代广东“寇乱”与同期其他地区的流民运动不同，在遍布各地的所谓“盗寇”之中，占相当大比重的是本地居民，所谓“彼虽盗贼，固吾编户，其居必有室庐也，其耕而食必有田亩也”③，指的就是这一类人。譬如在黄萧养的队伍中，许多人原来就是里甲编户。嘉靖《香山县志》卷8《杂志》载：

> 正统己巳，黄萧养作乱，龙眼都民窃附之，大榄不过胁从耳……寇平后，龙眼都九图屠去三图，而大榄以胁从得免。

---

① 《明世宗实录》卷441，嘉靖三十五年十一月丁丑。

② 林大春：《井丹林先生文集》卷16，《与谢凤池论城守》。

③ 林希元：《林次崖先生文集》卷11，《新宁盗议》。

又同书卷6《黎献志》载:

李妙英,大榄人……正统己巳黄萧养作乱。族兄有服农无赖者,窃往从之,拜伪千户,率其党数十人至家,执妙英谓曰:“前日吾两足皆涂泥,今拜官矣。”……乡民闻变,皆被胁从。

在明代中期的几个主要的“盗区”,都有不少本地居民成为所谓“贼党”。万历《广东通志》卷70《外志五·瑶僮》云:

初新会西南近海有古兜大山,水陆四达,涡田环绕,蛮獠聚焉,顺德东莞群盗附之,西与香山新宁为邻,南则联接泷水,诸村氓多与之交通,出没为盗,民不逞者投贼,谓之入山。

嘉靖三十五年《惠州府志》卷1《事纪志》载岭东道佥事尤瑛语曰:

山谷中多良田,流民杂居,易于啸聚,出劫分赃则贼多,归营守险则贼少,盖皆近巢居民半为贼党故也。

在明代文献中所谓“村氓”“良民”“居民”,本是与“奸民”“贼党”“亡命”不同的社会范畴,一般指具有“编户齐民”身份的人。上述记载透露出相当一部分里甲编户在明代中期“群盗窃发”的局势下的动向。前引王翱《边情事》一疏中,提到广东盗乱的起因之一,就是“招集无籍,酿成凶祸”。里甲编户逃脱户籍约束,就成为所谓“逋逃之民”。在不入户籍这一点上,他们的社会身份与作为“化外之民”的“蛮夷”是一样的,均属于所谓“无籍之徒”。事实上,在明代的广东,这些“逋负之徒”与所谓“蛮夷”常常是混淆不清的,在“无籍之徒”与“化外之民”之间,并没有十分清楚的界限①,有的记载就以为“闽潮人叛逃流亡,就地垦荒者谓之畲蛮”②。

① 乾隆《新会县志》卷2《编年志》:“邑西北新兴都,当暴客出没之墟,自崇正以来,流离失业,余四十年不贡两税,不应赋调,奸民诡飞税亩,遂以新兴都为逋薮。依山阻险,竟为化外之民。”

② 道光《香山县志》卷8,《事略》。

又俞大猷《正气堂集》卷2《呈两广军门约庵欧阳公揭·论治浪治徭》曰：

> 照得新兴一县，浪贼引徭贼以成乱。徭贼，化外之人耳；浪贼，吾治地之民也。今一县六都，浪贼已居其半。

这里所谓“吾治地之民”，也就是在明王朝直接统治下的“编户齐民”。雍正《罗定州志》卷1《即事》中对浪贼的解释是：“四方亡命从而纠合，助其凶虐，谓之浪贼。”所谓“四方亡命”本来也是“治地之民”，也就是说，被称为“浪贼”的人，与“蛮贼”的主要区别，在于他们原来的身份是“编户齐民”，因逃避赋役，成为所谓“逋负之徒”，这些人与所谓“瑶贼”汇合起来，成为明代广东近三百年动乱之源，正如嘉靖三十五年《惠州府志》卷10下《兵防志》引《虔台续志》云：“瑶僮淆焉，渔蛋伏焉，逋亡集焉，盗所由出也。”霍与瑕在《西宁儒学碑》①亦云：

> 泷水罗旁之地，东山环恒千里，则由洪荒迄今，为混沌之区。正统成化间，瑶人居之。其始犹自耕自食，既而浪贼投入，诱之劫掠，遂为盗薮。

这些被统治者称为“盗”“贼”“寇”的社会势力的共同特点，是他们均脱离了明朝政府的户籍约束，没有“编户齐民”的身份，故当时人用“版图户口几不复为我所有”来描绘广东“群盗窃发”的局面。又霍与瑕《霍勉斋集》卷11《贺西宁朱尹序》云：

> 我广自一洪武入版图以来，九溪百蛮，时出时没，时剿时靖，独罗旁绿水之寇，则二百年讨之无成绩者……公乃搜罗穷谷之逋逃，以恩信抚之，使入编户，招至各邑有力无田者，定甲立里，一半岁而比邻烟火稍稍集矣。

---

① 见民国《西宁县志》卷28，《艺文》。

将“逋逃”编入里甲户籍，使其成为“编户齐民”，被明朝政府用作治理“瑶乱”的手段，清楚地显示出明代广东“盗寇”与明朝政府户籍制度之间的联系。正如康熙《阳江县志》卷2《瑶户一》所记：

> 蔡志载：嘉靖十年，瑶人因向化已久，称为良瑶。有境外瑶僮潜入住，良瑶赴县陈告，欲立户籍，不成。至二十二年，复告。始将各县瑶清审户口，造册缴报，随编审三年一例另造，而瑶籍始属于县。邓志载：本县瑶山凡十有三处……良瑶向化已久，嘉靖中立籍与编民同。由此观之，在有明时，瑶已化而为民，无不编审服役者矣。今则丁口日蕃，不入编户，佃耕民田而不供民差。且奸民躲避差役，匪惟冒营冒所，而后复冒瑶。江之户口于是乎其日耗矣。

从这里，我们可以看出，“民”与“瑶”成为两个对立的社会范畴，“民”的标志是“立籍”和“编审服役”；“瑶”的标志是“不入编户”，“不供民差”。瑶“化而为民”和“奸民”“冒瑶”，均是通过“户籍”的改变以及向政府服差役。在这里，社会身份的区分贴上了民族的标记，而民族的区别又由此成了一种与“户籍”登记有关的身份认同。

特别值得提到的是，明代广东的“盗寇”其实大多不是单纯的武装反叛力量。他们有的是在山中开矿冶铸的“流民”，如：

> 归善河源之境产矿，聚赣汀漳之逋逃，而冶以为利焉，赢则贾，缩则寇，官兵从而诛之。①
>
> 龙门未设，属治增城……峰高谷深，故奸民多集焉。〔弘〕治初年，由开采起，西北一路，多东莞、新会之奸；东南一路，多程乡、海丰之寇，依山鼓铸，争利相斗……遂成大乱。②

明朝政府将这次动乱镇压下去后，于弘治九年(1496)设龙门县，但

---

① 嘉靖三十五年《惠州府志》卷10下，《兵防志》。

② 康熙《龙门县志》卷9，《山寇》。

此后仍多次发生因“开炉煽铁”致“聚众倡乱”的事件。① 这种“以盗矿聚众为贼”的情况，在潮州、惠州、韶关、广州等府都相当普遍。②

不过，所谓“盗寇”，更多的是在山中从事农耕的居民，正如当时人所说，“其春耕夏耘秋冬收，与居民等，必闲暇乃出。非闲暇而出者，必三二年间或一度”③。在明代文献中，常常提到山中的良田为所谓“盗贼”所占据耕种。④ 王阳明于正德十三年(1518)平定粤赣边界的“山贼”后，提议设立和平县，他在《请立县治疏》中写道：

> 浰头、岑冈等处叛贼池大鬓等魁首动以百十，徒党不下数千。始则占耕民田，后遂攻打郡县……(立县之后)及将先年各处流来已成家业寓民尽数查出，责令立籍，拨补绝户图眼，一体当差……及差委公正府佐贰官一员清查浰头、岑冈等处田土，除良民产业照数给主外……其余同途上盗田土尽数归官，卖价以助筑修城池官廨之用。

又王世贞在《平岑冈寇记》中，也说到后来平定李文彪时“没贼田几五千亩以予屯卒……赎为编民，籍为膏腴，授予刀耕，昔也盗粮，今也国储”⑤。可见明代分布在广东山峒巢寨的“盗贼”，在山中占据了大量的耕地，从事农业耕种。嘉靖初年两广总督林富曾指出：“新宁之盗，十人之中，未必皆真盗，胁从者十而七八也。”⑥这里所谓“胁从者”，大约就是在山中耕种的农民。由于他们不在政府户籍登记之中，他们所耕田土也

---

① 参见康熙《龙门县志》卷5，《物产》。

② 参见嘉靖《广东通志初稿》卷30，《铁冶》；顺治《潮州府志》卷7，《兵事部》；雍正《从化县新志》卷2，《矿山志》等。

③ 叶权：《博贤编·附游岭南记》，北京，中华书局，1987。

④ 如康熙《德庆州志》卷1《事纪》记载成化二年(1466)知州李瑛请豁虚税疏中有“间有瑶贼占种”语；又参见雍正《罗定州志》卷1，《郡事》；嘉靖三十五年《惠州府志》卷1，《事纪志》。

⑤ 以上两段引文均引自嘉庆《和平县志》卷8，《艺文》。

⑥ 林富：《两广疏略》卷下，《论两广治盗疏》。

不向政府交纳赋税，对政府而言，这些落入“盗寇”手中的田地，实与荒地无异，故明代官方文献中报称为“田地荒芜”，而实际上真相只是这些田地为所谓“盗寇”所占耕罢了。嘉靖《香山县志》卷8《杂志》载：

> 邑南三灶山，抵海洋番国，有田三百余顷，极其膏腴，玉粒香美，甲于一方。……洪武初属黄梁籍居民。吴进添通番为乱，都指挥花茂奏讨平之。悉迁其余党，诏虚其地，除豁田税，永不许耕。岁令官军千人防守。正德中，南海势家以新会虚税影占，亡命之徒附之。招合瑶僮，立为十甲，聚众盗耕。嘉靖十五年，该都里排赎为己业。已而，有钱备者素通番舶，倚强占夺。里排无如之何，分上下围管业，而哄扰今犹未息。有司丈量，余田归官，复为势家侵据，号召海寇，大为民害焉。

由此可见，从政府的立场来看，土地如果不是由里甲编户耕管，政府就不能直接征收赋税，故属于“盗耕”。而耕种这些土地之人，也就被视为“亡命之徒”和“瑶僮”一类，其性同“盗寇”，是危害社会秩序的力量。明代广东“盗乱”历久不衰，屡征屡起，就是因为不断增多的“逋逃之徒”逃入山海之中，与瑶獠僮黎疍等汇合在一起，亦农亦工亦盗，不入户籍，不纳赋税，不服差役，与官府对抗。林大春用“逋负之徒，亡匿山林，见间而起”①来形容明代中期“群盗蜂起”的局面，是十分确切的。

简言之，明代广东的“盗寇”，实际上是两种看似相反的社会流动汇合而成的一股力量，一是本地“蛮夷”逐步汉化，一是原来的编户逋逃脱籍。居住在山林河海之中的“蛮夷”的汉化，为原已成为汉人的“编户”逃亡提供了庇护，而入山下海的“逋负之徒”则一方面在文化上推动了“蛮夷”的汉化，另一方面又在政治上引导其与官府对抗。如康熙《阳春县志》卷18《瑶疍》所云：

---

① 林大春：《井丹林先生文集》卷10，《贺督抚吴公奏绩序》。

粤东之蛮，端州为甚，端州又以阳春为最，阳春枕界东西两山之中，巢丛穴谷，习性粗悍；又有一种亡赖之夫，或窘于生理，或苦于诛求，狡焉逞其狼虎之威，往往浪入巢穴，藉瑶以栖身，瑶亦资浪贼之识道为之向导，根连朋济，狼狈为奸。

这两种朝相反的方向流动的势力，之所以能够合流共同反抗官府，其动力来自明代繁苛的赋役征派，既迫使编户齐民走上"逋逃"之路，又阻塞了"蛮夷"入籍向化之途。正如张居正所说的，是"吏不恤民，驱而为盗"①，林大春讲得相当明白：

臣尝见天下抚按等官文移章疏至部，有以百姓逋负逃亡为言者，臣窃笑之，以为百姓虽至愚无知，宁不知安土之乐，与夫输税之当。然而乃忍于离亲戚去坟墓，此盖必有以驱之者矣。夫以天下而奉一人，其岁之输几何；而贪酷之暴，侵渔万端，朘求无已，出于常赋之外者，恒什百而千万也。此民之所以逋而去也，夫逋负逃亡之已，退无所归，则将逼而为盗贼，此其势不得不然者。②

那些作为朝廷百姓的"良民"尚且陷入此境，历来被视为"非我族类"的"蛮夷"的处境更可想而知。在明初，那些曾经主动入贡，以至要求编入版籍的"蛮夷"部族本来曾经表现出要"顺化隶籍"的愿望③，但在他们还只是以朝贡的方式接受明朝招抚时，已经要面对大小官吏的苛索侵渔，逼得他们"不得以遂至拒敌官军"④。后来，连朝廷的编户齐民都"无计自存，起而为盗"，入山投靠时，他们除了和这些"逋逃之徒"联手反抗，还

① 张居正：《张太岳集》卷21，《答两广熊近湖论广寇》。

② 林大春：《井丹林先生文集》卷8，《论贪酷之害状》；又张居正亦论曰："广中数年多盗，非民之好乱，本于吏治不清，贪官为害耳。"见《张太岳集》卷30，《答两广刘凝斋条经略海寇四事》。

③ 参见《明英宗实录》卷60，正统四年十月丁酉。

④ 《明英宗实录》卷186，正统十四年十二月丙辰。

可以做出什么选择呢!

三、里甲的裁减与增编

由于明代广东的所谓“盗寇”的基本成分，是脱离王朝的户籍约束的“无籍之徒”，故“群盗窃发”的局面造成的直接社会后果，就是政府控制的编户大量减少。庞尚鹏《百可亭摘稿》卷1《议兵费以便责成以靖海邦疏》云：

> 臣往见广东州县，被祸最烈。赋税之民，强半流徙，而死于锋镝者犹难数计。有司多怀(此处疑脱字)，即走匿山谷间。举数百里外，烟火断绝，无复行人。其余州县，或努力婴城，或望风避地，所至骚然。虽正额税粮，已无从催办，若复加赋，当无孑遗矣。

又林大春《井丹林先生文集》卷11《陈郡侯参谋记绩序》云：

> 大岭以南，起循梅而东至于海……其中实萑苻之所潜伏，亦有四方亡命，互相结纳，乌合鸟举，虎噬狼跋。毁我室庐，荒我百谷，囚系子女，燔彼六畜。退则负险为固，邻国为壑。以故民多逃遁转徙，不得保其族里者踵相续也。

这种人户逃亡的趋势，可以从表2-3所列明初至嘉靖年间广东各府编户数字反映出来。①

表 2-3　广东各府户口变化情况

	洪武二十四年		嘉靖年间*	
	户数	口数	户数	口数
广州	210995	608451	170807	553943
韶州	18900	80026	16536	90031

① 数字据万历《广东通志》有关各卷。

续表

	洪武二十四年		嘉靖年间*	
	户数	口数	户数	口数
南雄	8909	67731	6823	20622
惠州	23180	108692	24464	108636
潮州	80979	296784	80549	461005
肇庆	89111	415793	51956	217459
高州	21951	67581	22848	86067
廉州	11819	75335	8796	43644
雷州	45372	225612	24142	43227
琼州	68523	291030	56892	250524
全省	579739	2237035	463813	1875158

*由于万历《广东通志》所记载各府数字的年份不齐，这里多数府采用的是嘉靖元年(1522)的数字，其中韶州府的数字是正德七年(1512)，肇庆、高州府是嘉靖十一年(1532)的数字，琼州府的是万历十年(1582)的数字。

表中所列的数字，是政府户籍登记的编户数，并非实际的户口数，其中还有不少是空户空丁。即使从这些并不可靠的数字也可以看出，从明初至嘉靖年间，多数的府和全省的户口数字呈明显的下降趋势，当时，正值广东经济开发速度明显加快时期，这一时期并没有可能导致人口明显减少的自然和社会的因素，这个时期实际人口本应有明显的增长，因此表列编户数的减少不仅仅反映出编户绝对数的减少，更反映出由政府控制的编户齐民在社会人口总数中所占比例的降低。关于这一时期编户锐减的原因，史籍中明确归咎于当时日甚一日的盗寇之乱。但其实，失去的户口，大多是逃亡的“逋户”，正如叶春及在《肇庆府志·户口论》中所言：

(肇庆府)洪武户几九万，口四十一万有奇。今户损九之四，口半存耳，况岁征为实，此犹虚哉。罗定所分，户不过二十一，口不过十一，余岂耗尽于盗贼？国初法严隐丁，自令以下，罪有差。今胥为政，故隐者多。辟如千钧，无论负者几人，期尽而止，是则然哉。奸人以贿侥幸，则代役皆贫民也。

言下之意，失去的编户，大多是因为逃避赋役而逋脱户籍。如南雄府在明代户口减少幅度相当大，嘉靖《南雄府志》卷下《食货志》解释其原因是：

> 国家承平日久，休养生息，宜倍于前矣。乃邑无全里，里无全甲，甲无全户，其故何哉。盖雄介岭而郡，因山而田。介岭而郡，故客寓恒多；因山而田，故富岁恒少。客浮于主，则有强壮盈室而不入版图者矣；山浮于田，则有岁或不秋而转徙他业者矣。加之虚赋未清，百病茅塞，征科日急，杼轴其空，亦何怪乎，版图之半为鬼录也。

黄佐在嘉靖《广东通志》卷21中亦云：

> 今之黄籍率由登而耗，自盈而缩，岂物之有盛衰。与夫国初除复之令屡下，而复给业以便流徙，凡以厚民也。迩则逃亡日众，而摊税之法行……逃者日增而摊者日积，民何以堪。

由此可见，盗寇之乱固然可能造成编户减少，但编户减少的主要原因，并非由战争造成的人口死亡。“盗乱”频发与编户逃亡之间，实际上是互为因果的。王守仁在《请立县治疏》中讲到龙川县从洪武以来“盗贼”势力发展的趋势时说，“自此贼巢日多，居民日耗”，很准确地表达了这种关系。曾率领大军到广东征剿的著名将领戚继光也指出：

> 夫有司视盗贼如骄子，视良民如路人。为良民则有屈莫伸，为盗贼则无求不遂。彼何惮而不为也。始而一乡，渐至一县；始而一县，渐至一州，趋利而流，势所必至。民间生业日荒，正敛日急，方诸盗贼，苦乐悬殊，兼以劫于盗贼之积威，诿于官司之无恃，知不从贼，将不免于死亡。于是去而从贼者日多，而贼党日益盛矣。即不从贼，亦皆不纳粮差，不服勾摄，以为故智。①

① 《明经世文编》卷346，戚继光《经略广东条陈勘定机宜疏》。

这就是明代广东“盗寇”之乱与编户减少关系的真相。

编户减少的直接结果，首先是导致了里甲的残破，明初所定每里110户的格局，已经不能维持下去。嘉靖十一年(1532)德庆州知州陆舜臣《议地方事》①云：

(自正统至天顺年间“瑶乱”发生后)田亩陷入者几二千顷，税粮荒赎者过六千石，本州土地失去者中分之半，而里分减耗者三分之一，其所存者仅四十四里而已。当时奏勘停征荒粮，民困稍苏。成化十九年，同知何恕承委踏勘荒田，畏贼不敢入山，复逼民供熟三千余石。自是民赎不前。有父子同日而缢死者；有妻及子女俱卖者；有卖见在田以赎荒粮，田既尽而虚粮悬户不止五六十石者；有全户而逃窜者；有整村而绝灭者。于是都晋二乡一里三四户者有之，一二户者有之，空存里分而无里甲者有之，户有田粮一二百石而一贫彻骨者有之，循名责实，又仅可三十里而已。

德庆州因为是“瑶乱”的中心，里甲编户减少的情况固然特别严重，但这种里甲编户不齐的状况，在其他州县也不同程度存在，如博罗县，“虽有四十九图，百姓凋瘁，一图之内，多不过七八十户而已”②。随着里甲编户的减少，而地方政府的赋役征派，又必须依赖里甲轮役的制度，所以，不少州县在明代中期，纷纷裁减里甲，如新兴县：

县在元为新州，洪武三年改新兴县治，编户五十八里……嗣后屡遭八桂峒贼流毒，户口消乏。天顺八年并图四十八里。成化八年大造，仅存四十二里。③

---

① 见嘉靖《德庆志》卷16，《夷情外传》；又参见康熙《肇庆府志》卷25，《艺文志》之陆舜臣《征剿立县议》。

② 嘉靖三十五年《惠州府志》卷5，《地理志》。

③ 康熙《肇庆府志》卷25，《艺文志》之张一栋《为新兴县减重则汰冗员议》。

龙川县的里甲数目减少的幅度更大，据王守仁《王文成公全书》卷11《添设和平县治疏》云：

洪武初间，龙川尚有五十五里，其后州县既除。声教不及。洪武十九等年，贼首谢士真等相继作乱，将前项居民尽行杀戮，数百里内，人烟断绝。自此贼巢日多，民居日耗，始将龙川县都图并作七里。

其他许多“盗寇”之乱严重的州县，也都程度不同地曾经裁并里甲，由于明代广东许多县先后一次或多次割出若干里甲另立新县或归并邻县，为了使数字具有可比性而又不至于太烦琐，这里仅以在明代州县版图基本没有改变的雷州府州县为例，列出其里甲数目变化的情况①：

表 2-4　雷州府里甲数变动情况

	旧图	天顺以后	成化八年	万历年间
海康	150	120	50	30
遂溪	55			30
徐闻	92	29		30

这种由于编户逃亡造成里甲残破以至裁减的情况，在一些明初才收入户籍的疍民里甲似乎更是严重。如香山县，“夫旧也，额设河泊所六图，里甲日渐消亡，前此并作一图，见今惟存九甲耳”②。但是，里甲数目的变化各地并不是表现为同一种趋势，也有一些县的里甲在减少后又有增加，如翁源县：

洪武初，三乡……其里五，后蒙志昌之变，旧姓残灭，存者无几。永乐间，除怀德乡并于二乡。福建、江西诸处民于宣德正统间

① 参见万历《雷州府志》卷4，《地理志》。据道光《遂溪县志》卷5，遂溪县在“明成化八年以前，被瑶残破，户口十仅存五，数无考，坊都仅存三十里”。

② 嘉靖《香山县志》卷3，《政事志》。

流来开垦，后渐充积。成化间，田赋殷盛，增六里，共十一里。①

在第一节，我们讨论过明初地方政府曾经通过编制里甲户籍，将许多原来的“化外之民”收入户籍，使之成为王朝的编户齐民。这一做法后来也仍然继续采用，通过将流民编入里甲，不但变客民为土著，更重要的是将原来政府不能管束的“化外之民”和“无籍之徒”纳入王朝统治的控制之下。一个典型的事例是嘉靖年间，新会、恩平、新宁三县在明朝大军征剿之后，作为恢复地方经济和社会秩序的措施，曾经以“立屯”的方式安置“贫民”，据嘉靖《新宁县志》记载：

嘉靖十年大征之后，凡经征剿之地，村落空虚，遗田荒废。巡按御史戴、兵备佥事吴议将恩平、新会、新宁三县杀绝田地招来贫民，立为民屯之法，人给田一十五亩。其耕种免三年粮差，三年之外，令其办纳正粮，仍充杂差。农暇习武，无事耕种，有事悉听调发。捕贼有功，照格给偿。中间如有诡名及老弱幼小重冒者，连总甲一体问罪。如有废耕无勇，或犯罪不悛者，俱收其田业，发遣回籍，别招耕种，立为七屯。

从形式上看，这一事例虽然采用的是一种相当特殊的方式，效仿古代屯田之制，但实际上，屯田的办法在这时已经不合时宜。因此，尽管“初议者甚善，然处置失宜”，亦兵亦农的设想似乎不可能很好地贯彻。而根据同书后面关于每一屯的具体记载，我们知道，重要的是通过给予一定田地，把“贫民”安置下来，并编入里甲。这里仅举一个屯为例：

新安屯，在新会茅冈甲地方，贫民七十一名，共田一十顷六十五亩。恩平县田三十亩，余田俱本县给耕。田散各都，籍立得行都四十一图。

① 康熙《翁源县志》卷3，《财用志》。

这种通过招集无籍之人，将他们重新编入里甲，往往是一种重建社会秩序的有效措施，如万历年间肇庆府西宁县知县朱宽在明朝军队剿平“罗旁瑶乱”之后，就采用了“分田制里”“抚招新附”的措施，据载：

> 公(指朱宽——引者按)乃搜罗穷谷之逋逃，以恩信抚之，使入编户。招至各邑有力无田者，定甲立里，一半岁而比邻烟火稍稍集矣。山间之田，有广有狭，有高有卑，有肥有瘠。公亲履亩丈量。度土定税，计氓授业，无不均以平也。①

我们之所以要指出明朝有些地方官员编民入籍的事例，是希望对照当时大量编户逃脱户籍的趋势，看出一个重要的事实，这就是在当时激烈的军事反叛与征剿活动背后，隐含了一个深刻的矛盾：在王朝政府的立场上，越能够将全体社会成员编入户籍，就越能有更广泛的贡赋来源，有效地控制社会，并维持统治秩序的稳定，户籍编制实际是政府控制和役属人民的重要基础；而从百姓的立场上看，作为编户齐民的负担太重，迫使他们不得不力图逃脱户籍约束，摆脱这种役属的关系。使得矛盾更为复杂化的是，原来就属于“化外之民”的“蛮夷”在经济生活和文化上逐步“汉化”的同时，不能获得正统化认同的资源，只能被迫走上反叛的道路。在这三种互相矛盾的合力作用下，建立在里甲制度基础上的社会控制职能面临着严酷的挑战，由里甲制度所支撑的社会秩序陷入了深深的危机之中，这种社会危机通过赋役征派的种种矛盾展现出来，又通过一系列由下而上的赋役制度改革，调整了里甲体制的运作模式，重新规范政府与民间社会的关系，这是以下我们准备讨论的问题。

---

① 霍与瑕：《霍勉斋集》卷11，《贺西宁朱尹序》。

第三章　一条鞭法前的改革

众所周知，明代在赋役制度方面最重要的改革，是从嘉靖年间开始在局部地区实行，到万历初年在全国范围普遍推行的一条鞭法。然而，一条鞭法改革的主要内容及其基本趋势，实际上在更早的时候已经开始。一条鞭法，只是集这些改革之大成的必然结果，要理解明代赋役制度改革的真相，并以此作为探究里甲户籍制度变化的基点，必须先了解一条鞭法以前赋役改革的基本方向。

第一节　均徭法与均平法

朱明王朝编制里甲户籍的直接目的，是佥派差役。如前章所论，明初差役佥派办法，完全是建立在里甲制基础之上的。无论轮流应充的里甲正役，还是随时由里甲点差的杂泛差役，要贯彻明初所定的“凡赋役必验民之丁粮多寡，产业厚薄，以均其力”的原则，都须以里甲组织比较健全，并有较高的行政效能为前提。但明初所确定的差役佥派办法，在实际施行中，越来越与均平赋役的原则相背离。尤其是明英宗正统年间以后，社会经历了一系列大的变动，里甲组织也开始发生了一系列变化，地方政府不得不相应地调整差役佥派办法，以求能适应里甲户籍组织的新变化，达至均平赋役负担的目的，于是，各省相继推行了名为均徭法和均平法的改革。

一、均徭法的推行

所谓“均徭法”，是为改善各级官府佥派杂泛差役负担越来越不均的状况所实行的一种改革。据梁方仲教授的研究，“均徭”这个名称，在明宣德以前还没有出现。① 正统初年②，江西按察司佥事夏时“进知州柯暹所撰《教民条约》及《均徭册式》，刊为令，人皆便之”③。其法是：“里甲除正役照赋役黄册应当外，又别另编造均徭文册，查勘实在丁粮多寡，编排上中下户，量计杂泛轻重等第佥定，挨次轮当。”④后因受到一些官员的反对，于正统十年(1445)罢行；到景泰元年(1450)，礼科给事中金达奏请“重将均徭之法举行”⑤。次年，右佥都御史韩雍巡抚江西，再次推行均徭法。⑥ 大约就在同一时候，广东巡抚揭稽也在广东实行“均徭之法”，据《粤大记》卷9《宦绩类》载：

> 揭稽，字孟哲，建昌人。永乐甲辰进士，历官广东左布政使。礼士爱民，官勤吏畏。朝廷以广寇初平，而稽久住其地，熟知民情，敕晋户部左侍郎，巡抚广东。稽至，见民困弊，即行均徭之法，验赋查丁，第为三等而均役之，民以为便。

考揭稽在正统十三年(1448)任广东左布政使，景泰二年(1451)任广

① 参见梁方仲：《论明代里甲法和均徭法的关系》，见《梁方仲经济史论文集》。

② 关于正统年间夏时奏行均徭法的年份，文献记载有较明显的矛盾，梁方仲教授在《明代江西一条鞭法推行之经过》一文中认为应在正统元年(1436)，后来在《论明代里甲法和均徭法的关系》一文中认为是在正统二年至正统四年(1437—1439)，而山根幸夫、岩见宏等先生认为应是在正统八年(1443)。考《明史》卷78《食货志二》和卷161《夏时传》均说夏时与柯暹创行均徭法是在夏时任江西按察司佥事时，而夏时至迟在正统七年(1442)前已经迁江西参议(见《明英宗实录》正统七年十一月辛未，又参见《明史》本传)，故我认为当在正统四年(1439)之前较为合理。

③ 《明史》卷78，《食货志二》。

④ 嘉靖《海宁县志》卷2，《徭役》。

⑤ 《明英宗实录》卷198，景泰元年卜一月乙巳。

⑥ 参见嘉靖《广东通志》卷50，《名宦》。

东巡抚。① 在到广东任职之前，他先在正统九年(1444)广西布政使任上奏请罢行夏时的均徭法，据《明英宗实录》卷120载其奏云：

近从江西佥事夏时言，编定均徭图籍，凡民间徭役悉按图更代。然广西地临边徼，人少役繁，难拘定式，请如旧制，相时差遣为便。从之。

显然，揭稽相当了解夏时等人在江西推行的均徭法。他后来在广东实行的均徭之法，是否与他较早时认为在广西不便实行的均徭法相同，我们未可断定。但从《粤大记》的简单记载可以看出，至少在“查勘实在丁粮多寡，编排上中下户，量计杂泛轻重等第佥定”这一基本原则上是一致的，至于是否也编造均徭册，按编定的次序轮流应充，我们不得而知。但揭稽所行“均徭之法”，至少是在夏时等人创行的均徭法启发下实行的一种办法。

到天顺元年(1457)，朝廷正式诏令“行均徭法，禁里长害民”②，其时在广东大力推行均徭法的人，是右佥都御史叶盛和布政司参议朱英，万历《广东通志》卷13《藩省志十三·名宦》载：

叶盛，字与中，昆山人，天顺二年以佥都御史巡抚两广。比至，均平徭役，痛抑豪右，风裁凛然。

又何乔远《名山藏·臣林记·朱英传》载：

朱英，字时杰……正统十年与族兄克宽同举进士，授监察御史……寻迁广东布政参议……既至广，当寇乱之后，抚凋瘵，招流亡，立均徭法。其法以十年为限，一役九休，民甚称便。③

① 参见万历《广东通志》卷10，《藩省志十·秩官》。

② 谈迁：《国榷》卷32。

③ 又参见《明史》卷178，《朱英传》。

在推行均徭法之初，许多地方实行不善，“事无定规，兼多弊病”，“以至富者夤缘在闲，贫者困苦应役”，不能达到均当徭役的目的。天顺四年(1460)，叶盛等再次对均徭法实行整顿。在叶盛的《叶文庄公奏议》中，有一个题本，为当时叶盛等人在广东推行均徭法时所上，是迄今所见有关均徭法施行的最为详细的文件。这一文件在以往的研究中似乎从未见引用，故虽篇幅较长，亦不厌其烦，将其全文引录于下：

题为均平徭役事，案照先据广东布政司呈：查得所属造到均徭文册，中间事无定规，兼多弊病。如潮州府潮阳县，自有广盈库库子、本等斋膳夫外，又立听用名目；高州府电白县，岁办税钞不过伍百余锭，而佥巡栏一百七十六名，较之别邑，十分冗滥。卫所首领官有奉上司明文佥拨皂隶，又有全不佥者；递运防夫儒学库子，有一处滥设五十余名，有全无一名者；有皂隶止写别府佥用，其数目处所无凭稽考者；有斗级只写随粮量拨，不定数额例者。又如南雄、韶州等府，人少役多，预编五年，俱系见丁着役，代替消耗，十分艰难。其编役之时，通同里书作弊，田粮丁口，止凭先年黄册，多有不实者；有将大户隐下丁粮，充编府县皂隶贴户，至三四名者；有马夫朋佥至三十户者；有将贫难人户当差，殷实人户作剩余者；又有巧立柜子、榜夫等项名色者，其不均难以悉举。及照各属巡司弓兵、铺舍司兵，旧例附近编充，消乏告替，后因一年一换，或系窎远生疏之人，以至有误递送，巡捕未便，呈乞照详等因。得此为照，所呈作弊官吏人等，犯在革前，俱合改正。

又准广西布政司咨呈：照得节该户部奏准通行均徭事例在卷，今访得各属府州县徭役弊病，有因无当役凡(及?)歇役年份，混扰拘役，人难遵守，民受其害者；有马头积年不换，因而出入衙门，移贫改富及挟制浸淫者；有官员皂隶，因无坐定州县乡都名数，泛滥多佥者；亦有皂隶巡栏，不定相应人户应当，却科里甲，转科小民，以一科十者；有铺兵、防夫等项，佥点不一，又有巧立名色，役占小民者；有州县官吏，通同里书殷户，放富差贫者，又以户役等钱为名，将贫难小户排门逼要钱物者，盖难悉举等因。得此为照：均徭一事，实养民致治之良法，最便贫难小民。但此法一行，则事有定规，其官吏里书、富实顽户，无繇作弊，以此奉行者少。今广西地方未宁，若不均平徭役，诚恐富者强而愈欲吞贫，贫者怨而转相为盗，固非地方之美事，亦岂富者之善谋已。经公同两广巡按御史、布按二司，查照本处旧行，参酌均徭事例，并钦奉敕书内从宜处置事理，将各项徭役查理明白，处置停当，并拟立当役歇役年份。大约如人户极多州县，十年黄册，每户当役一年，歇役九年；人户极少，差役数多州县，十年黄册，每户当役一年，歇役一年。内弓兵、铺兵等役，依照旧例，俱令附近殷实之家应当；各量地方人数多少，或令三年五年之内告替。其皂隶、防夫、弓兵、禁子、巡栏、斋膳马夫等项杂役，俱令一年一换。每年布政司选各府的当府官一员管督，照依上年事例编役。大率各量差役轻重，定立等第。丁粮数多殷实之家，应当重役；丁粮数少以次之家，应当轻役；其贫难小户，务为优恤，不与差役。编定之日，各写户役姓名，备榜张挂，知会其应役。榜仍存卷备照。如有放富差贫，挪移作弊，事发，吊榜查照处治。庶贫者得以苏息，富者虽劳不怨。生民皆可被福，词讼无繇而兴。盖两广年来有司多将均徭事例奉行不至，以至富者夤缘在闲，贫者困苦应役，小民十分艰难。盖均徭良法，不利于贪官污吏，不利于富豪奸里，惟利于贫难小民，然朝廷仁政，正欲保养贫民，不令失所，俾至殷实，盗贼自息，地方可宁。今两广均平徭役一事，广东已行二年，广西已行一年。凡公廉正大官员，良善贫难人民，无不称便。谨题。天顺四年三月二十六日。

文中所引述的广西布政司的呈文，说的是均徭法未行的情形；广东布政司的呈文，所讲的是均徭法实行之初，制度未完善时出现的问题；叶盛偕同两广巡按御史、布按二司所拟出的办法，则是对均徭法进行整顿，以使之完善起来。故此文可以使我们对当时两广地区所实行的均徭法的内容以及前后变化获得较为详细的了解。根据此文并参考其他的记载，我们知道均徭法改革所要解决的问题主要是，在官府根据需要随时佥派杂役的制度下，既无一定规制，差役又无定额，应役户负担亦不确定，加上官吏和里甲书差随意上下其手，黄册所载丁粮又严重失实，造成差役负担不均。均徭法改革大致包含了以下几方面的内容：

第一，将各级政府所需佥派差役的项目、轻重等级和名额确定下来，改变过去巧立名目，随意编佥的做法。

第二，所有差役以户为单位编佥。编佥时以里甲人户的丁粮多寡作为标准，其中无田产和田产极少的贫难小户，原则上不需应当均徭。

第三，改变过去佥役之权操纵在里长书吏之手的做法，由官府审定各户丁产状况，编定各户所应当的差役，在此基础上，在黄册之外另行编制均徭文册，将编定的结果记录在案，使里甲人户所应充当的差役明确化和相对固定下来，然后张榜公布，作为佥役和检查的依据。

第四，取消过去的临时佥点的办法，在编定各户应当差役的前提下，实行按里甲轮役的办法。轮役的周期，各州县因人户多少和差役繁简而异。根据有关地方志的记载，我们知道，均徭实行十年一轮的有顺德、高要、四会、增城、新宁、海丰、琼山等县，新兴、阳江、归善、河源、龙川、陵水等县则是五年一轮，阳春、封川、博罗、保昌等县为三年一轮，钦州先是二年一轮，后改五年一轮。①

第五，叶盛的题奏中没有提及征银，从轮役制度的安排和需要确定各役定时替换的期限来看，在均徭法实行的初期。应役办法仍以亲当力役为主。

以往有些著作以为均徭法的主要内容是改变了杂役的编派原则，其

---

① 参见正德《琼台志》、嘉靖三十五年《惠州府志》、嘉靖《南雄府志》、嘉靖《新宁县志》、嘉靖《增城县志》、万历《肇庆府志》、万历《顺德县志》、崇祯《廉州府志》等。

实，如果从差役编派的标准来看，均徭法只是再次确认了明初所定的“凡赋役必验民丁粮多寡以均其力”的原则。所有关于均徭法内容的记载，确实都强调“按册籍丁粮，以资产为宗”①，但是这一编役的原则，其实从洪武年间已经确定(见上一章)。能否做到“贫者轻，富者重，田多者重，田少者轻”②，从来是明代人讨论徭役编派是否“均平”的一个标准。即使是反对均徭法的官员，也认为：“国朝立法，凡一应大小科差，皆论民贫富佥点。”③均徭法只是为使这一原则得到贯彻而采取的一种编役办法。因此，我以为，均徭法改革的意义，主要不在于改变了差役编派的原则，而在于改变了使这一原则得到贯彻的办法。随着社会条件的变化，官府需要采用与明初不同的办法来编佥差役。

在均徭法改革中，有两点是最值得注意的：一是“官为定其徭役”④，将里长佥役的权力收归官府自己掌握；二是在黄册之外另编均徭册⑤。过去官府依靠里甲组织佥派徭役，是由官府向里甲科派，里甲转佥人户，实行均徭法之后，代之以按照里甲的次序轮流应役，这一佥役办法的改变，表明黄册里甲制度在地方政府控制基层社会方面的作用开始有所改变，里甲组织作为基层社会行政组织的职能降低了。以后均徭法的演变，朝着这一方向有进一步的发展。(详后)

二、里甲的公费负担与“均平法”

明代地方政府除了需要如皂隶、斗级、禁子、马夫、斋膳夫一类员役为官员们奔走服役外，还有许多地方性的行政或公共事务，不但需要一定的人力来操办，更需要一定的经费开支。这些事务及费用包括：州县官员的办公以至生活用品，从纸札笔墨到油烛柴炭米蔬；由官员主持

---

① 《明史》卷78,《食货志二》。

② 海瑞:《海瑞集》上编,《兴革条例》,北京,中华书局,1962。

③ 《明宪宗实录》卷33,成化二年八月辛丑。

④ 《广东文征》卷7,黄瑜《应诏六事疏》。

⑤ 参见梁方仲:《论明代里甲法和均徭法的关系》,见《梁方仲经济史论文集》。

的各种仪式，从桃符门神到各类祭祀以至举办乡饮酒礼；科举的开销；招待上司和过往官员，请客送礼的费用；社会救济事业的费用，等等。此外还有因时因人而异的种种名目的费用，甚至官员私人事务的开销，不可尽数。①

关于这些费用的来源与里甲正役的关系，以往的研究者有不同的理解，主要的分歧在于这些负担是否属于里甲正役的任务范围。从文献记载看，许多记载语意含混，且常见歧异。近世的研究者，根据不同的资料来解说这一问题，亦有不同的理解。邱濬《大学衍义补》卷31《傅算之籍》云：

> 今制，每一里百户，立十长，长辖十户。轮年应役，十年而周，当年者谓之见役，轮当者谓之排年。凡其一里之中，一年之内，所有追征钱粮，勾摄公事，与夫祭祀鬼神，接应宾旅，官府有所征求，民间有所争斗，皆在见役者所司；惟清勾军、匠，质证争讼，根究逃亡，挨究事由，则通用排年里长焉。

这一段话常被一些明代的广东地方志采用。② 这一类记载令许多研究者相信，里甲正役的负担除了催征钱粮、勾摄公事外，还有支应地方官府的各种公共活动的人力和物力需求。③ 然而，也有一些记载明确将上供物料和地方公费视为里甲正役之外的征派。与邱濬同是琼州人的海瑞就曾明确指出："里长十年一役，事在催征钱粮，勾摄人犯，他非所与也。"④

---

① 参见[日]山根幸夫：《明代徭役制度の展开》，48～49页。

② 如嘉靖二十一年《惠州府志》卷5，《户口志》。

③ 参见唐文基：《明中叶东南地区徭役制度的变革》，载《历史研究》，1981(2)。唐先生在后来出版的《明代赋役制度史》修正了其原来的观点，但仍然将支应"上供物料"混入里甲正役的任务。又见[日]山根幸夫：《明代里长の职责に关する一考察》，载《东方学》3；《明代徭役制度の展开》。

④ 海瑞：《海瑞集》上编，《兴革条例》。

当时人的不同说法，其实并不矛盾，由见年里甲出办上供物料和地方公费，的确是永乐宣德以后的普遍现象。研究者们的分歧，在于这两项征派是否属于里甲正役的法定任务。岩见宏先生在他的著名论文《明代地方财政之一考察》中，已经论证了上供物料和地方公费不在法定里长任务之内，这种里甲负担大致是从明中叶开始，作为地方性的惯例被分派下来。梁方仲教授也曾经指出，里甲正役的任务开始是比较简单的，只是"催征本里钱粮，及拘传本里本县的民事罪犯和案件"。但是，"自明代开国后不久，各处大小各衙门及其附属单位如仓、库等，都纷纷伸出手来向里甲方面索取人财物力的支应。里甲的负担早已超出于催征钱粮和勾摄公事的力役范围以外了"①。我以为梁方仲与岩见宏两位教授的意见，是比较切合历史事实的②，关于上供物料，上一章已有讨论。关于地方公费，岩见宏先生文章中已经举出了一些后来由里甲支应的项目，在《诸司职掌》中本来是明确规定应由官钱粮内支用的事实。另外，万历《明会典》卷20《户口二》中也有一条文清楚表明地方官府向见年里甲的摊派不是里甲的"本等差役"：

> 嘉靖六年，令巡抚等官查考各州县，有令现年里甲本等差役之外，轮流值日，分投供给米面柴薪油烛菜蔬等项，及遇亲识往来，使客经过，任意摊派下程，陈设酒席，馈送土宜，添脚力者，拿问罢黜。

熟悉明代里甲负担的人都清楚地知道，嘉靖年间，地方政府的财政开支主要依靠里甲供应，在这一惯例实际上已经几乎制度化的时候，朝廷发出这样一条禁令，只不过是徒具空文。但从另一角度看，这一法令

---

① 梁方仲：《论明代里甲法和均徭法的关系》，见《梁方仲经济史论文集》。

② 关于这一问题，我在1982年曾对唐文基先生文章的观点提出过不同的意见，见拙文《关于明初徭役制度的两点商榷》，载《北京师范学院学报》，1982(4)。虽然当时我还没有读到岩见宏教授的大作，所作的讨论很粗浅，加上发表时由于编辑删削和排版出现的错漏甚多，但我至今仍以为我当时的基本见解不需要改变。

也确实反映出这种在地方上已成惯例的里甲负担，在朝廷看来仍属于一种非法科敛，这一点明代人应该也是非常清楚的。

正如岩见宏先生所说，这种地方公费如何变成里甲负担的具体过程，我们还不是很清楚。从我所知的记载推测，地方公费的负担可能是基于里甲“勾摄公事”的任务衍生出来的。明王朝初期设立的里甲，既是户籍登记组织，又是供纳赋役的单位，不管是里甲内部的各种事务，还是州县政府需要地方基层组织承办的事务，一概责由里甲承担。特别是值年的里长，其应役的方式又称为“在官”，就是要到官府“应卯”听差。而明朝的国家财政安排用于州县政府行政运作支出的部分十分微薄，州县政府的行政运作在原则上本来就是要依赖里甲的协助，里甲正役的人力支应自然就会衍生出物力和财力的负担。到官府应役的是值年里长，但里长不但出力，还要负担应役时所需的各种开销，这些开销又自然要由值年里长所统辖下的甲首出办。上供物料成为里甲负担也由此而起。

地方公费成为里甲的负担，大约经过了一个从开始的随意索取，到逐渐制度化的过程，康熙《琼山县志》卷5《赋役志》云：

> 都里旧例，止输物料，给差使。景泰后，凡百官需，悉令出办，凡岁祭、表笺、乡饮、科贡、料价、夫马等项，民苦之。

这里所说的景泰后，说的似乎是已经成为一种惯例的时候，实际上这些需索在这之前应该已经由里甲出办。随着官府向里甲索取的增加，出办官府各种开销的费用，逐渐成为见年里甲的主要负担，以致在一些地方，甚至形成了一种与明初所定制度不同的里甲轮役办法。嘉靖《增城县志》卷9《政事志·民庸类》曰：

> 役民之制，以黄册为定，每里统十甲百户，每甲十户，里有里长，在城居者为坊，坊有坊长，各辖人户十。凡人户皆为甲首，十年轮当，终而复始，里长当年谓之现役，其本图里公务，一应粮料违犯勾摄督催，俱责之现役里长，其余年只征纳税粮，谓之排年。

甲首当年，则于十户内论丁粮多寡分派日生出应，邑中公用科敛，皆甲首出钱供办，俱以日生为率，不计财力，听其所占之日。强富或得其简，贫苦或处其烦，供办不匀，且常拘农民在官，有妨耕业。

这里所记载的，是比较早期形成的一种由里甲出办官府公费的惯例，其办法是，由见年里甲的甲首轮流到官府值日，供办“邑中公用科敛”。在这种办法下，甲首是需要到衙门去听候差遣的。甲首负担轻重的分担，只是体现在根据各户的丁粮多寡，分派不同的当值日数。甲首在官府值日时，凡官府一应需要，俱责之供办。由于官府的需要在不同时候繁简不同，并无一定之额，甲首实际的负担多寡，往往因为官府衙门在不同的日子需索不一，而轻重悬殊。在初时地方事务也许还比较简单，里甲负担还较轻时，直接由当值的里甲户负责各种行政和公共活动的人力物力供应，大概还不至于造成明显的“供办不匀”的矛盾，故在一定时期是行得通的。但随着负担的加重，这种“强富或得其简，贫苦或处其烦”的办法，就会越来越暴露出不均不平的矛盾。于是，就出现了所谓“均平”的改革。上引嘉靖《增城县志》接着记曰：

上司因议令里长并十户甲首计丁粮赋钱，名曰“均平”，命有役人收储，以待邑中不时之需，既赋民之钱，即免甲首在官供办，放回农亩，惟在坊长甲则蠲其均平，仍杂供办，民以为便。

可见“均平”的改革，是用按丁粮征收货币赋税作为地方上公费开支的办法，取代原来由甲首到官府值日，供应各种衙门不时之需的办法。这一改革在广东地区实施的时间，许多地方文献说是在成化弘治间。万历《顺德县志》卷3《赋役志》云：

国朝之制……图分十甲，一长统甲首十，轮年应役，十年而周。在官者曰见年，休者曰排年……见役里甲又随丁田赋钱于官，以待一年之用，名曰均平。既出此钱，甲首归农，里长在役，止追征勾

> 摄二事耳。其法盖始于成化。弘治中，有司多不能守，里甲复值日供具。

这一段话在明清地方志中辗转引用，其原出处待考。由于“始于成化。弘治中……”一句，也可读作“始于成化、弘治中”，于是，后来在不同文献记载中，有说均平“法始于成化弘治中”①，有说“其法始于成化，殆弘治中复坏”②。这些记载的差别，可能是因不同句读所致，也可能确实表明各地有先后之别。因均平法与均徭法不同，中央政府从未统一要求各地施行，因而各地实行的办法和时间不一致也在情理之中，如琼州府，就有明确记载是在弘治年间才实行。不过，就广东多数地区而言，至迟在成化年间已经普遍实行均平法，似乎是一个不争的事实。陈献章《丁知县行状》曰：

> 侯姓丁，讳积……登成化戊戌进士，明年出知新会县。……侯尤善节财用，前此上下往来，非谊之馈，一岁所费无算，民苦之。侯痛革其弊。盖异时，当甲首者，均平钱悉贮于官，复令出私钱供用，名曰“当月钱”，官吏里胥乘时侵克，每岁虽单丁小户，所费亦至五六千余，贫者鬻子女，故逃亡者众。侯为处当，每丁派均〔平〕钱，月支里胥供用备足外，不妄科一钱。每岁甲首纳均平钱毕，即归田亩，更不令在县当月。③

丁积任新会县知县为成化十五年(1479)，其时，不但已经有了均平钱的名称，而且已经出现了种种弊端，可见均平法是在丁积之前开始推行的，我估计其年代不会迟于成化初年。据何乔远《名山藏·臣林记·庞尚鹏传》载：

---

① 嘉靖三十五年《惠州府志》7下，《赋役志下》；又见天启《封川县志》。

② 康熙《高要县志》卷7，《赋役》。

③ 《陈献章集》卷1，《丁知县行状》。引者对标点稍有改动。

> 浙江赋民，大抵皆本天顺间御史朱英所疏“两役法”，籍县民分为十年，而统于坊里之长。每一坊一里，长率十人。令民按丁若田，五年而率钱与长，为吏办公私费，坊主宴，里主馈，曰甲首钱；又五年而长率民诣县廷，审诸役，曰均徭。

浙江所行的“两役法”，显然即广东所行之均平法和均徭法。这里说“两役法”为天顺间御史朱英疏行，而考朱英在浙江任职，是在正统景泰之间以御史分守处州，景泰四年(1453)至天顺六年(1462)，朱英出为广东布政司右参议，随之先后任福建、陕西左右布政使及甘肃巡抚①，成化十一年(1475)至成化二十年(1484)任两广总督②。浙江所行的“两役法”如果是天顺年间朱英提出的，应是他在广东布政司参议任内的事。据此推测，当天顺年间朱英在广东大力推行均徭法时，至少也已经有均平法的设计。因此，均平法很可能是在天顺至成化年间逐渐在广东大部分州县推行开来的。

关于均平法的内容，除了以上几段材料已有比较清楚的表述外，又嘉靖《香山县志》卷2《民物志》载：

> 均平，十年一次轮当里甲者，论丁田科派，凡解京料价、祭祀、乡饮、雇觅夫马船匠、公宴，俱出于此。原派一丁科钱三百三十文，田一顷钱一千文。

这里有几点需进一步说明的：

一是所谓“论丁田科派”，与明初编排里甲“以丁粮多寡为次”的规定，虽然在原则上都是根据人户的人丁财产确定差役负担轻重，但在赋役性质上，已经有了根本的改变，里甲正役只是按照每个户的人丁和财产状况编派的等级户役，均平钱已经开始具有分别以丁田为征课对象的比例

---

① 参见《明史》卷178，《朱英传》；万历《广东通志》卷10，《藩省志十·秩官》；《明英宗实录》卷221、344。

② 参见吴廷燮：《明督抚年表》，650～651页，北京，中华书局，1982。

赋税的性质。另外，在不同的记载中，有云“论丁田科派”，也有云“计丁粮赋钱于官”①，而丁积在新会实行的办法似乎只是“每丁派均平钱”。这些记载的差别，可能反映了地域上与时间上的差异。大致上，实行均平法之初，以田地负担的部分，似乎多是直接按田地征派的，但后来多改为按粮征派。关于这一差别的意义，我们以后再讨论。

二是科派的比率并没有一定的标准，大致也有时间上和地域上的差异。如嘉靖年间林希元《陈民便以答明诏疏》云：“广东丁田，自编徭役之外，每人一丁出钱五百文，田一亩出钱一十五文，十年一次，随里甲正役出办供应，谓之均平钱。”②就比《香山县志》所载的税率重了三分之一。

三是这里说到“解京料价”也出自均平钱，而所谓“解京料价”，即上一章讨论过的上供物料。那么，上供物料与均平钱是同一税项还是不同的税项呢？要回答这个问题，需要先明确三点，第一，明代赋役制度的演变，是一个不同赋役项目分合变化的过程，我们需要用动态的观点去把握赋役项目的分类；第二，明清时期赋役制度存在着一个会计与征收分离的发展趋势，明中叶以后，各级政府之间编制预算以及核查赋税收支的项目，与州县政府向民间征收的项目，越来越分离开来；第三，我们还需要区别研究中的分析性概念与社会事实之间的差异。因此，我以为，在嘉靖六年(1527)御史邵豳实行“均一料派法”(详后)以前，有些州县政府办纳上供物料所需的费用，从均平钱中开支是不奇怪的，如香山县办纳上供，在明初是由“里长派大户收解”，后来自然变成于均平钱内解纳，之后增加的项目也是“咸出自均平钱”③。在这种情况下，官府在确定均平钱的征收额时，自然要把“解京料价”计算在内。但这并不影响我们在分析时把上供物料归入杂税之中。④ 尤其是在正德嘉靖以后，随

① 嘉靖三十五年《惠州府志》卷7，《赋役志》。

② 林希元：《林次崖先生文集》卷1。

③ 嘉靖《香山县志》卷2，《民物志》。

④ 惠州府的农桑绢也是“于各里派征”，但相信没有人会因此而怀疑农桑绢是一项赋税。

着上供物料独立折价按田粮摊派，这一税项更明确地与里甲脱钩，至于一条鞭法以后的合并，则又是另一问题了。

由此看来，实行均平法后，各级衙门的公费开支，用按见年里甲的丁额和税粮额摊派的办法，取代过去由见年里甲值日(或值月)供办的做法，以求得里甲人户负担的平均化。这样一来，原来对里甲人户的无定额的法外科敛，开始过渡成一种规范化的定额赋役。明朝政府的赋役体系中，从此增加了一个重要的税项，这就是后来列为“四差”之一的“均平”。不过，均平法开始实行时，仍然建立在里甲轮流应役制度的基础之上。均平钱的征收对象，只限于见年里甲的丁粮。征收的定额和比例似乎还没有一定之规。后来经过一系列的改革和整顿，均平钱(后来成了均平银)才逐步成为一项真正的定额化的比例赋役(详后)。

有一点需要特别澄清的是，由于“均平钱”是直接从原来由见年里甲供办地方公务需费这一负担产生出来的，因此很容易被简单地看成里甲正役的货币化。实际上，如果说由见年里甲出办的地方官府的各种公费开支，本来并非包含在里甲正役的任务之内，那么，均平也就不能简单地解释为里甲正役本身的货币化。事实上，均平钱的征收，并没有取代里甲正役，而是“甲首归而事耕稼，里长役而应勾摄”①。里甲正役原来的内容，即“催征钱粮，勾摄公事”两大基本任务，从没有以缴纳货币赋税的方式取代。因而，尽管均平钱也是只向见年里甲征收，但明代广东的地方文献一般都明确将里甲正役与均平区分开来。戴璟在《广东通志初稿》卷25《差役》一章中概述明代差役的内容时说：

> 轮年在官者曰见年，空歇者曰排年，十年一周，改造版图，以丁粮消长代换无常，此正役也。外有均平，十年一次轮当里甲者论丁田科派。

戴璟在这里用了一个“外”字，十分重要，充分证明了无论是“均平”

---

① 天启《封川县志》卷9，《赋役》。

还是其前身——由见年里甲供办的地方公费，本非“正役”本来的法定内容。尤其需要申明的是，严格地说，均平与里甲正役在税种上是有区别的。在均平法实行之前，由见年里甲出办的地方公费属于法外科敛，而里甲正役是国家法定的“正役”，实行均平法后，更是前者属于赋税，后者属于差役。换言之，与其说均平是里甲正役的货币化，还不如说是由附加在里甲正役之上的法外科敛产生出来的新税种。

然而，均平法改革的意义，既不在于负担是否更平均了，也不在于增加了一项新的税项是否合理，而在于：

第一，里甲人户纳均平钱后，“甲首终年不到衙”，这对于后来官府与里甲户关系发生微妙而重要的变化，是一个十分关键的因素。

第二，轮充里甲正役的人户，过去不但要到官府当值，而且应役者既耗费一定的时间和劳动力，又要出办种种实物或钱财；实行均平法后，这种负担转变成较为单一的交纳可以计量的货币额。另外，原来的里甲户按丁粮分派到官府当值的日子，供官府差遣和索取，在性质上属于以户为对象、按丁粮额区分等级的差役征派，而均平法的实行，按丁田征收一定比例的货币，迈出了转变成为以户为单位，以丁粮为课税对象的丁税和田赋附加税的重要一步，开创了户等税分解演变成为比例丁税和比例地税的先例，这是后来一条鞭法的核心内容之一。

第三，地方公费的赋税化，开始了把地方行政开支纳入国家财政赋税体系统一预算的过程，改变了州县行政的运作方式。

简单地说，均平法从根本上改变了地方政府公费开支的来源，从而改变了州县政府与里甲编户齐民之间的关系，对后来新的财政赋税体制的形成有着相当深远的影响。

第二节 赋役折银及其意义

明代中叶赋役制度改革的一个非常重要的发展，是白银货币进入赋役领域，逐步成为各种赋役征派统一采用的预算和支付手段。这一发展在当时赋役制度演变中，具有十分深远的意义。以往的研究，一般着重于从商品经济发展的角度解释赋役折银在实物赋税和劳役的货币化方面的意义。其实，赋役征派用银的发展，并不只是征纳手段的改变，更重要的是由于银子的使用，各种赋役有了统一的可以定量的计算标准，这不但改变了赋役的性质，而且使政府财政的运作方式和性质也随之改变，从而对政府与纳税人，国家与地方社会关系的变化产生了深远的影响。大家都知道，赋役用银是一条鞭法的主要内容之一，但实际上，尤其是在广东地区，在一条鞭法之前，已经普遍用银子作为计算和征收赋役的手段了，本节考察的是在一条鞭法之前广东地区赋役折银的发展。

一、白银货币进入赋役领域的背景

以往的研究者讨论明清时期赋役折银的背景时，都十分强调明中叶以后商品经济的繁荣，是促进赋役货币化的主要原因。明中叶以后，广东地区赋役用银的发展，需要以商品经济有相当程度的发达为条件，这是毫无疑义的。广东很早就是“生齿所聚，商族所趋”①之地。明代中叶以后，随着珠江三角洲开发的加速，在日渐繁盛的广州对外贸易的带动下，广东地区的商品经济发展到了一个新的水平。② 用明人何维柏的话说：“宣成弘德以来，民物殷富，储蓄充盈，雄视他省。艖艚贩舶，篙工健卒，络绎无昼夜。”③该地区商业的发展，与赋役用银范围的扩大，在时间上大致同步。就一般逻辑上讲，“在商品生产达到一定水平和规模时，货币作为支付手段的职能就会越出商品流通领域。货币变成契约上的一般商品。地租、赋税等等由实物交纳转化为货币支付”④。因此，赋

---

① 邱濬：《琼台会稿》卷 7，《送南海知县序》。

② 关于明中叶以后广东地区商品经济的发展，许多研究已经作过比较系统的描述，请参见叶显恩、谭棣华：《明清珠江三角洲农业商品化与虚市的发展》，载《广东社会科学》，1984(2)；拙文《试论清代广东地区商品经济的发展》，载《中国经济史研究》，1988(2)。

③ 何维柏：《天山草堂存稿》卷 4，《赠采山方公晋太仆卿序》。

④ 马克思：《资本论》，第 1 卷，161 页，北京，人民出版社，1975。

役普遍用银缴纳，是在商品货币经济已经有了一定程度的发展的条件下发生的，这一点，我是同意的。然而，在嘉靖年间，广东几乎所有的赋税和差役都用银计算，无论通衢大邑还是穷乡僻壤，都向里甲编户征收白银货币，我以为就不一定是在商品生产已经达到了相应水平和规模后的自然转变过程。政府在财政领域普遍用银，固然需要以一定程度的商品经济发展水平为前提，但这一变化如此之快，范围如此之广，不应笼统地简单归因于商品经济发展所致，而应指出其更为直接的原因。

首先，广东地区赋役用银，与其他地区相比，不但发展得比较早，而且比较顺利和比较彻底，这与在广东市场货币流通中白银地位的迅速上升有直接关系。在历史上，广东是较早以白银为通货的地区，在南北朝时期，已经有“交广之域则全以金银为货”①的记载。唐宋以后，逐渐通行用钱，但白银仍然是主要的通货，屈大均就曾提到：“韩愈奏状亦言，五岭买卖一以银。元稹奏状言，自岭以南，以金银为货币。”②入明以后，明王朝初期曾经禁民间交易以金银为货，故在明代中期以前，钱币曾一度成为广东地区的主要通货。成化年间均平法改革时，地方公费就是用钱计算和征收，称为“均平钱”。但在明代中期，在广东市场上，铜钱的流通先后出现了几次危机。据康熙《广州府志》卷9《物产志》载：

> 交广自隋以前，全以金银为货，唐后始用钱。明朝天顺以前，钱法通行。成化元年、二年，忽择钱过当，虽肉好丰厚者不用，以二折一，名挂索。逾一年乃复旧。嘉靖初元，钱法又忽不通，以二折一，犹成化元、二〔年〕时也。乃变而用银，虽穷乡下里皆然。凡五年，有司严绳之，犹不能尽通云。③

又嘉靖《增城县志》卷19《大事通志》载：

---

① 杜佑：《通典》卷9，《食货九》。
② 屈大均：《广东新语》卷15，《货语》。
③ 又参见万历《新会县志》卷2，《食货略》。

正德十六年，泉法大壅。初有伪钱淆之，故民每挑拣，谓之水磨。及甚，虽非水磨，又以肉好极精者乃用，余悉摈之不取。商贾为之罢市。有司屡行禁约，其弊不可破。民至费钱以银代之。凡七八年稍通。旧例每银一两值钱七百，自钱法既阻，每银一两值钱一缗以上，迄今尤然。

成化初年和正德嘉靖之间两次铜钱贬值的原因，尚待进一步研究。虽然每次都在几年后恢复流通，但每经历一次，铜钱的信誉必大受打击，而白银货币在铜钱流通阻滞的时候取而代之，对铜钱流通无疑是有力的冲击。嘉靖中，虽然“钱法颇通”，但铜钱贬值已成定局，白银作为主要的流通手段和支付手段的地位更是确立起来，当时人甚至有“闽广绝不用钱”①的说法。这一说法显然过于绝对，事实并非如此。嘉靖《新宁县志·食货志》载：“近来邑治钱法颇通，所用多旧钱，每银一两易钱一千。”可见嘉靖时钱币仍流通。不过，万历六年(1578)、万历二十九年(1601)、万历四十七年(1619)和泰昌元年(1620)，广州曾开局铸钱，均“旋开旋辍”，“此后不复言铸矣”②，反映出铸钱在广东市场上的流通量已经相当有限。清初，“独广东一省，用银而不用钱”③，已是人所共知的事实。

关于铜钱在广东难以通行的原因，崇祯《南海县志》曰：

粤铸资铜滇黔及蜀，取材甚遥，材以遥而值益高……粤铸之旋开旋辍者，以材贵而值贱也。今所用者，每贯仅当四五钱，皆南直之芜湖、楚之常荆搭配而来者也。原非贾人乐贩，每贾舟就关榷，非带钱不得行，以故货钱日集。夫以贱材而供轻用，粤何乐乎

① 谢肇淛：《五杂俎》卷12。

② 康熙《南海县志》卷7，《食货志》；原注：“此录旧志”，当出自崇祯《南海县志》。

③ 《清经世文编》卷53，夏骃《粤东鼓铸议》。

有铸。①

这里讲出了广东少铸钱的一个直接的原因是本地不产铜，取材遥远，以致成本高于市值。但是，问题其实不只在于“材贵”，更根本的在于“值贱”。铜钱取材难，铸钱少，而来自外地的铜钱，由于“非贾人所乐贩”，不是通过流通的渠道，而只是因为商人要用铜钱交纳商税才有少量流入。② 本来，按照“物稀为贵”的规律，铜钱本应更为价昂，但事实上，尽管铜钱的供应量有限，在市场上的流通量却是相对过剩的，所以广东市场上铜钱流通陷入一种“以贱材而供轻用”的境况，这显然是白银势力在流通领域排挤铜钱的结果。

屈大均曾指出，“用银始于闽粤，以其地坑冶多而海舶利耳”③，但这里指的主要是宋元以前的情况。④ 在明代，福建的银矿开采也甚为发达，而广东地区则似渐式微。本来，“惠之归善、海丰，广之从化、香山，皆有银矿”⑤，但明代大多被废弃或封禁。⑥ 嘉靖年间，南海缙绅霍与瑕上书两广总督吴桂芳，“请开各处银矿之利”，曰：

> 银矿出广东、西甚多，近年厉私开之禁，犯者罪至死，亦以盗贼所趋为地方害故也。窃以为宜弛此禁，凡有矿所在，听民纳饷开煎，以裨国课。或择利大而害博者，就拨军马一支，驻扎其地……

---

① 转引自康熙《南海县志》卷7，《食货志》。

② 据《明世宗实录》卷105嘉靖八年九月丙申，户部批准各钞关税课“俱许折银”，故上一记载所说的应是在此之前的情况。

③ 屈大均：《广东新语》卷15，《货语》。

④ 关于宋代广东银矿业的情况，可参见徐俊鸣：《岭南历史地理论集》，197、225页，广州，《中山大学学报》编辑部，1990。

⑤ 嘉靖《广东通志》卷68，《外志五》。

⑥ 《明典汇》卷196《工部》宣德三年，“四月，上闻广东都司言：番禺县民有私取矿砂，每百斤炼银四钱，铅二十斤。因谓尚书夏原吉曰：朕料铅砂之烹，所得无几。若果有银利，置烹炼岂待今日，彼小民或窃取以求毫末之利，无足怪，朕已宥之不问。其令有司悉填坑洞，国家之利不藉此，民亦免逐末之弊。四年，南海县民叶发言番禺经口地有银矿，民多窃取烹炼，宜开冶置官。上不听”。

官自开煎。①

这段话一方面说明当时广东社会对银子有很大的需求，另一方面也反映了当时广东银矿开采几乎是停闭的。在香山县鸡拍村，有一处宋代已经开采，后封禁的银矿，“正德中，顺德豪民勾引势家，纠集逃叛及白水贼徒，伪捏朝旨执照，乃开矿煎采……每岁得银渐至千余两”。但到嘉靖二十三年(1544)，便“苗脉已尽”②。这大概已属明代广东一处较有规模的银矿了。万历《广东通志》卷18《郡县志五·广州府·土产》明确记载，广州府几处银矿“昔年俱以〔为〕害地方封禁”③。

由此可知，明代广东地区流通的白银，基本上来自外地，而其中最重要的来源，就是对外贸易中从海外流入。明代正德嘉靖年间之前，在以广州为中心的朝贡贸易的体制下，白银已经是一种主要的进口商品，其中当有不少经广州入口。自从正德年间欧洲人先后占领美洲、菲律宾群岛和中国的澳门等地以后，中国的对外贸易的格局和性质发生了根本的变化。在这一贸易中，大量白银经菲律宾流入中国，其中大部分经福建、广东输入。清初屈大均在《广东新语》中对此有十分清楚的描述：

> 闽粤银多从番舶而来。番有吕宋者，在闽海南，产银，其行银如中国行钱。西洋诸番，银多转输其中，以通商故，闽粤人多贾吕宋银到广州。……承平时，商贾所得之银，皆以易货。度梅岭者，不以银捆载而北也。故东粤之银，出梅岭十而三四。

屈大均所谓“承平时”，指的是明清鼎革之前，其时广东与海内外市场的贸易格局，是江浙一带商人“窃买丝棉、水银、生铜、药材，一切通

---

① 霍与瑕：《霍勉斋集》卷12，《上吴自湖翁大司马》。

② 嘉靖《香山县志》卷8，《杂志》。又同书卷2《民物志》载：“银，出谷字都鸡拍村，今已绝矣。”

③ 屈大均《广东新语》卷15中提到广东各处银矿大多属于不可取，其说虽近乎于荒诞，却反映出广东银矿开采式微的事实。

番之货，抵广变卖，复易广货归浙”①。这样，大量的白银就在这种流通体系下进入了广东本地市场，带动了广东本地的商品经济的发展，并深深地渗入了广东城乡民间日常生活之中。广东各地赋役征收得以普遍折银，这无疑是一个基本的条件。

但是，明代中叶赋役征收普遍折征银子，并不单纯是由于白银流通规模的扩大，带动了商品生产有同样规模的发展，然后在此基础上引致财政制度上发生的自然转变。换句话说。明中叶赋役普遍折银，并不是建立在商品生产已经有了相应规模的发展的真实基础之上。直接促成各种赋役项目折收银子的一个重要因素，是统治者对银子的欲望。

白银流通的扩大，不仅带动了商品经济的发展，也刺激了统治者的贪欲。海外贸易带来的巨大财富，使广东成为“仕宦乐官其地，商贾愿出其途”②的地方，以致“天下赃官争趋广东，谓易取贿也”③，他们“视岭海为珍宝之方而大纵欲壑”④，而赋役征派自然是各级官员搜刮财富的一个基本途径。天顺年间两广巡抚叶盛已经指出广东“陆通番国，百货交聚，频年以来，贪官污吏装载回家，是以尚拥富庶之虚名，累受征求之实祸”⑤。明中叶以后，随着对外贸易中输入广东的白银数量增加，银子自然成了既最便于搜刮又最有吸引力的东西。尤其是在力役征派方面，虽然差役亲当制度可以随意责令役户供办各种用具和物料，但总比不上直接征收银子来得方便和有吸引力。随着社会上银子数量的增加和使用范围的扩大，各级官员也更乐于征收银子以肥私。前面曾讨论到，早期的均徭法除了正常编佥的差役外，又向余剩人户征收银两，意味着白银货币进入了均徭征派领域，虽最初可能是为达到平均徭役负担的一种设计，但在实际施行中，对于大多数地方官员来说，主要的动力恐怕更多

① 郑若曾：《筹海图编》卷12，《经略二》。

② 叶权：《游岭南记》，见《明史资料丛刊》，第1辑。

③ 霍韬：《渭厓文集》卷7，《与陆李两方伯书》。

④ 嘉靖《广东通志》卷22，《民物志三》。

⑤ 叶盛：《叶文庄公奏议·两广奏草》卷1，《题为地方事》。

是为官员们增加了一条财路，多了一种肥私的机会。如增城县，“每编徭役，先将畸零人户作漏编，余银追入私囊”①。均徭中银差的出现，从一开始就是为增加官吏个人的货币收入而将部分差役改征银子的，宣德年间令随从皂隶纳柴薪银的原因，就是作为官员们的补贴而采取的措施，陆容《菽园杂记》载：

> 国初诸司皂隶，主驺从而已，宣德间始有纳银免役者。闻宣庙因杨东里言京官禄薄，遂不为之禁，名曰柴薪银。天顺以来，始以官品隆卑，定立名数，每岁银解部以巨万计。

官吏俸禄太薄，是明代财政的一大特点。是以利用种种机会搜刮肥私，反成了官员们的主要收入来源。朝廷也往往采取放任态度，以减轻国家财政的压力。这在很大程度上是明中叶以后差役折纳银两，各种差役项目纠缠不清，纳银之后复另差编户应役等种种流弊的症结所在。随从皂隶折纳银子贴补官员后，官员所需的皂役后来就从民壮中差使。因此，宣德和天顺年间的这一措施，等于开了一个先例，许多地方官也效此将一些差役编征银子肥私，在广东，就“有州县官将仪从夫、铺兵编殷实上户而征银白肥”②。在均平的征派中，官员们乐于用征收银两取代甲首供办，除了少数之外，恐怕更多是因为征收银两更易于装进私囊，反正日常公务的需用，仍然可以责令里甲出办。均平征收一再整顿，又一再重新责令里甲供办如故，结果只是造成征收定额一加再加，典型地反映出赋役折银与官吏诛求的关系。

用官员的贪欲解释财政制度的变化，当然不免流于肤浅，但我的真正用意，不是企图从道德和社会风气变化的层面解释赋役折银的问题，而是希望从这一表面的现象，说明银子的使用范围，其实并不是一个单纯的市场流通领域的问题，而是与国家财政制度和贡赋经济的运作密切

---

① 嘉靖《增城县志》卷3，《人物志》。

② 霍韬：《渭厓文集》卷6，《与陶南川都宪》。

联系的，不可只从市场经济的角度理解赋役折银的意义，更要从赋役折银的社会背景，看到贡赋关系与市场关系之间的互动。

明中叶后各项赋役之所以普遍用银计算，也是当时赋役征派定额化趋势的客观要求。因为只有各项赋役，尤其是差役的征派，都有了统一的计量标准，才有可能将各种名目的征派制为定额，而银子无疑是一种普遍适用于所有项目的标准化计算手段。

一切赋役用银交纳，官府对里甲的依赖方式就可能发生根本的改变，既然政府收了银子可以办一切事业，就不需要依赖里甲供应。里甲户与政府的关系就转变为纳税人与政府的关系了。与此相关的是多了一种受雇于衙门的吏役，在官府与编户之间扮演重要的角色。以往有些研究将雇役与雇佣劳动关系的发展相提并论，其实官府差役用雇役的方法取代征调编户的方法，与生产过程中雇佣劳动的发展并没有联系。郭子章《潮中杂记》卷 6 中有一篇题为《诸役教》的文字，对衙门中吏役进行劝教曰：

> 告尔吏胥门皂一切人等：诸吏奉法，三考得官，以荣尔父母妻子；诸役奉法，岁给工食，以食尔父母妻子，朝廷何负尔辈哉。一不奉法，重者军，妻为军妻，子为军余，邻佑为解户；轻者徒，身系缧绁，父子不相保。嗟哉！

很显然，雇募的差役与官府之间的关系，与资本主义的雇佣关系并没有多少共同之处。梁方仲先生早就指出过，差役雇募的“工食银两”，与资本主义的工资制度有颇大区别。① 中国历代王朝屡有以雇役取代差役的改革，均自有其固有的条件和原因，我们对传统的雇役关系的研究，没有必要同近代雇佣关系扯到一起来讨论。

---

① 参见梁方仲：《明代一条鞭法年表·后记》，见《梁方仲经济史论文集》，571 页。

二、田赋的折银

明初所定的赋役制度，是建立在实物财政的原则之上的。这种实物财政，从政府的角度，是根据需用的物品来确定征收调发的赋役品类；从纳税人的角度，则以出产物为输纳物，即所谓“各随所产”。但是，各地的出产与政府的需求不可能总是一致，于是在这种实物赋役制度中，就有了“本色”和“折色”的设计。所谓“本色”，是指根据征税的出产物而定的标准征纳物，如出于水田的是米，出于旱地的是麦，规定种桑或棉花的地纳丝棉，规定种苎麻的地纳苎麻，等等。而所谓“折色”，则是征收时取代标准征纳物的折纳物。折色的征收，或根据政府对某些物资的需要来确定①，或“任土所产”，以地方上出产较丰的物品，顶替由灾害等因造成“本色”失收而产生的逋欠②，或在实物储备已经充足的情况下，改征当时具有一般等价物职能的物品（如钱钞、丝布之类）作为财政储备③。因此，在明初，部分折征货币本来就是实物财政体制的题中应有之义。据《明太祖实录》卷 105 载，洪武九年（1376）四月朱元璋命户部：“天下郡县税粮，除诏免外，余处令民以银、钞、钱、绢代输今年税粮。”户部因而制定了折纳税粮的比价。这一年广东正好在诏免税粮的省份之中，所以该年税粮折纳货币的规定并没有适用于广东。不过，在明代前期，广东的税粮征收除了临时性改折外，有一部分的税粮改折也在较早时制度化了。《明宣宗实录》卷 55 宣德四年（1429）六月癸未条载：

> 行在户部尚书郭敦奏：“……广东二布政司……递年税粮除存留备用外，余皆折布钞运赴南京，今南京布钞充积，宜令……广东……附近州县，量征本色米于南京上仓。”上曰：“旧时折收布钞，

---

① 如《明太祖实录》卷 85 洪武六年（1373）九月庚子诏：“直隶府州及浙江江西两省，今年秋粮令以棉布代输，以给边戍。”

② 参见《明太祖实录》卷 255，洪武三十年十月癸未。

③ 参见《明太祖实录》卷 182，洪武二十年五月甲子。

今令纳米，恐非民便，姑仍其旧。”

显然，至迟在宣德年间，广东解南京的税粮已经折征布钞，并已成为一种惯例。到正统元年(1436)，明朝赋役制度的货币化迈出了重要的一步，这就是发生了“金花银”的改革。《明史》卷78《食货志二》记其事云：

正统元年，副都御史周铨言：“行在各卫官俸支米南京，道远费多，辄以米易货，贵买贱售，十不及一。朝廷虚縻廪禄，各官不得实惠。请于南畿、浙江、江西、湖广不通舟楫地，折收布绢白金，解京充俸。”江西巡抚赵新亦以为言。户部尚书黄福复条以请。帝以问行在户部尚书胡濙，濙对以太祖尝折纳税粮于陕西、浙江，民以为便。遂效其制，米麦一石折银二钱五分。南畿、浙江、江西、湖广、福建、广东、广西米麦共四百余万石，折银百万余两，入内承运库，谓之“金花银”。其后概行于天下。①

这次规定解京税粮改征银子，是出于官员的俸禄由支米改为支银的需要。各地征收白银后，“煎销成锭，委官赍送赴京，依原收价值放支(官员俸禄)”②。这一举措与过去只是作为实物财政运作过程的一种调节和补充机制的临时性改折不同，意味着在明朝政府的实物财政体制中开一个缺口，正式将货币引入财政体制之中，对于后来赋役普遍折银的发展有着重要的影响。此后，税粮征收折色的范围不断扩大，如正统九年(1444)，又批准广东各府州县起运卫所的军粮折征银两，《明英宗实录》卷124正统九年十二月丁未条载：

广东左参政王来言：广州等府州县民，每岁输粮于碣石、肇庆、

---

① 更详细的记载见《明英宗实录》卷21，正统元年八月庚辰；卷23，正统元年十月辛巳；卷27，正统二年二月甲戌。

② 《明英宗实录》卷23，正统元年十月辛巳。

惠州、雷州等卫所，道路险远。况彼仓粮俱足十年之用，地既炎蒸，米多浥烂，徒劳民供。请将下年实征并上年逋负之数，每米四石折银一两，解送甘肃、宁夏、辽东等处备用。其存留之数，斟酌岁用多寡，米、银、布匹兼收，以为官军俸粮支用。

这一意见获得了批准。以上记载反映出，最初引起税粮改征银子主要有三方面的理由：一是粮食运输的困难，二是仓库储存的数量过多，三是这时白银货币似乎已经更受官吏军队的欢迎。前两点可以解释为何折银先被运用于“起运”，而后一点则是导致后来“存留”也逐渐改折的重要动力。此后，税粮折征银两的范围扩大到了解京以外的起运税粮，而“存留”部分也开始兼收银两。万历《高州府志》卷3《食货》云：

国朝定制，宇内郡县输粟京师。后以粤隔山海，奏准凡官米俱折银解京，民米半输本色，贮仓为官吏师生俸廪及军士月粮，半征折色，于折色中分其半解京，加杠索银五厘，即“金花银”也。

这里所讲的显然是明代中叶的情形。按照这一记载，解京的税粮出自向官田征收的官米和部分征自民田的民米，皆全部折银；其余的民米也部分折银（这段文字用了几个“半”字，我以为只是一种笼统的说法，不必是准确的比例，而且各地的比例也不同，所以可以释作“部分”），这里没有说明这部分折银的民米的用途，估计主要是起运外地仓口的税粮。但随后存留的部分也逐步改折征收白银。关于存留税粮改征折色的发展，还有许多细节需要进一步研究，但种种迹象显示，税粮折征白银在成化弘治之间得到了较快的发展。① 据万历《雷州府志》卷9《食货志》记载：

府秋粮递年存留府县各仓，征纳本色不敷，每石折色价银三钱七分，赔贼虚粮，其价亦同。间有抽拨折色解京银两。弘治十四年，

---

① 《明宪宗实录》卷93成化七年七月己卯，湖广按察司尚褫提到：“顷来凡遇征输，动辄折收银两。”这当是一种全国性的现象。

里老呈诉，残耗后难视广、潮二郡。参议管琪核实，准免解京。又尝起运廉州府仓，水陆艰阻。正德十年，知府王秉良议谓非便，申请都御史陈金，准免起运，其存留兼收折色，每石减纳粮银三钱五分；赔粮查照无征课米事例，每石减纳银二钱六分五厘。民困自此稍苏。

这里提到的免解送起运税粮事，固然只限于雷州一府，但这一记载反映出来的当时存留税粮兼收折色，似乎在弘治十四年(1501)以前已成为一种通行的惯例。到嘉靖年间，田赋折银的范围进一步扩大。龙川县的记载提供了嘉靖年间田赋折银范围逐步扩大的实例。表 3-1 是根据乾隆《龙川县志》卷 3《赋役志》的记载整理而成，由表可以看出嘉靖年间田赋折银的情况(表中俱为嘉靖年份，其中 R 表示本色，C 表示折色)：

表 3-1 龙川县田赋折银情况

项目	元年(1522)	十一年(1532)	二十一年(1542)	三十一年(1552)	四十一年(1562)
起解京库官米	C	C	C	C	C
起解京库民米	C	C	C	C	C
起解军饷米			C	C	C
本县际留仓米	R	R		R	C
本县儒学仓米	R	R	C	C	C
海丰常盈仓米	C	1/3R 2/3C			C
本县扣留粮米			C	C	C
海丰捷胜仓米			C	C	C
解府打手工食米					C

表中嘉靖二十一年(1542)的数字缺了“本县际留仓米”一项，估计是编印时的遗漏；其他缺载的项目，或者是遗漏，或者是当年没有该项。该表反映出龙川县的田赋在嘉靖元年(1522)基本上是“起运”征“折色”，“存留”征“本色”。嘉靖二十一年后，部分“存留”也征“折色”，到嘉靖四

十一年(1562)，全部的田赋已经折征银子了。

其实，在嘉靖十三年(1534)，巡按御史戴璟全面整顿改革广东的赋役制度时(关于戴璟的改革，我们在下一节专门讨论)，已经议定了一个《粮价则例》，表3-2列出这个则例中有关广州府所征各项田赋的折银率以见其例①：

表3-2　嘉靖十三年广州府粮价则例

<table>
<tr><th colspan="2">项目</th><th>米数(石)</th><th>折银率(两/石)</th></tr>
<tr><td colspan="2">虚粮</td><td>8293.76</td><td>0.255</td></tr>
<tr><td colspan="2">官米</td><td>50438.49</td><td>0.255</td></tr>
<tr><td colspan="2">准折轻赍起解布政司备用军饷</td><td>711.66</td><td>0.3</td></tr>
<tr><td rowspan="6">民米</td><td>起解京库</td><td></td><td>0.255</td></tr>
<tr><td>解司军饷</td><td></td><td>0.505</td></tr>
<tr><td>转解军门雇募打手</td><td></td><td>0.5</td></tr>
<tr><td>起运梧州府广备仓</td><td></td><td>0.67</td></tr>
<tr><td>存留派拨各仓</td><td></td><td>0.6</td></tr>
<tr><td>总计</td><td>252841.14</td><td>0.58</td></tr>
</table>

在这里，各项税粮都规定了折纳银子的比率，虽然不能说明所有项目全都折纳银子，有些如存留部分，可能只是供需要折银时作为标准，但这个《粮价则例》的出现，表明当时田赋折银已经相当广泛并有了合法的依据。田赋折银的比率是按其所解纳的地点和用途来区分的。这种区分造成田赋的实际负担不仅取决于科则的高低，还取决于税粮解送的仓口和用途。这是在一条鞭法之前广东地区的田赋虽然已经普遍折银，但与一条鞭法的赋役制度仍有重大差别的标志之一(参见下章关于一条鞭法的讨论)。不同的折银率大致与解运的路途、办纳的易难有关，唯起解京库的官民米是必须按最初所定的比率(即每石征银2.5钱)，不得改变，所以比后来折银的其他项目低得多。折银率一旦确定下来，并不随时根

① 参见嘉靖《广东通志初稿》卷23，《田赋》。

据粮价波动来调整，表明这时的田赋折银，已经不是临时性的折变，而是向着货币赋税的转变迈出了重要的一步。从此，以前所定的田赋科则只有会计的意义，而不再直接反映实际的赋税负担。

附带讨论一下田赋以外的其他杂赋折银化的情况。

上供物料，本来是根据宫廷和中央政府各部门的需求，按照“任土作贡”的原则，向地方摊派的各种物资，由出产地办纳，并直接解送需用的衙门，最能体现实物财政的特点。但随着朝廷向地方派办上供物料的名目和数量的增加，一些物料也派及非出产地。《明仁宗实录》卷2载：

> (永乐)二十二年九月壬午，上谕工部臣曰：“古者土赋，随地所产，不强其所无。比年如丹漆、石青之类，所司更不究物产之地，一概下郡县征之。郡县逼迫小民，鸠敛金币，诣京师博易输纳。而商贩之徒，乘时射利，物价腾踊数十倍。加以不肖官吏，夤缘为奸。计民所费，朝廷得其千百之十一，其余悉肥下人。今宜切戒此弊，凡合用之物，必于出产地计值市之。若仍蹈故习，一概科派以毒民者，必诛不宥。”

这里规定“凡合用之物，必于出产地计值市之”，应该是明初办纳上供物料的法定办法。但实际上，对于大部分州县来说，在此上谕发出之前和之后，都没有遵行，也不会真正遵行。这段上谕值得注意之处，是这种本来最具有实物财政性质的征派，其实在明代初年已经引入了商业的机制。当朝廷将上供物料派办于非产地的州县时，地方政府更是用征派货币的方式到市场购买输纳。所以，上供物料赋税化的过程，也是其货币化的过程，嘉靖《海丰县志》卷上《舆地志・土贡》讲到上供物料的征派时云：

> 大抵礼、工等部岁承内旨征采，以所产地不可偏重，而斟酌四方办纳。初无定品，亦无定数，然皆解银就于产处平买。特以此名征之焉耳。

正是由于这个原因，上供物料的征派比较早已经开始折银征收了。嘉靖《新宁县志·食货志》明确记载该县“正德十年以后，每年诸料折价”。到嘉靖初年，“物料俱折价解布政司办本色料解部”①，已经是广东地区物料征派的惯例。

至于其他杂项赋税，也基本上在明代中期陆续改为征银，其大略如下：

农桑丝比较早已经折银解纳，景泰三年(1452)六月庚午，户科给事中白莹言：“广东韶州等府六县农桑丝绢，土无出产，料价费繁，请如始兴县例，每匹折纳银五钱，同折粮银解京交纳。”②

盐钞，货币本来就是盐钞的支付手段之一，只是初期所收货币为钞，成化年间钱钞兼征，嘉靖六年(1527)定钱钞折银率，钞一贯折银一厘一毫四丝三忽，钱七文折银一分，表明盐钞这时已经普遍用银支付。嘉靖二十七年(1548)，更明确规定盐钞直接用银计征，“每口征银二分四厘”③。

鱼课米，据万历《高州府志》卷3《食货》载：“鱼课之征，所从来远矣，郡立那黎河泊所，额纳本折米各半，编户称困，后奏准并纳银入官。”鱼课米的折银率为每石折银0.315两。④

鱼油翎鳔料、军器料等，也都在嘉靖年间折纳银子。

三、银差与力差

明代赋役征派用银范围的扩大，典型地表现在均徭中银差力差的发展上。故我们在这里着重通过均徭中的银差力差划分的出现及其演变，讨论差役折银化的发展。与均徭折银同时，均平、民壮、驿传也逐步以白银计算并随丁粮征派，关于这几项差役的折银，我们在上一节和本章

---

① 嘉靖三十五年《惠州府志》卷7下，《赋役志下》。

② 《明英宗实录》卷217，景泰三年六月庚午。

③ 万历《惠州府志》卷10，《赋役上》。

④ 参见嘉靖三十五年《惠州府志》卷7上，《赋役志上》。

第四节中另作讨论。

上一节曾经提到，在均徭法施行的初期，在均徭中编派的差役基本上以力役征发为主。不过，在均徭法实行之初，白银货币已经作为征纳手段进入差役征派领域。嘉靖《增城县志》卷9《政事志》载：

> 均徭之制，十年轮编，各照上中下户丁粮佥役，有银差，则令出银以纳官……有力差，则令出役以应官……有余银，则以编佥诸役之外，有宽剩者，纳之公帑，以供别用。大率计诸役之银多寡为额，乃以人户之丁粮凑合编佥。因以其役为均，遂号曰均徭。

根据山根幸夫和岩见宏等学者的研究①，在均徭法开始实行的时候，还没有银差力差的区分，出现银差力差的区分，大致是在弘治正德以后的事。因此，这里所说的均徭分为银差力差的制度，当是指正德以后的情况。但是，这里提到的均徭中“余银”的征派，似乎是早期均徭法已经有的项目。在均徭法下，由于每一项差役都在均徭册中佥派特定的人户应充，而每年应役的里甲人户与官府所需的差役名额不可能相等，往往会有一些人户“剩余”出来，官府向这些没有佥充特定差役的人户征收一定的货币，这是为了使负担更为平均的一种办法。所征银两，本用以备不时之需，或应付其他杂项开支，但常常被官吏侵吞入私囊。成化二年(1466)礼科给事中邱弘论及均徭法实行前后差役征派的不同，特别提到，均徭法未行时，“一年之中，或只用三四户而足，其余犹得空闲”；而均徭法既行，就变成“空闲人户，亦令出银”②。邱濬《大学衍义补》卷31《傅算之籍》也云：

> 均徭之法，十年而一役……但民多役少之处，往往多有余剩户，

① 参见[日]山根幸夫：《明代徭役制度の展开》，109～117页；[日]岩见宏：《均徭法、九等法和均徭事例》，见《明清史国际学术讨论会论文集》，天津，天津人民出版社，1982。

② 《明宪宗实录》卷33，成化二年八月辛丑。

编次者每用中下户而留上户，俾出钱以为公用。

利用编派均徭向“余剩户”科索，是早期均徭法为达到平均差役负担而采用的，在当时的广东地区是一种常见的做法。嘉靖《增城县志》卷9《政事志·民庸类》的后面有一段按语，是针对前引一段文字中提到的“有宽剩者，纳之公帑”的说法而发的议论：

徭役只有银力二差，编差时先看该年分二差若干，乃以当年丁粮磨算，仅足差数。力差责之出役，银差责之纳库支解。不敢少亦不敢多。曰余银纳之公帑以供别用云者，或旧志误之也，当事者审之。

从字体可以很清楚地确认这段话是后人所加的按语，何人何时补入，尚不清楚。这种“余银”的征派，可能只是在以力役方式为主的佥役制度下的做法，嘉靖以后均徭各项逐渐演变成一例按丁粮派银，要达到平均差役负担的目的，就不一定要采用这一办法了。所以，加这段按语时，增城县显然早已没有向余剩户征派的制度了。不过，因为后来没有这种制度，就怀疑“旧志误之”，未免轻率了一些。成化年间，曾发生提督广东市舶司太监韦眷拨均徭余剩户办纳贡物事，表明在成化年间，的确有向均徭余剩户征收银子的制度。《明宪宗实录》卷198成化十五年十二月辛未条载：

给提督广东市舶提举司太监韦眷均徭余户三十名。先是，眷奏：“广州等府番禺等县，每岁编充均徭，余剩空闲人户数多，所司往往以为私用。乞行布政司，于空闲数内，依均徭例，岁拨人户六十名，采造进奉品物。”上允其请。命下，左布政使彭韶奏：“市舶司额设殷实户八十名，别有人夫，足供役使。今又益以人户六十。窃见内官差遣在外者多，若有比例陈情，难于应付。眷所奏余户宜量与，一年以后且停罢。”又言：“在京在外文武官二品以上该得额数皂隶，亦望量减。在内已给本年者，在外不许更佥。内臣差委在外，视官高下，定与跟用皂隶名数。”有旨：“每岁止与三十名。”先是，内官在外者，无额设皂隶，时或于所在有司毕词求乞。自韶奏定名数，各处镇守内官纷然陈乞，乃至有与一百名者，遂为定例云。

这条记载开头所云给韦眷“均徭余户三十名”之语，似乎是将彭韶所奏二事混二为一了。《明宪宗实录》卷266成化二十一年五月丁巳条载：

广东左布政使陈选奏：“近奉诏例裁省贡献。掌市舶司事太监韦眷先所奏乞均徭余户六十人添办方物者，宜悉停免。”上谕户部臣曰：“广东近有风雹之变，坏民庐舍，死者甚多，海隅之民，良可矜念。贡献方物既已裁省，添办余户自今减半与之，遂减六十人为三十人。”然人数虽减，岁纳银十八两，至是眷乃倍征之，人纳银五十两，反为广人之害云。

据此可知，成化十五年(1479)拨给韦眷的均徭余剩户是六十户，而不是三十户。因而彭韶奏定在外内官的额设皂隶三十名，与均徭余户的编派是两回事。而所谓编充均徭余户若干人，实际上是以纳银的方式应役的。在这里地方官员与太监韦眷的分歧，只在于向均徭余户征派的收入如何分配。从韦眷的说法可知，在此以前，地方官向均徭户征收货币以为私用，本来就是一种惯行的做法。这种征派属于备用银的性质，并不是某一特定的差役项目的折征，但作为在均徭名目下的一种征收银子的项目，意味着均徭法改革很可能一开始已经用白银货币作为一种征派手段。①

至于彭韶奏请定与内官在外者的皂隶名数，似乎也与差役改纳银子有关。文中所谓“跟用皂隶”，即“随从皂隶”，早在宣德年间，已有“令随

① 这种征派在弘治元年(1488)明令禁止，万历《明会典》卷20《户口二》：“各处编审均徭，查照岁额，差使于该年均徭人户，丁粮有力之家，止编本等差役，不许分外加增余剩银两；贫难下户并逃亡之数，听其空闲，不许征银。”

从皂隶不愿应当者，每名月办柴薪银一两”①。所以，彭韶才会说“在内已给本年者，在外不许更佥”。可见在均徭法实行之前，已有一些个别的差役项目折纳银两。这种以纳银代替亲身应当的办法，在弘治年间有逐渐增加的趋势。在万历《明会典》中，可以看到弘治年间先后由朝廷明文规定了几项差役改为征银，如：

> 弘治三年奏准：膳夫每名岁出柴薪银四两，以备会馔之用。八年令膳夫每名岁出柴薪银十两。
>
> (弘治)七年令：布、按二司及各府官马夫，于所属州县，佥中等三丁人户，十户共出银四十两，结送掌印官处，分给各官自行买马喂养。其州县者于隔别府分佥充，亦征银解送各掌印官，分给买马喂养。
>
> (弘治)十四年题准：直堂把门看监皂隶，不拘有无闰月，每名一年止解工食银十两。②

这些规定涉及的项目，均是纳入均徭编派的差役。随着改为纳银的差役项目日渐增多，在均徭中的差役的应役方式也就有了“出银以纳官”和“出役以应官”的区分。成化弘治间，邱濬在《大学衍义补》中讨论均徭的征派时，虽然没有区分银差力差，但已经将差役的项目分为可用雇役之法的和应亲身应当的两类。正德以后，银差力差的区分逐渐成为一种惯例，万历《雷州府志》卷 9《食货志》载：

> 曩时，官府召役，必问民米，役一而费十，则民米又不啻重矣。雷(州府)天顺前役简，民易以供。成化初，大被瑶患，田亩既荒，丁口亦耗，徭役仍前编造，丁粮不足充之，始别立四役，凡十年再周而民滋病。正德五年，知府赵文奎始革四役，复为十年一周，民

---

① 万历《明会典》卷 157，《皂隶》。

② 分见万历《明会典》卷 78，《学校》；卷 20，《户口二》；卷 157，《皂隶》。

稍苏。正德十年，知府王秉良复编作三等九则，上四则银差多力差少，中一则银差少力差多，下四则俱力差，其法颇详，民初便之。久之，银差之纳，索取辄倍，而民复病。

这里所讲的在正德十年(1515)之前的几次变革差役征派办法的细节，我们一时不得知其详，姑不深论之。唯从正德十年王秉良的改革，知道广东雷州府至迟在正德十年时，已经很明确地区分了银差力差，其他各府，大致亦应在正德初年已经有银差力差的区分。嘉靖《广东通志初稿》卷25《差役》云：

凡徭役，各随丁粮多寡，分别三等九则，通融均编。榜注银两，虽有常数，至民往纳，或倍其常。正德庚辰，巡按御史程昌议处奏奉都察院勘合，悉革前弊，定银差力差之例。内力差民自当之，银差俱输于官，以时类解。上无追并之劳，下无转纳之费，诚不易之良规矣。

从这段记载的字面上理解，均徭征派区别银差力差似乎是嘉靖十五年(1536)由巡按御史程昌制定出来的，但其他地方志的记载在文义上就有所不同，如万历《肇庆府志》卷12《赋役二》云：

均徭……有银差，即宋雇役法；有力差，即宋差役法，亦计银准工食也。随丁粮多寡，分三则均编。榜注役银，虽有常数，民往役输价，率倍其常。正德十五年，御史程昌奏定银差力差之例，一时称便。

据此，则银差力差的区分似应在程昌定银差力差之例前，万历《广东通志》卷13《藩省志十三·名宦》载：

程昌，字时言，祁门人，正德戊辰进士，十六年巡按广东，廉洁惠爱，风裁肃然。悯民徭役，有司科敛，多勒秤头，乃立银力二差等则，以抒民困，时甚便之。

由此看来，程昌所做的，只是确定均徭中各项差役的“等则”，亦即将银差和力差的项目、佥役名数、各役额编银数等，制定统一的标准。为资料所限，程昌的措施的细节我们不得其详，雍正《从化县新志》卷2《田赋志》引“旧志”载：“巡按御史程公昌复免解户，民赖以苏，而役之在官者编为银差。”由此看来程昌似乎在确定银力二差等则时，裁减了某些具体的差役项目，同时也扩大了银差的范围。

均徭的折银化趋势，没有停止在银差力差的制度化和定额化上。按照均徭的原则，无论银差还是力差，都要做到尽可能平均地向里甲户摊征，这就需要有一个统一的标准计算其轻重。所谓“出人力者谓之力差，纳银者谓之银差”①的区别，只是从官府的角度说的，而在民间，实际上已经普遍存在着“力差或不能亲供，转雇以应”②的习惯，被佥充差役的人户，常常不是亲自应役，而是出银雇他人应充，“如狱卒隶兵等役，虽严为之禁，不能令其不替役也”③。在这一背景下，正德嘉靖年间制定银差力差等则时，对力差也是用银作为计算其轻重的标准了。上引万历《肇庆府志》中就提到力差“亦计银准工食”，在嘉靖年间编撰的广东地方志中可以看到，不但银差的各个项目下标明了“额编银两”，在力差的各个项目下也标明了“工食银两”。这种由官府订立的“工食银两”，理论上是雇役的法定工价，但其意义恐怕主要还是在财政方面，是政府编佥差役时作为计算差役负担轻重的根据。这是均徭法演变过程中一个十分重要的发展，由于力差也“计银准工食”，那些尚没有法定折纳银两的差役，也用银来作为衡量轻重的计量标准，这就进一步确立了白银货币在财政赋税领域的地位。

均徭各役均用银计算，其意义不仅在于支付手段的改变，由于用银，

---

① 嘉靖《海丰县志》卷上，《诸役》。

② 嘉靖三十五年《惠州府志》卷7下，《赋役下》。

③ 嘉靖三十五年《惠州府志》卷7下，《赋役下》。

差役的负担有了一个统一的计算标准，均徭的编佥方法也随之发生变化，形成了与早期均徭法不同的制度。初期的均徭法，是根据里甲户的丁粮多寡，定其等级，佥派轻重不同的役目；而后来的均徭法，则逐步变成直接按丁粮科派一定的数额役银。如果说初期的均徭法在性质上还是等级户役的话，后来的均徭法就逐步变成了一种比例赋税了。不同的差役统一用银计算，是差役向比例赋税转变的重要一环。

由于力差也多雇人应役，作为役户的支付手段，力差和银差都是出银。如果只是从货币经济的角度去看，两者似乎没有实质性的区别。但是，从体现着编户与官府之间关系的财政意义上看，两者有根本性的区别。在明代的文献中，我们常常可以看到关于银差力差轻重问题的不同说法，有说银差是重差，力差是轻差，也有截然相反的说法。① 从广东地区的官方所定的编银标准看，的确是银差比力差重。以香山县为例②：

从表 3-3 可以看到，虽然力差中的正解户每役编银 40 两，为诸役中之最重者，银力二差中不同役项之间也互有轻重之别，但总体来看，银差的编银额一般要比力差的高，就平均水平来说，银差平均每役编银 8.63 两，而力差平均每役编银只有 4.22 两，表明力差中多是轻役，银差中多是重役。不过，这只是根据官府编定的银额所作的比较，而这种定额，并不等于实际的徭役负担。正如嘉靖三十五年《惠州府志》卷 7《赋役志》所云：

> 今有司注差，其假手吏算者，轻重固听之矣，然不能知各差轻重之实。即一出自裁，犹未得其平也。夫差有名轻而使重者，不可不察也，故额编之银不足据，维察其实费以为准。

① 参见拙文《明代均徭中的银差与力差》，载《中山大学研究生学刊》，1982(2)。

② 参见嘉靖《香山县志》卷 2，《民物志》。

表 3-3　香山县均徭各役编银额

银差				力差			
役项	名数	编银额(两)	每役编银额(两)	役项	名数	编银额(两)	每役编银额(两)
柴薪皂隶	9	108	12.0	正解户	2.5	100	40.0
马夫	46	184	4.0	本县耳房库子	1	10	10.0
皂隶	35	392	11.2	丰盈仓斗级	5	40	8.0
儒学斋夫	6	72	12.0	儒学斗级	1	5	5.0
膳夫	2	40	20.0	预备仓斗级	2	16	8.0
直堂等处门子	4	27	6.75	禁子	20	145	7.25
水手	6.5	65	10.0	儒学圣殿门子	1	3	3.0
书手	3	21	7.0	理问所门子	1	5	5.0
贴解户	2.5	75	30.0	儒学库子	2	14	7.0
协助夫银		300		巡司弓兵	100	300	3.0
				渡夫	5	11	2.2
				城隍等处门子	4	10.5	2.625
				直厅皂隶	39	117	3.0
				铺司兵	4	14.4	3.6

按：表中役项的名称，原文较长，制表时作了简略处理。

实际负担重于“额编之银”的情形，力差更甚于银差。这是因为力差无论亲当还是转雇他人出役，所应充差役的一切劳务和使费，都由应役者负担，尤其是官府对应役者的种种需索，往往更加漫无限制。万历《顺德县志》卷3《赋役志》云：

> 银差输官，加者不过权衡之羸。小民不能力役，竟亦输银，其加数倍。至于解户、库子、斗级，即宋之衙前吕中，所谓陷失责之偿，费用责之供也。榜注数两，费百余两或二三百两。

可见银差力差负担的差别，其实不在于轻重本身，而在于应役户与官府之间关系的不同。尽管力差用银计算，应役户也往往雇人代为出役，但对所编佥的差役仍然要承担没有限制的责任。在形式上，无论银差还是力差，似乎都是按丁粮摊派一定比例的银两，但实际的负担，还不可能真正做到按比例均摊。从这一意义上说，均徭法还只是一种过渡形态的赋役制度。

第三节　赋役改革过程中的矛盾

明代广东地区的赋役制度，经过由正统到正德年间的改革，基本上形成了以“粮料”(粮即田赋，料指上供物料，这是两者的合称)和“四差”(均平、均徭、驿传、民壮)为主体，以白银货币为主要征收手段，分别照丁田摊派的格局。在这种制度下，地方政府的财政运作，已经不像明初那样，需要完全和直接地依赖里甲组织进行，因而更能适应明中叶以后里甲体制变动及里甲组织效能降低的社会现实。但这一赋役制度具有明显的过渡性特点，它在许多方面没有脱离明初所定的以里甲制度为基础的赋役架构，故在实际施行中总是难以走出弊窦丛生的泥淖。明代中期赋役征派的种种矛盾，突出表现在赋役征派无定额和赋役客体混乱两个方面，而定额化和课税客体的标准化与统一化，正是后来一条鞭法所要解决的核心问题。

我们首先讨论赋役征收定额化的问题。明中叶时，广东地区赋役征派中的积弊突出表现在人民的赋役负担日益加重。前面我们已经提到，如上供物料中的品种和数量逐年加增，成为一项固定的税收，里甲正役之外又征派均平银，民壮从招募而变成一项繁重的差役等，已经使得人民的赋役负担大大重于明代初年，再加上官吏里胥以种种手段侵渔舞弊，本已相当繁重的赋役就更为繁重了。负担加重，固然有政治和吏治腐败的问题，但从制度上看，在改革之后，没有能够使赋役负担定额化是更为根本的原因。

在田赋征收上，由于征收额和税则相对固定，贪官污吏要公开地直接加征田赋并不那么容易，但田赋折银征收，却给贪官污吏提供了加征的机会，他们往往将折银率提高，以远高出市价的比率折收粮银。嘉靖年间广东人霍韬曾指出：

> 如秋粮，弘治年间粮一石需银五钱而足，今粮一石需银八钱或一两乃足。夫粟米之出诸广也，贵贱不相辽绝，然而官之征也乃倍于昔，试核管粮官究之，则今日粮银之加，其利安所归乎?①

答案显然只有一个：其利尽归贪官污吏私囊了。因此田赋科则虽表面上未变，人民实际负担却比以前成倍加重。

至于上供物料的征派，本来由于朝廷的派办年多一年，已无异税上加税，而在征收过程中贪官污吏又利用了上司派办物料无一定的数额之机，从中搜括肥己，当时人揭露说：

> 国朝以物料为贡，额办者，原有定额。又有谓之岁办。其杂办，岁无常数，藩司承部不时之派也，名色孔多，往部符下藩司征之，郡邑敷于里甲，数无常，民愚安能户知，吏书神鬼其间，通里役为

① 霍韬：《渭厓文集》卷6，《与陶南川都宪》。

奸利，前者方输官，而催科使又至，民病之。①

物料征收既无定额，又无划一的征收制度，奸吏猾胥自可大展其身手，一般的小民也只能听任其盘剥，人民的实际负担远远超出朝廷不断增加征派的幅度。此外，随着物料征派的增多，解运物料亦成了人民的一项重累。被佥之解户往往因此破产，如琼州府，“解官解户每经一年零六七个月方得完回，冲寒冒暑，而死亡疾病者不可胜数”②。

在四差的征派中，人民的负累更甚于田赋和上供物料，其中积弊最深的是“均平”和“均徭”的征派。

均徭法和均平法都是为平均差役负担而设的，两者的共同点是，由官府根据里甲户的丁粮数，确定每一户的差役负担的轻重，从而减弱里甲组织在差役佥派方面的作用。通过将差役佥派的权力从里甲收回由官府确定，以达到平均差役负担的目的，显然是主要针对里甲制的弊端而设计的，正如时人所论：“均平议之起，其惩里甲之弊不得已而为之。”③但以为由官定徭役，就可以达到平均负担的目的，显然只是一种天真的愿望而已。由于均平法与均徭法没有能够彻底解决当时里甲的涣散与差役征派的矛盾，所以，两法实行不久，已经是弊窦丛生。

均平法，本来为是解决州县政府的行政和公共活动所需的经费来源而设，用按丁粮科派一定数额的税钱，取代由见年里甲供办的方式。由于均平没有取代里甲正役，只不过是把里甲正役的额外负担分离出来，使之成为一项独立的征派，里甲正役依然照旧轮充，见年里长仍旧要到官府承办催征勾摄的任务，地方官吏继续向里甲百般苛索就仍然势所不免。前面所引陈白沙的《丁知县行状》已经提到，还在均平法实行的初期，新会的一些地方官已将“均平钱悉贮于官，复令出私钱供用”。到弘治以后，州县官员在均平之外重新向见年里甲派办各种费用已经十分普遍，

① 万历《肇庆府志》卷11，《赋役一》。

② 正德《琼台志》卷11，《赋役志·土贡》。

③ 嘉靖三十五年《惠州府志》卷7，《赋役志》。

“无名之费多出于均平之外”①。嘉靖《增城县志》卷 9《政事志·民赋类》论曰：

> 为政不可作俑也。凡有所兴革，当先虑其所终；终之未虑，而徒为之于始，害可胜言耶？里甲之均平是也。民初何尝不以为便，迨其终也，均平出入之数，一一关由上司，然后支用，县官动为所制，不得伸缩，遂复拘集甲首在官供办，而均平不免。由是里甲之役愈烦且重，皆由谋始之不善也。呜呼，慎哉！

见年里甲实际上承担着双重的负担。当时官吏们的理由总是十分堂皇而正当的，如有认为：“邑介水陆，供亿之繁，数倍于议，间有非议所及者，势不得不增。”②如此一类说法，不过都是认为初时预算不周，所入不敷所出。其实，地方经费开支多少，有相当大的伸缩性，往往因人而异③，所谓“不敷应用”之说，不过反映了各级官吏的挥霍和贪欲无止境地增长。所谓不得伸缩，可解释为不能随意挥霍。事实上，原来所收的均平钱往往被“有司举而干没之”④，尽入官吏的私囊，而真正的公用开支，则又责里甲供办如故，正如嘉靖十四年(1535)巡按御史戴璟所揭露的那样：

> 此正每邑官吏钻膏之门，每年里甲破家之路。虽上司禁之甚严，而有司剥之愈巧，盖科贡、祭祀、乡饮之需，必取之民。上司既不因事为之限制，又不每时为之清查，彼安得不假公营私，而改月攘为日攘哉。
>
> 看得该县费用不经，财若沙泥，而侈靡各官侵渔无厌，人如草芥。以诛求拜见出酒银、果银、布银，私衙责追肉米供应。分大办、

---

① 康熙《增城县志》卷 4，《食货志》。

② 乾隆《龙川县志》卷 3，《赋役志》。

③ 嘉靖《韶州府志》卷 3：“盖时有变更，例有因革，斟酌损益，存乎其人。”

④ 嘉靖三十五年《惠州府志》卷 7 下，《赋役志下》。

小办、加办，过客趋馈绫绸。于是医疮剜肉，而数犹不敷。①

在明中叶，从朝廷命官到胥吏里老，无不以侵渔肥己为首务，均平的征派，虽屡有整顿，终是征收额愈益增加而愈益不敷应用，所谓“均平”，实际上成了大小官吏填满欲壑的活门，而对人民来说，则无异于越念越紧的金箍。

虽然均平法在形式上是“甲首归农，里长在役”，但由于在里甲体制下，甲首必须协助里长应役，且里长又例以一甲中的大户充当，里长在官府应役供办的开销，自然往往转嫁给甲首户，甚至“逼勒甲首出官供应”②。如在连州，“甲首日则挑水、打草，夜则支更巡铃……间有蔑法里长，不体恩恤，私留甲首供给，科派杂用，钳制下民，不敢申言”③。见年里甲在出了均平钱之后，终于又重新要在应役年份供办官府的各种开销，“有司繁费皆里甲直(值)供”④，一切似乎又回到原来的状态，只是里甲人户却徒增了一项名为“均平”的税项。在明代中期，本来“民以为便”的“均平”，成了社会的一大弊害，嘉靖年间巡按御史戴璟十分生动地描述了“均平”给人民带来的危害：

呜呼均平，疚哉甲首。我食糟糠，我居瓮牖。耕病长苗，织倦掷柳。布仅叁围，粟方数斗。我妻椎胸，我见胼手。晨维五鸡，夜维只狗。里长叫门，牌票盈瓿。指一科三，用四称九。鸡犬皆空，布粟莫有。釜兮生鱼，星兮照罶。长若螂前，官若雀后。相继张牙，不顾见肘。……田益荒芜，人并逃走。⑤

在潮阳县有一个典型的事例：

---

① 嘉靖《广东通志初稿》卷26，《均平》。

② 嘉靖《广东通志初稿》卷26，《均平》。

③ 康熙《连州志》卷10，《艺文》。

④ 万历《雷州府志》卷9，《食货志》。

⑤ 嘉靖《广东通志初稿》卷26，《均平》。

有旧负差役钱者，系狱久，侯许之释出，令竭力庸作以输。既数月，负如昔。复召之。其人泣曰："父母重恤我，即劬瘁敢爱其力！顾家之老稚，待食者众。庸作所入，未足糊口，曷有余者。今有一女，鬻于人，仅数金，敢以此充役钱之半。"侯闻之恻然，竟释遣而去。①

卖一个女儿的价钱，竟然只够交纳一半的役钱，幸得这位县令动了恻隐之心，免了此人的差役。但绝大部分为差役的重负压得喘不过气的编户，肯定不会有这样的运气，不然此事就不会被作为这位县令的"德政"受到本地士大夫的赞誉。

均平法如此，所谓均徭法也同样是徒有其名。前引叶盛的题本已显示，在均徭法实行之初，种种弊端已随之而生。主要表现在各项差役的实际负担远远超出原来的标准。本来实行均徭法后，每一项差役的轻重在均徭册上有明确的规定。正德十五年(1520)巡按御史程昌"立银力二差等则"，更将银差的征银额和力差的编银数制成定额。但在实际征派中，"有司科敛，多勒称头"②，官吏里胥层层加收勒索，以致"榜注银两，虽有常数，至民往纳，或倍其常"③。其甚者如力差中的解户、库子、斗级等役，不但要出力应役，还往往要出钱出物，"所谓陷失责之偿，费用责之供也。注榜数两，费百余两或二三百两"④。即使一些本属较轻的差役，亦成了重役。如铺兵、弓兵，本来均属轻役，但实际的负担却远远超出其本来的任务，"正德年间，巡司弓兵一役需银五两而足，今(指嘉靖时)则加银十五两矣，南海县禁子，需银七两而足，今则加银四十两矣，巡抚巡按门子，年需银四两而足，府县门库之役榜注六两，然而应

① 《潮州耆旧集》卷3，《萧太史铁峰集·赠邑侯郧前郊先生入觐序》。
② 万历《广东通志》卷13，《藩省志十三·名宦·程昌传》。
③ 万历《肇庆府志》卷12，《赋役二》。
④ 万历《肇庆府志》卷12，《赋役二》。

役或百两二百两犹不足矣”①。其加增的幅度，岂止数倍。“至于役使铺兵，律有严禁，各省公差不敢擅役，独粤差习为固然。役稍不顺，鞭笞及之，挑不敷，妻孥继之，铺兵几何而不逃，势豪安得而不包耶！不知自府而下，差必给费；司道而上，凡差必马，凡马必夫，口粮饭食，靡不备具，杖头有几许长物，而必勒铺兵挑也”②。

驿传、民壮各役，实际负担亦越来越重。官府对被编为民壮的人户，往往是“既役其身，又复追其钱，是民壮一役而为二”③。有的官吏则以民壮“供有司之私役”④，“甚或派诸私衙，以为薪水之役”⑤，任意盘剥。驿递的官吏和过往的官员、使客，也多向应充驿传役的人户进行种种勒索，使得应役者“皆身执役事，供亿繁浩。无论符验有无，诛索无艺，倾荡生产者十人八九”⑥。

很显然，赋役负担的不断加重，使里编户深受其苦，其要害在于赋役征派的非定额化，初时改革希望制为定额，但改革者受儒家政治伦理中“轻徭薄赋”观念的支配，不切实际地将征收定额定得过低，企图依赖官吏的清廉和自律作为保证，结果只能使定额不能守，反复多次，征派无定额的问题，仍不能从根本上解决。

赋役征派中更为尖锐的矛盾，还表现在课税客体混淆不清，以及由此引起赋役负担日益不均。

我们知道田赋以土地为课税客体，田赋的负担能否较为平均、合理，取决于是否能按土地的肥瘠多寡进行科征。明代赋役征派一以黄册为依据，册内明确登记着每一户拥有的土地数、科则、应纳税粮数，征收时按册征收。明中叶时，随着土地买卖的盛行，地权转移频繁，而地主势

① 霍韬：《渭厓文集》卷6，《与陶南川都宪》。

② 万历《雷州府志》卷8，《建置志》。

③ 嘉靖《广东通志初稿》卷25，《差役》。

④ 霍韬：《渭厓文集》卷10，《两广事宜》。

⑤ 嘉靖《广东通志》卷32，《政事五·民壮》。

⑥ 万历《顺德县志》卷3，《赋役志》。

豪又往往同奸猾里胥相勾结，营私舞弊，使黄册上登记的内容严重失实，也就不可避免地引起田赋征收的混乱。

明代广东地区田赋征收积弊最深的，是日趋严重的“虚粮”问题。嘉靖年间曾任广东按察佥事的林希元在一份奏疏中专门谈到了广东的虚粮问题，其中对广东地区虚粮的严重状况作了概括的描述：

> 臣惟帝王疆理天下，分田授民，使纳其赋税。有田则有租，租以田科，无有轻重不均及无田而徒有税也。惟历时既久，奸弊横生。或贫民鬻产减税，或里书诡寄飞射，或田被水坍沙压，或被豪强侵占，或人户逃亡，田土抛荒，彼此移易，渐至失均。岁月积久，遂莫稽考。有田八九亩只纳一二亩之税者，有田一二亩多纳八九亩之税者。轻重不均，莫此为甚。此犹可也，甚者田失税存，人户逃亡，而粮累其里甲；又甚者里甲亦逃，而粮累其排年；又甚者排年亦困，而粮累其州县。如广东广州府虚粮八千二百九十余石，琼州府虚粮八千五百五十余石，南雄府虚粮八千余石，高、肇、惠、潮、雷、廉等府虚粮二千三千四千不等。广东一省原额粮米一百零二万零三百五十八石，内无征、停征及见征虚粮共四万九千七百八十石；除无征、停征、不征外，见征虚粮四万五千六百二十七石。①

如果只是从比例上说，虚粮占原额粮米的比例还不到5%，这个比例似乎不是太高。但是，由于“官府不敢亏折原额”，每将虚粮摊派到现存的田地和纳税人，其社会影响面远远大于虚粮占田赋总额的比例。

虚粮问题的严重，与盗寇和逋逃有直接的关系，嘉靖十一年(1532)德庆州知州陆舜臣《议地方事》略云：

> 瑶益滋蔓，侵占我土地，割据我山场，虔刘我百姓，田亩陷入者几二千顷，税粮荒贻者过六千石，本州土地失去者中分之半，里

① 林希元：《林次崖先生文集》卷3，《陈愚见以图补报疏》。

分减耗者三分之一，其所存者仅四十四里而已。当时奏勘停征荒粮，民困稍苏。成化十九年，同知何恕承委踏勘荒田，畏贼不敢入山，复逼民供熟三千余石。自是民赕不前，有父子同日而缢死者；有妻及子女俱卖者；有卖见在田以赕荒粮，田既尽，而虚粮悬户不止五六十石者；有全户而逃窜者；有尽村而绝灭者……以舆图有定之田，而陷于夷獠；以版籍有额之税，而没于雕题。①

无论是虚粮越积越多，抑或是田多税少、田少税多，都表明了田赋征收与土地占有状况严重脱节。明中叶时的广东，“或膏腴而少输，或硗瘠而重赋，或富者有田无米。或贫者有米无田”②的现象已经十分普遍，田赋负担不均的矛盾日益尖锐。

土地登记不实，田赋负担不均，还同“四差”的征派互相影响。一方面由于“四差”按丁粮多寡来佥派，而作为佥派“四差”依据之一的“税粮”征收混乱，势必导致“四差”征派的混乱，使得负担轻重不均，“有田连阡陌，户仅斗米，家徒四壁，粮拟中人。故豪族多轻徭，寒门恒重役”③。另一方面由于明中叶以后差役越来越繁重，每令应役者倾家荡产。故其时飞洒诡寄之风大盛，户籍登记的丁粮数严重失实。嘉靖时巡按御史戴璟巡按广东时亲眼所见的事实是：

访得按属州县殷实军民之家，见其户内丁粮居多，畏避编点重役，每遇攒造，百计千方买嘱里书，或父子分析二户，或另立女户，或将税粮飞寄绝户畸畸，或隐蔽丁口不报。至于徭差之期，又称崩陷虚税。往往将殷实上户编作轻差，贫难中下之家反当重役。④

册籍上登记的各户的丁粮数既与实际不符，吏胥里书的作弊又使得

① 嘉靖《德庆志》卷16，《夷情外传》。
② 康熙《潮阳县志》卷3，《纪事》。
③ 嘉靖三十五年《惠州府志》卷7下，《赋役志下》。
④ 嘉靖《广东通志初稿》卷25，《差役》。

当时每一项徭役的实际负担的轻重也与原来官定的标准大相径庭，“额编之银不足据”①。如此一来，所谓“凡赋役必验民丁粮多寡、产业厚薄”的原则事实上已经成了一句空话。

差役编派上的弊病，还表现在明初所定的佥派办法，到明中叶时越来越行不通了。我们知道，里甲正役、均平、均徭，都是按里甲编制来轮流应役的，一里之中每年轮流由一甲或数甲应役。这种轮役办法在明初自耕农经济比较普遍，里甲之间丁粮数比较整齐的社会条件下，负担一般还不致畸轻畸重。但随着人口和土地权的流动日益频繁，按户编制的里甲不可能保持里甲之间丁粮额的平均。再者，十年一造黄册的制度，本来已不能及时随着人丁田产的变动重新编排里甲，即使到大造重编之期，亦多虚应故事，并没有真正重新编排里甲，这就更使得里甲日渐残破，甲与甲之间的丁粮数出现了越来越大的差距，里甲之间负担徭役的能力越来越悬殊，而每年的差役却大致相等，“以至〔丁粮〕多则众轻易举，〔丁粮〕少则力少难胜”②，负担不均就势所必然了。

明初编佥差役，虽按丁粮多寡为编派原则，但编定了某户承当某役之后，一般就相对固定下来，不能轻易变动。但实际上，无论地主还是自耕农，户内的丁粮数都是不断变化的，随着土地买卖的频繁，土地兼并日盛，这种变化更为激烈。因此，由固定的人户承当固定的差役的办法也愈来愈行不通了。另外，这种办法也给官吏里胥侵渔勒索提供了更多的机会，因为某户一旦被佥充某一差役，该役的一切劳务和费用都责该户承应，吏胥就往往对应役者肆意盘剥，如驿传之役，“郡县编夫，下其数于驿，驿按名籍拘系之，备尝箠楚朘削，惟所欲”③，充均徭之役者的实际负担远重于额定之数，也是由于“以役有定名，人得执而取之也”④。总之，以固定的人户应充某一固定差役的办法也日见弊端。

---

① 嘉靖三十五年《惠州府志》卷7下，《赋役志下》。

② 嘉靖《兴宁县志》卷3，《赋役》。

③ 嘉靖《兴宁县志》卷3，《赋役》。

④ 嘉靖三十五年《惠州府志》卷7下，《赋役志下》。

随着差役的加重，在“朋充”的场合，正户和贴户的矛盾也尖锐起来。有的由于势豪诡避差役，充当正户的并非真正“丁田居上者”，或者贴户逃亡殆尽，往往使得充当正户的人“自行征收，有不能敛者，则赔赎充焉”①。或者情况完全相反，在正户由“豪户”充当的场合，“正户加取”就更不可避免。所谓“夫头有加取细民之弊，顽民有偏累夫头之弊”②，明中叶时越来越普遍。本来为使差役负担平均而采用的“朋充”办法也逐渐行不通了。

总之，差役征派的种种矛盾，无非官吏作弊，预算不周，黄册失实，里甲不齐。其核心在于这是一种过渡时期的矛盾。赋役体系从由完全依赖里甲到不依赖里甲的过渡阶段，里甲既不能胜任，又没有完全失去作用，从而引起了种种矛盾。这些矛盾到了清代前期才得以从根本上解决。

以上所述，只是明中叶时广东地区赋役征派的种种积弊的一部分。由于在赋役征派中弊端百出，赋役日益繁重，负担日益不均，使得居住在号称富庶之地的广东人民的生活越来越艰苦困蹙，如嘉靖时黄佐所论：

> 夫国有沃野之饶而民不足于食，有山海之利而民不足于财，吾粤是也。然其弊岂在于逐末哉，徭役之征太烦，而度支之途日广，皆足以瘠民者也。③

在赋役重压之下，广东人民“富者日归于贫，贫者日归于盗”。当然，所谓“富者”，只是指那些既无优免特权，又无计逃脱赋役负担的地主。至于那些缙绅大户，享有优免差役的特权，自然高枕无忧；而那些在地方上有权有势、横行一方、巧于钻营的势豪，更以种种手段逃避赋役。越来越沉重的赋役负担，最终落到了那些想逃也逃不脱的中小地主和农

① 嘉靖《广东通志》卷32，《政事五·民壮》。

② 嘉靖《广东通志初稿》卷26，《均平》。

③ 嘉靖《广东通志》卷22，《民物志三·徭役》。

民身上，他们被迫“倾资破产，不可胜数”①。破产之后，有的“鬻子女偿之且自缢”②，有的“流而为丐为贼”③，有的投靠缙绅豪门，有的流迁他乡，当时广东地区“赋税之民，强半流徙”④。最终走投无路者，便上山下海，为“盗”为“寇”。明中叶时的广东“处处皆盗”，其中的原因，连统治阶级也不得不承认，是由于在赋役征派中，“州县不守法度，渔猎愚民，激致之也”。

社会矛盾的激化，不但危及了王朝统治的秩序，同时也阻塞了政府的赋役来源。版籍混乱，田地迷失，人民流徙，使赋役无从征派。势豪逃避赋役，官吏贪污舞弊，直接侵蚀着政府的财税收入。为了保证财政来源以维持国家机器的正常运转，缓和社会矛盾，有一批官员在嘉靖年间对赋役制度实行了一系列整顿，这些整顿为一条鞭法的实施铺平了道路。

第四节　以定额化为中心的改革

由上一节的讨论，我们了解到，明中叶时赋役制度的混乱，突出表现在“上供物料”和“四差”的征派上面。它们税额不定，征派的项目和数量不断增加，征派办法各地各自为政。课税客体复杂乃至混乱，都使得赋役负担不断加重并日益不均。到嘉靖年间，围绕着赋税定额化和课税客体的划一化(即按丁粮征银)为中心内容，巡按御史邵豳、戴璟、潘季驯等人先后在不同的范围内对上供物料和四差的征派进行了整顿，从而使广东地区的赋役制度朝着一条鞭法的方向大大迈进了一步。故明代人将他们的改革称为“一条鞭之权舆”⑤，又有人认为潘季驯的改革已发一

① 林大春：《井丹林先生文集》卷 11，《蒋明府署潮节爱序》。

② 嘉靖《兴宁县志》卷 3，《赋役》。

③ 霍韬：《渭厓文集》卷 10，《两广事宜》。

④ 庞尚鹏：《百可亭摘稿》卷 1，《议兵费以便责成以靖海邦疏》。

⑤ 万历《肇庆府志》卷 12，《赋役二》。

条鞭法之端①。

邵豳的改革主要是改革了上供物料的征派办法。他于嘉靖六年(1527)以御史巡按广东。到任后，“兴革利弊，不遗余力”②。嘉靖八年(1529)，他奏请实行“均一料派法”，其内容是按田赋征收额摊派物料价银，“自(嘉靖)九年为始，料俱折价，随粮带征。其额办、岁办、杂办名目，一切除之”③。“官米一石科银一分八厘，民米一石科银三分八厘七毫。④ 解布政司，续派不敷。取于赃赎、椒木、盐利银奏解。又以银珠料于存司粮银扣抵，俱免加派，谓之‘正派均一料’”⑤。

这一办法上奏朝廷经批准后，于嘉靖九年(1530)在广东大部分地区实行。由各州县依上述科则均派于当年的该征粮米。例如：韶州府所属各县该征民米共四万八千六百一十石二斗，派银一千八百八十一两二钱一分四厘七毫四丝，官米共一石一斗，派银二分零五毫七丝，共派均一料价银一千八百八十一两二钱三分五厘三毫一丝。⑥ 顺德县实征官米八千七百六十八石九斗一升，民米二万五千九百二十石七斗六升，共派均一料价银一千一百六十两九钱七分三厘九毫。⑦ 潮州府实行的办法则略有不同，实行的时间也稍迟几年。该府在嘉靖十二年(1533)方实行“均一料派法”。其办法不是以通县粮米均派，而是“于见年里甲粮米派办”。由于见年里甲是十年一轮的，所以征银率也比其他府高十倍，即“民米一石派银三钱八分七厘，官米一石派银一钱八分”。又因为甲与甲之间粮数不

---

① 参见王原：《学庵类稿·明食货志》，转见《图书集成·食货典·赋役部总论十》。

② 万历《广东通志》卷13，《藩省志十三·名宦·邵豳传》。

③ 万历《广东通志》卷13，《藩省志十三·名宦·邵豳传》。

④ 根据嘉靖《兴宁县志》卷3，我们知道邵豳初时定的科则是官米一石派银二分，民米一石派银四分二厘，嘉靖十年(1531)方由巡按御史李美改为官米科银一分八厘，民米科银三分八厘。又参见嘉靖《广东通志初稿》卷27，《粮饷》。

⑤ 天启《封川县志》卷8，《田赋》。这一记载很多方志都有，今选文字较清楚的一段。

⑥ 参见嘉靖《韶州府志》卷2，《土贡》。

⑦ 参见万历《顺德县志》卷3，《赋役志》。

等，故采用“如该年不足，候下〔年〕之〔甲〕派补”①的办法来调剂。这一征派办法和其他府实行的办法在原则上并无什么不同，只是在形式上仍然保留了十年一轮的办法罢了。②

在邵豳推行“均一料派法”之后，更广泛的赋役改革展开了。主持者是巡按御史戴璟。他于嘉靖十四年(1535)对广东地区的赋役征派进行了全面的整顿和改革。史载：

> 戴璟，浙江人，丙戌(嘉靖五年)进士，历官监察御史，巡按广东。……多画条约，多切民隐，官是传诵，目为《戴公出巡录》。③

在戴璟编纂的《广东通志初稿》一书中，详细记录了他所条划的各种规章法式，相信就是上面所谓《戴公出巡录》中的内容。根据此书，我们了解到，戴璟对赋役制度的改革范围相当广泛，内容很丰富。这里我们不打算一一讨论，只着重考察与一条鞭法关系最密切的“四差”征派方面的整顿和改革。④

在均平银的征派上，戴璟首先对各级官府应征收的税额进行了整理，“通行各分守道，查取各属嘉靖十三年分用过均平银钱数目，酌量使用多寡，造成书册，缴报本院裁定行属遵守”。他收到各地报上的册籍后，仔细查算了各衙门的开支款目及其数额，将经过核算后拟定下来的各州县应征均平项目，每项该征银数，共征均平银数，一一制成详细的预算表。以南海县为例，经戴璟审定的均平银项目和银数有：

> 本府进贺表签，每年三次写表谢礼纸札包袱表背工匠等项　9两

---

① 嘉靖《潮州府志》卷3，《田赋志》。

② 根据隆庆《潮阳县志》，可知潮阳县到隆庆年间的征派办法已和其他府一样了。

③ 道光《广东通志》卷243，《宦绩录》。

④ 以下凡未注明出处的俱据嘉靖《广东通志初稿》卷23，《田赋》；卷24，《课科》；卷25，《差役》；卷26，《均平》；卷27，《粮饷》；卷28，《仓廒驿传》；卷33，《军器弓兵民壮》。

本府儒学岁贡生员盘缠	66两
本县儒学岁贡生员盘缠	33两
迎接新中举人花红酒席并贺礼羊酒	于各年多留项下支用
本府官朝觐送行酒席并造须知册	9.6两
本县官朝觐送行酒席并造须知册	12两
每年府县并儒学新官到任算作三员祭祀公宴什物家火	39两
每年修衙算作正佐首领等官共二员	24两
季考生员一次重赏纸笔墨三次量赏笔墨并考卷	44.696两
二次祭丁四六出办	30两
二次祭启圣公乡贤名宦三祠	13.086两
二次祭社稷	11.4两
二次乡饮	19.2两
三次祭无祀	15两
迎春祈雨谢雷祈晴	5.82两
门神桃符	2.16两
二次应祀神祇	5两
历日	60两
提督府上班书手工食医生食米等项	120两
察院纸札并写本造册工食米饭……一应杂用	84两
按察司夹板包袱杠索香烛并各道纸札封筒卷箱书手工食	40两
新官到任头踏卓帏家火	60两
本县每年造册纸札工食	12两
二司拜贺万寿冬至正旦习仪香烛	1.14两
本府三次进表香烛	0.36两
本府油烛卓帏	13.56两
本县油烛卓帏	16.5两
本县赏犒夷人	80两
赏报功人员达目花红	2.1两

决囚练军搭厂赏酒肉香烛	5 两
二堂上司按临及公差人员应付夫船	90 两
孤老柴米	156.16 两
多留银	130 两

编定了各州县的预算后，连同有关条款一起，刊刻成书，名曰《广东均平录》。经戴璟审定的额征数比原来的实征数减少了。以番禺、南海两县为例，嘉靖十三年(1534)，番禺县派均平银一千四百一十二两二钱二分；南海县派均平银三千一百九十九两五钱六分。经审核后，两县的额定征收数分别减为八百零四两和一千二百零九两七钱八分二厘。在审定均平银征收额的同时，戴璟重新明确规定了按丁粮摊派的办法，丁粮分配的比例一般是“以粮米一石准人丁一丁”。具体办法是：用本州县应征收总额除以本州县实编人丁数与粮石数之和，算出每丁石应派的银数，作为征派的则例。“后因韶州府申改以五丁准一石”①，从而增加了田地负担的比重，相应减轻了人丁的负担。嘉靖二十四年(1545)，潮州府又改为“以三丁准粮一石。”实际上，各地丁粮负担的分配比例不一，如电白县，从嘉靖初到万历年间，都是按每一丁准粮一石的比例来分配。②

此外，戴璟还颁布了“均平禁约”，严禁在征收均平银后，重新委派里长“轮流当日”，供应下程、柴烛等项。明文规定，“不许仍拘甲首兼当，凡有使用，当官支给答应，不许轮日应当”。

戴璟颁行《广东均平录》后，并没有很顺利地在全省通行。如雷州府，开始时“格而未行”，后经参议龚暹申饬之，方遵照执行。③

从以上内容看，戴璟似乎没有创造出什么新的办法，只是对早已实

① 嘉靖《潮州府志》卷 3，《田赋志》，又据嘉靖《广东通志》卷 50《名宦》：“陈绍……擢韶州知府，徭役旧以人一丁配粮一石，下户苦之，始定以粮五斗减一丁。”由此可知似应为以二丁准一石。

② 参见康熙《电白县志》卷 2，《赋役》。

③ 参见顾炎武：《天下郡国利病书》，第 41 册，《广东中，雷阳志略》，《四部丛刊》三编本。

行的均平法进行了一番整顿而已。但是，在均平的征派早已十分混乱、百弊丛生的情况下，戴璟重新确定了按丁粮征银的制度，使均平的征收定额化。此外，均平本来主要征钱，后银钱并征。经戴璟改革后，银子作为主要支付手段的地位确立了，这就为此后的改革铺平了道路。

对均徭的征派，戴璟亦进行了认真的整顿。他重新审定各府州县应征派差役的项目、名数、每役该编银数等，斟酌损益，制成表册(参见本章第二节所列香山县均徭各役的编银定额)。在编定各项差役的额数和编银标准的基础上，他又制定了一套周密的编佥法，规定：

> 其编算，先总计一县若干田、若干丁，该银差若干、力差若干，及将本县查议裁革事件通融处派，每丁若干银，每田若干银。除优免外，共若干银，优免亦查照事例施行，毋得任情增减。其各项差头，就将民田多者抄出，本官亲立差头。……其贴户不可将远都人贴之。……田三亩以下俱免编派。

同时，还颁布“禁约”，对均徭征派中的弊病一一明令禁革。

以戴璟所定的编佥法同天顺时叶盛等人推行的均徭法相比较，最明显的一点进展是：初时所定的均徭法以户为单位，参照丁粮多寡编轻重不同的差役，戴璟所定的办法则是直接按丁粮派银，人丁粮石的负担有了更为确定的税率，即所谓“每丁若干银，每田若干银”，这是向一条鞭法过渡的关键一步。但是，这种编佥法同一条鞭法还有相当的距离：第一，力差中仍编“差头”“贴户”，也就是说，还有部分差役没有实行由官府征银雇役的办法；第二，仍实行按里甲轮年应役，这就必然会因各年应役里甲丁粮数的差异而造成负担不均，也就是后来有一些文献中所说的：“故事编徭，一丁当粮一石，每石派银或一两而赢，或一两而缩，视各年各甲丁粮多寡而损益之。”①直到后来正式实行一条鞭法时，才改为按全县丁粮摊派役银。

---

① 天启《封川县志》卷9，《赋役》。

戴璟对驿传、民壮的改革，是“四差”改革中比较彻底的。他所实行的办法，肇议于嘉靖初年巡按广东御史苏恩。史载：

> 苏恩……嘉靖五年以御史按广，抑权豪，革和买，且与藩臬佥议，岁编驿传，为首者最苦，乃定随粮带征法，民甚德之。①

同时议定的，还有民壮编佥的办法：

> 议者欲随粮带征(民壮)，若今之水夫然，民以为便，此不易之良法也。自巡按御史苏恩议定而亟去任，厥后卒无有能举行者。②

所谓“随粮带征法”，又名“官雇法”，即按田赋征收额摊征役银，一切役务，由官府雇人应当，虽然嘉靖六年(1527)已经议行，但未来得及实行就由于苏恩离任而搁置下来了。到嘉靖十四年(1535)，戴璟才将这些办法加以实施。

戴璟所定的编派驿传的办法是：“通计各驿一年之费，照粮派银，随粮带征，解府，按季给驿递供应。其羡以待次年。民免倍偿，亦十年一编。”③这里需说明的是，所谓“十年一编”，并不是“十年一轮”的意思，因为实际上每年的征收额是按全部税粮额来摊征的④，“十年一编”大概是每十年编派一次的意思。然而，我们从惠州府的记载中，又看到并不一定隔十年才重编，在嘉靖十七年(1538)、二十一年(1542)、二十八年(1549)、三十八年(1559)，编银数都有较大的变动。⑤

民壮的编派办法同驿传相类似，即：“不复编正贴户”⑥，“以一府实

---

① 万历《广东通志》卷 13，《藩省志十三·名宦》。

② 嘉靖《广东通志》卷 23，《政事五·民壮》。

③ 万历《肇庆府志》卷 12，《赋役二》。

④ 例如，广州府每年该编民米 224460.74 石，显然是全府税粮除了优免之外的数字，绝不是其中的十分之一。

⑤ 参见嘉靖三十五年《惠州府志》卷 7 下，《赋役志下》。

⑥ 万历《顺德县志》卷 3，《赋役志》。

在粮米，编派一府民壮工食"，"随粮照数带征"，由官府"雇募精壮之人充当"。具体办法是：各州县按原来所定的民壮名额①，根据"每名每年给予工食银七两二钱，器具银二钱，共七两四钱"的标准，算出本州县应征总额，平均摊征于本州县的田粮。

在民壮的征派上实行"随粮带征"的办法，并不如驿传实行得彻底，如兴宁县，额编民壮二百五十名，其中只有一百五十名是由官府征银雇募，另外一百名的民壮工食银不由官府征收，而是"给粟自行收讨"，由民自理。② 再者，此法当时似乎也没有在全省一例施行，如新会县，直到嘉靖二十六年(1547)，才由知县王交"革为长者例，责里长排年，将各民壮随米编定，每米一石取银一钱五分。盔甲银另行征收。总纳到官，从官给兵领之"。嘉靖三十六年(1557)冬，"司府议复旧制编取，有田力者，仍旧充为民壮长"③。由于"议复旧制编取"的是司府，可见并不限于新会一县。万历《顺德县志》说，民壮"后不征于官，当役自收"，隆庆《潮阳县志》说，"或听民自募，户贴工食"，都反映了戴璟所定的民壮"随粮带征法"在大多数地区没能推行下去。因此，到实行一条鞭法时，民壮多是按丁粮摊派，比起戴璟所定的只按粮摊派的办法还倒退了一步。

总的来看，以上所述改革，都本着量出为入的原则，在出的方面，严格按实际需要进行预算，控制开支；在入的方面，严格以该征税额按丁粮均摊。作为主持者的戴璟，未尝不是希望通过这些措施来堵塞官吏里胥作弊侵克的门路，使负担较为平均。但这样一来，自然要损害那些贪官污吏的利益，而引起他们的反对。"有等不肖以其厉己，亦胥为诡言"④，对戴璟进行攻击。在这种情况下，连积极推动和支持这些改革的霍韬也认为戴璟"裁减太过"，"翻异太骤"，以致"驿递事宜及均平岁用皆有所不足"。他担心"减革太过，赃官不厌馋嚼，必生怨恨"，因而主张

---

① 戴璟方案以府为单位，据各地方志，实际上以州县为单位。

② 参见嘉靖《兴宁县志》卷3，《赋役》。

③ 万历《新会县志》卷2，《公署》。

④ 霍韬：《渭厓文集》卷7，《与戴巡按》。

“将议量增以塞贪者之欲”，“勿因小不便并沮成法，则地方幸利也”①。这意思是说，只有采取适当的妥协办法，才能使得改革实行下去。霍韬身为广东人，深悉地方上的人情世故。事实表明，他的意见不无一定道理。戴璟将役银的征收额限制在实际开支所必需的限度内，那些贪得无厌的官吏里胥绝不会老老实实地遵行。特别是作为各级官府主要经费来源的“均平”征收，额征数限制紧了，对大小官员的利益损害最大，当时就有人指出：

> （均平，）巡按御史戴璟著为规例，以节有司浮费，而限制太细，支用不足，故有司借口尽去其籍，以恣无名之征。②

很明显，各级官吏如按戴璟所定规例征收，没有多少油水可捞，有的人就干脆将《均平册》搁置在一边。戴璟改革的成果也就因此被摒弃了。为了保证均平法能继续遵行，嘉靖二十八年（1549），巡按御史黄如桂增加均平银的征收定额③，企图以此来制止于均平之外另向里甲派办的宿弊。这次增加的幅度各地不一（参见表3-4所列肇庆府各县在嘉靖年间三次议定的均平银额），高的如潮阳县从四百九十一两余增至八百六十二两余，增加了近一倍④。但是，这仍然满足不了贪官污吏们的欲壑，不久，“有司终不能守，（里甲）值日如故，上司行部，下程夫马与诸岁敛，皆令里甲出办，数多滥溢”⑤。到嘉靖三十九年（1560）御史潘季驯巡按广东时，均平法又完全废坏了。潘季驯亲眼所见的情形是：

> 至如里甲供应一节，民甚不堪。每州县里长出役之时，官取拜见银四五十两，少亦不下二三十两。正佐首领各有等差，吏书门皂

① 霍韬：《渭厓文集》卷7，《与陆李两方伯书》；卷6下，《与陈侍御》。

② 嘉靖《兴宁县志》卷3，《赋役》。

③ 参见嘉靖三十五年《惠州府志》卷7下，《赋役志下》。

④ 参见隆庆《潮阳县志》卷9，《民赋物产志》。

⑤ 万历《肇庆府志》卷12，《赋役二》。

> 亦有分例，却又分派日辰轮流供应，买办下程，陈设酒席，与夫交际礼仪，各衙油烛，六房纸札，差人盘缠之类，月费不下数百金。然里长不能自办，势必派之甲首，指一科十，缘甲及乙，故以官府一事一物之供，而害已遍于通都之民矣。……随查广东旧有均平之议者，皆系征银在官支办，止缘官吏寝阁不行，以致私役里甲。①

为此，潘季驯"案行布政司转行守巡各道，通将一应公费广集博访，细加参酌，某处冲繁，某处简僻；某件可因，某件可革；某件阙略未备，应该作何区处，爰逐一查议停当，开立款目、规则……纂成书册一本"。后又经布、按二司的部分官员和部分府县官员加以参订查对，类编成书，又将均平各款分为三类，"一曰岁办，盖每岁必用之常也；二曰额办，盖二年、三年或四年、五年一用之数也；三曰杂办，盖取用无常，备预以待不时之需者也"。同时还规定"俱征银在官支应，不使里甲亲当"。经重新审订的征收额比以前大大增加了，表 3-4 以肇庆府为例：

表 3-4 肇庆府在嘉靖年间三次议定的均平银额

	戴璟原议额(两)	黄如桂续议额(两)	潘季驯议额(两)
高要	608.998	1372.381	2080.605
四会	367.754	374	457.3621
新兴	287.842	390.342	806.5474
阳春	227.534	253.03	349.6914
阳江	282.818	497.288	888.2674
高明	415.734	432.434	523.2684
恩平	260.897	391.247	358.3614
广宁			266.7154
德庆	341.272	459.748	653.9223
封川	280.898	298.524	451.4519

① 嘉靖《广东通志》卷 32，潘季驯《均乎里甲疏》；《西园闻见录》卷 32，《赋役前》；以下一段俱据此疏。

续表

	戴璟原议额(两)	黄如桂续议额(两)	潘季驯议额(两)
开建	227.064	257.914	341.5214
府总	3300.811	4726.908	7177.7141

全省统算，也是“所议均平银簿，大约加旧一倍”，但由于禁革了在均平之外的科派，人民的实际负担还是减轻了，“以一岁计之，全广东省民财二十余万矣”。

为了使各州县之间的负担不致太悬殊，潘季驯还采用各州县间互相调剂的办法，“或以县小而冲也，则量派他县以助之；或以他县之力不能助也，则处别税以补之”。为了保证均平法能切实贯彻，潘季驯除了重申了均平法的一般原则外，还针对过去官吏们每以不敷支用为由，重新佥派里甲值日供办而使均平法屡不能守的教训，采用了两项措施：一是“犹恐有无名之费，纸笔所难载也，则多储杂用银两以备之”；二是“犹恐搜剔太过法易变也，则免其查盘，止听该道稽考之”。这就显然留给了官吏们更多贪污中饱的机会，使他们能从额定的征收中获得相当的利益。但大概也只有这样，才能使均平的征收额相对稳定下来，从而使赋役合并征收成为可能。

上述嘉靖年间的几次改革，尽管范围和程度不一，但其基本的原则是一致的：

第一，各次改革，无不以定额赋税为中心课题。“均一料派法”将原来奉各部勘合临时征派的物料，改为有固定征收额和固定税率的料价银。戴璟改革的主要内容之一，是将四差的征收额固定下来。这一趋势在均平法的历次整顿中表现得尤其明显，表面上看，黄如桂、潘季驯的改革只是增加了均平的征收额，实际上是将均平之外的征派并入均平之中，使无定额的征派定额化。一方面是额外之征、无名之费接踵而至，另一方面又不断地将这些无定额的征派纳入定额赋税之中。这样一种趋势固然反映了人民的赋役负担不断加重的事实，但同时又为一条鞭法的推行创造了条件。因为很明显，如果各项赋役本身的税额都不固定，要合并征收是不可能实现的。

第二，在改革中，部分赋役项目已经开始合并了，如料价、驿传银、民壮工食器具银，都实行随粮带征的办法，这就意味着它们同田赋合并起来。有的文献说，用这种办法征派，“事已而民不知”①，正表明这些项目已成了田赋的一部分。

第三，经过嘉靖年间的改革，确立了银子作为赋役征派的主要支付手段的地位。改革涉及的赋役项目，一律都是以白银为基本计量单位和征纳物，从而使得本来互不相同的赋役项目有了统一的预算单位和统一的支付手段，而这正是赋役合并征收的基本条件之一。

第四，“四差”的征派，原来虽也参照丁粮多寡来佥派，但是以户为单位。佥定某一具体的差役，该役的一切开支，都由该户负担，丁粮的负担没有明确的税率。改革之后，“四差”基本折银了，按户派差的办法改为按丁粮征银(少数项目除外)，役银的征收通过固定的税率同丁粮的关系更直接了。原来体现了人丁户口与土地结合在一起的户役开始分解为丁税和地税。

第五，由于物料、驿传等按粮征派，均平等由田地负担的比重也逐步提高，这些都反映了在赋役征派上土地税成分增加和人丁税成分减少的发展趋势。

以上特点表明，嘉靖年间的改革，不但为一条鞭法的实施扫清了道路，准备了条件，更重要的是，这些改革虽未有一条鞭法的名称，但实际上已在很大程度上具备一条鞭法的要素了。这些改革实在是一条鞭法改革的开始。

---

① 万历《肇庆府志》卷11，《赋役一》。

第四章　从一条鞭法到摊丁入地

经过明代中期的一系列改革，明代地方政府的赋税和财政架构已经逐步改变了，但中央财政规制，仍然维持着明初订立的赋役制度。把各地实行的办法划一起来，建立起规范化的制度，并在中央财政制度的层面确认这些改革的合法性的努力，后来是通过普遍地施行一条鞭法来实现的。正如梁方仲教授早已指出的，“一条鞭法就是要集合这些趋势的大成，将他们更为深刻化和普遍化”①。虽然一条鞭法是当时各地赋税改革的总结，并在形式上确定了一种新的财政体制，但财政改革并没有到此终结。尤其是明末清初的社会环境，令一条鞭法的赋税原则，并没有因为一条鞭法的普遍施行而得到真正的贯彻。从明末到清代前期，通过在各地展开的一系列改革，基于一条鞭法赋税原则的新财政体制才稳固地确立了。这些改革中，最重要的有革除里甲差役、摊丁入地和耗羡归公等几项内容。由于耗羡归公的改革调整的主要是中央财政与地方财政的关系，与户籍制度的改变没有直接的关系，本书不打算讨论。② 本章希望通过对广东地区从一条鞭法到摊丁入地的改革内容的考察，澄清以往的研究中有关这些改革的一些误解，着重说明一种定额化和课税客体一体化的田赋制度——这种田赋制度是清代图甲户籍制度变质的基本依据——是如何形成的。

---

① 梁方仲：《一条鞭法》，见《梁方仲经济史论文集》。

② 参见拙文《略论清初税收管理中央集权体制的形成》，见《中山大学史学集刊》，第1辑，广州，广东人民出版社，1992。

第一节　一条鞭法

一、关于一条鞭法在广东推行的时间

现存的广东文献，对一条鞭法在广东推行情况的记载，大多仅寥寥数语，十分简略，即使是明代万历、天启、崇祯年间所编方志，亦多语焉不详。梁方仲先生在《明代一条鞭法年表》中，辑录了广东地区推行一条鞭法的事例二十多则，使我们得以对广东推行一条鞭法的经过有一个基本的了解。但梁先生编制《明代一条鞭法年表》时采用的是有文必录的办法，我们现在要专门讨论一条鞭法在广东推行的经过，还有必要补充作一点考订和说明。

梁方仲先生在《明代一条鞭法年表》中收入的关于广东推行一条鞭法的最早记录，是嘉靖十二年至嘉靖十七年间(1533—1538)，霍韬请两广总督陶谐行"一条鞭法之权舆"于两广。考此事发生在霍韬任吏部右侍郎时，根据同治版《霍文敏公全集》附《石头录》，霍韬于嘉靖十二年(1533)九月升吏部右侍郎，十三年(1534)闰二月莅任，十五年(1536)六月二十九日升南京礼部尚书，十月十二日莅任。由此可知，此事必发生在嘉靖十二年九月以后。又据吴廷燮《明督抚年表》卷5，陶谐任两广总督的时间是嘉靖十一年至嘉靖十三年(1532—1534)，于是我们可断定霍韬《与陶南川都宪书》①大约写于嘉靖十三年(1534)。霍韬在这一书信中建议实行的办法是：将户口、田地及各项赋役查算清楚，"备造总册，俾有司知所法守焉"。同时还建议驿传、民壮的编派实行随粮带征。由前面所讨论的情况我们已经知道，这些措施当时在巡按御史戴璟的主持下实施了。如前所述，这些改革已经具备了一条鞭法的基本内容，实是一条鞭法改革的开始。因此梁方仲先生收入《明代一条鞭法年表》中是完全恰当的。但

---

① 见霍韬：《渭厓文集》卷6。

是，我们现在要讨论的是一条鞭法的正式实行。而这时的改革与后来实行的一条鞭法还有一定的距离。因此，严格地说，广东实行一条鞭法的时间并不是这个时候。霍韬当时明确说到，他建议实行的办法，是“仿行浙江事例”。而事实上，浙江在此时并没有行一条鞭法。梁方仲先生虽然在《明代一条鞭法年表》中收录了此事，但并未认为广东实行一条鞭法是在嘉靖时。同样道理，《明代一条鞭法年表》中所收录的嘉靖三十八年(1559)潘季驯定《永平录》一事也不是一条鞭法的正式施行。①

此外，在琼州府一些地方志中，有嘉靖四十年(1561)给事中姜性奏行一条鞭法事的记载，此事细节一时未能详考，但这只是奏行，琼州实际施行一条鞭法似乎不是在嘉靖年间，而是在万历十二年(1584)。②

在好几种广东的地方志中，记载了南海人庞尚鹏在嘉靖年间推行一条鞭法一事，对于这些记载所牵涉的事实，似有略加考订的必要。广东方志中，有关庞尚鹏奏行条鞭法事的具体年份有不同的记载。有的系于嘉靖三十九年(1560)，如雍正《广东通志》卷6《编年》。有的系于嘉靖四十年，如雍正《从化县新志》卷2《田赋志》。有的系于嘉靖四十三年(1564)，如万历《南海县志》卷3《政事志·事纪》。有的说是庞氏奏行，有的甚至说这时已在广东推行。我认为，这些记载都是不准确的。根据庞尚鹏的《百可亭摘稿》一书，他关于徭役改革有三份重要的奏疏③：一是《厘宿弊以均赋役疏》，疏中有“除四甲已编过外，未编六甲”一语，考嘉靖四十年为大造之年，到嘉靖四十四年(1565)刚好已编过四甲。故可

---

① 根据嘉靖《广东通志》卷32，潘季驯上《均平里甲疏》的时间是嘉靖三十九年(1560)八月，嘉靖三十八年(1559)是潘季驯到粤的年份，许多文献在记载此事时将年代搞错了。

② 参见康熙《琼山县志》卷5，《赋役志》。

③ 三疏见庞尚鹏《百可亭摘稿》卷1，除了这里举出的三疏外，还有《悯时艰陈末议以重法守疏》和《均粮役以除民害疏》，因显然不是关于一条鞭法的奏疏，故略而不论。

以判定该疏上于嘉靖四十四年。① 二是《节冗费定法守以更里甲疏》，上于嘉靖四十五年(1566)四月。三是《均徭役以杜偏累以纾民困疏》，也是在嘉靖四十五年奏上。② 其中第一疏议行十段锦法，第二疏议定里甲均平银事，第三疏方为奏行均徭一条鞭法事。由此可见，说嘉靖三十九、四十年、四十三年庞尚鹏奏行条鞭法，甚至认为这时已推行到广东，都显然是与事实不符的。其中嘉靖四十三年一说可能是嘉靖四十五年之误。即使如此，也没有任何可靠的证据能证明，庞尚鹏在巡按浙江任上奏请实行一条鞭法的同时，就已经把同一改革推行到他的家乡。考万历《南海县志》卷3《政事志·事纪》云："(嘉靖)四十三年(疑为四十五年之误)，御史庞尚鹏奏行条鞭法。"又说："其为此议，通行天下。"后来其他文献以为广东这时实行一条鞭法，大概是误解了这条记载的意思。其实，所谓"通行天下"，可以理解为后来在全国通行，并不一定是说当时就立即通行天下了。顺治年间黎春曦修《九江乡志》，记载此事时仍只是说"庞尚鹏奏行条鞭法"。虽然庞氏奏中请通行于南直隶、江西、湖广、两广、云贵诸省，但事实上，上述各省实行一条鞭法都不是在嘉靖四十五年(参见梁方仲：《明代一条鞭法年表》)，我们没有理由将上疏的时间断定为这些地区实行一条鞭法之年代。到道光时编纂《南海县志》，这条记载成了"嘉靖四十三年遂行条鞭法"，又加按语云："郝《通志》(即雍正《广东通志》——引者按)云三十九年上条鞭法。当是据上疏时言，此乃据行及吾邑时言。"这样一来，南海县在嘉靖四十三年(1564)实行一条鞭法就似乎确定无疑了。但事实上，这完全是后人妄加臆断之论，不足为信。

那么，一条鞭法是哪一年在广东推行的呢？根据我所见的资料，比较可信为实际施行的最早记录，是乾隆《南雄府志》所载："隆庆元年，行御史庞尚鹏所奏一条鞭法，民困少苏。"③又康熙《南雄府志》载：

① 因第三疏可以确定是嘉靖四十五年上，而其中有"已编过五甲"一语，所以可知第一疏比第三疏早一年，亦证明第一疏的时间是嘉靖四十四年。

② 参见万历《湖州府志》卷11，《赋役》。

③ 乾隆《南雄府志》卷4，《赋役》。

> 周思久，字子征，号都塘，麻城人。嘉靖癸丑(三十二年)进士，丙寅(四十五年)任(南雄知府)。……里甲均徭，遵行《永平录》，申准一条鞭，裁革始兴七里杂夫，减省僚属皂快。①

可见周思久是在遵行潘季驯所定《永平录》的基础上，在隆庆元年(1567)进一步采用庞尚鹏奏准的一条鞭法，但由于记载过于简略，未能知悉更具体的细节。

我以为，广东省大多数州县推行一条鞭法的年代应是在万历五年至万历七年(1577—1579)之间。广东地方志多数没有记载一条鞭法推行的年代。然而，凡比较可靠的记载大多数是万历五年至万历七年间。虽然这些记载也相当简略，但还是比较可信的。明万历十五年(1587)任广东按察使的林乔相曾撰有一篇《永赖祠记》，叙述庞尚鹏在东南地区推行一条鞭法的经过：

> 今之赋役，因产定制，衰益获中，二百年间，民用久安。然时久弊滋，轻重失平，诛求掊克，东南民力竭矣。南海惺庵庞公为台察，为节镇，风裁能声满天下。其大得民心者，则厘正赋均徭，尤明效也。当按浙时，博采舆论，属邑余姚、平湖行条鞭法，素为简便，遂试于一郡。一郡称善，乃上请报可，即行于全浙，全浙称善。及抚于闽，咨于粤，咸遵行之。闽粤之称善，犹夫浙也。②

根据他的记述，我们了解到，庞氏首先在湖州府试行，后又推行于全浙。“及抚于闽，咨于粤，咸遵行。”林与庞尚鹏是同时代的人，所记述的情况虽简略，但应该有相当高的可信性。考庞尚鹏于万历四年(1576)冬巡抚福建③，六年(1578)六月辛丑回籍④。因此，他“抚于闽，咨于

---

① 康熙《南雄府志》卷2，《职官志》。

② 康熙《番禺县志》卷18，《艺文》。

③ 参见《明史》卷272，《庞尚鹏传》。

④ 参见《明神宗实录》，万历六年六月辛丑。

粤”，推动一条鞭法在广东实施的时间，也应在万历五年(1577)前后，正可与地方志所记载的时间相吻合。据此，我认为广东的大多数州县于万历五年在庞尚鹏的推动下开始实施一条鞭法，大致上，到万历七年(1579)时，除了琼州府外，大部分地区都实行一条鞭法了。

关于庞尚鹏与广东实施一条鞭法的关系，梁方仲先生在《明代一条鞭法年表》中说：“庞氏为粤人，故粤省方志多以条鞭法之创始人推之。”这是有一定道理的。不过，从上引《永赖祠记》的记载看，恐怕也不仅仅因为这个原因。庞尚鹏对推动广东实施一条鞭法应该是直接出了力的。他家乡人士为了纪念他推行一条鞭法“有大惠于粤”，专门为他修建了生祠奉祀，并取名为“永赖祠”①。庞氏与广东推行一条鞭法的关系之密切，于此可见。

还有少数广东的地方志记载万历九年(1581)实行一条鞭法，这是不大可信的。它们很明显是后人因袭《明史·食货志》的说法。如道光《广宁县志》卷6云：“嘉靖间数行数止，至万历九年乃尽行之。”就显然是抄袭《明史·食货志》的文字。② 毋庸赘论。

二、一条鞭法的赋役征派办法

前面的讨论已表明，在一条鞭法正式实施之前，广东地区的各项赋役基本上已经在折征银两的基础上实现了定额化。在征派原则和办法上，基本上统一为按粮或按丁粮派银，其中几种按粮征派税银的赋役项目实际上已经初步合并了起来。但是，直到万历初年，上述几方面的发展还是很不彻底的。主要表现在：第一，均平和均徭的征派仍继续实行轮役的办法，以致不同的甲分之间丁粮负担的税率不等；第二，赋役征收基本上还是分开进行；第三，均徭中还有少数项目以及民壮的一部分，仍

---

① 康熙《番禺县志》卷9，《祀典》。

② 还有一个明显的例子是，康熙《开平县志》明确记载开平且于万历五年行一条鞭法，但民国志却抄袭《明史·食货志》的说法认为在万历九年。

然将具体的差役派定由固定的户充当，由应役者自当或自行雇募，而没有一概由官征银雇募；第四，改革的成果很不巩固，民壮随粮带征法不少地方没有推行，就是实行了的，后来亦多回到旧的办法去了。均平的征派更是故弊重生，虽屡经整顿，但贪官污吏又总是以“议之所不及者，非加增何以足用”为借口，“以支应责之里长，里长责之里甲，仍干没，其所谓均平加增，是两役也”①。

因此，在过去改革的基础上，进一步巩固改革的成果，并沿着同一发展方向，将改革推向深入，使之更为完善，成为万历初年推行一条鞭法的主要任务。

所谓“一条鞭法”，从字面上理解，就是将赋税徭役的各个项目合并为一条编派的意思。② 即“以从前均平、均徭、民壮、驿传诸色目太繁，不便缴纳，因令天下州县于丁粮中会计各办额料，通融征解，其诸色目一概归并”③，“不别立四差名目”④。但是，要将不同的赋役项目合并起来，必须以各项赋役的征纳手段、征派原则和方法都统一起来为前提。故此，围绕着合并编派这个中心内容，一条鞭法包括了更为广泛的内容：

第一，赋役征纳全面折征白银，“一切编银”⑤，“派银上纳，官自雇役”⑥。在万历以前，广东地区只有均徭的少数项目和民壮的一部分由应役者自行雇役，大多数的项目早已是征银了，故实行一条鞭法时，只需将为数不多的项目也改为由官府征银雇役就行了。如龙川县，万历五年(1577)知县林庭植到任后，推行一条鞭法，其主要内容之一是，令均徭“概从银差”，民壮“征银在库，当解者解，当给者给。并无正贴偏累之苦，并无虚捏倍收之〔弊〕”⑦。在赋役折银方面，广东实行得比其他省份

---

① 乾隆《龙川县志》卷 3，《赋役志》引万历志。

② 参见梁方仲：《释一条鞭法》，载《中国近代经济史研究集刊》，1944，7(1)。

③ 康熙《高要县志》卷 7，《赋役》。

④ 乾隆《揭阳县志》卷 3，《赋役》。

⑤ 万历《顺德县志》卷 3，《赋役志》。

⑥ 康熙《信宜县志》卷 6，《赋役志》。

⑦ 乾隆《龙川县志》卷 3，《赋役志》引万历志。

更为彻底。这是广东地区赋役改革的一个突出特点。

第二，取消了原来均平、均徭轮年应役的办法。其中，均平改为“通县岁派，不专出于见役”①，均徭亦“以通县丁粮均派”，“向皆役于十年、五年、三年者，岁编之”②。四差的编派原则因此而统一起来了。

第三，摊户役于田赋。这主要是通过改变差役课税客体实现的。一条鞭法改革之前，四差的编派对象是由人丁事产(主要是田地)构成的户，户是基本的课税单位，人丁事产系于户下，作为户等高低的依据，并进而成为佥役轻重的标准。每一户被佥派的差役是固定的。这些原则反映了四差在性质上是一种以人丁户口固着于土地之上的关系为基础，以自给自足经济和职业世袭分工的里甲制度为支柱，带有浓厚的劳役制色彩的征派。在一条鞭法下，四差一例按人丁土地(在广东具体化为丁额和粮额)征派银子。按人丁多少课征丁税，按土地多寡课征地税，体现了人丁和土地相结合的“户役”，由此分解为“丁税”和“地税”。于是“户”在税收中不再作为一种课税单位。故有文献记载：“至万历间编赋役全书，遂以丁口名，而户之称渐泯。”③这就是说，在税册上统计户数已经失去了实际的意义。入清以后，我们只看到有丁口数，而没有户数的记录，正是这种转变的反映。由于按户佥派的差役已分解为丁银和地银，其中地银是按粮派银的，这就同田赋没有什么区别了(这时广东的田赋也是按粮派银)。它们之间的合并也就水到渠成。必须先提及的是，在一条鞭法下，随着丁的含义的衍变，丁银实际上也逐步转变为土地税了。关于这一点，我们稍后考察“摊丁入地”时再讨论。

第四，由于各项赋役都折征银子和合并起来编派，征收和解运手续因此而大大简化。原来由见年里长逐项催征，人户不胜烦扰。随着赋役完全货币化，税额也有了确定的数字，就可以由纳税户亲自上纳。因此，

① 康熙《高要县志》卷7，《赋役》。

② 万历《惠州府志》卷10，《赋役下》。

③ 雍正《揭阳县志》卷3，《户口》。

一条鞭法明确规定，“令民亲自秤纳投柜，毫厘不干里书之手”①，同时又规定了每年税银分为若干限完足②。赋役的解运亦因以银子为征纳物而大大减轻了运输的劳费，从而，一条鞭法之后，确立了官收官解的制度。③

为了进一步了解一条鞭法的赋役编派办法，我们不妨以肇庆府用一条鞭法编派赋役的办法为例。万历《肇庆府志》卷12《赋役二》概括一条鞭的赋役编派方法云：

> 除鱼课、鱼料外，京库、军饷，府及各州县及各儒学及梧州、广州、电白仓，府及各州县库，额派、续派，铺垫及军器料，总兵廪粮掾史衣资，皆出于官民米(惟阳春县廪粮衣资出于均平)；徭差、民壮、均平、驿传、盐钞皆出于丁粮。每岁通计(应征)银若干，某米该银若干，丁该银若干。类而征之，不多立名，取其易晓，谓之一条鞭。

在对这段记载作进一步解说之前，需要说明的是，合并在条鞭银之内的项目，各地并不完全一样。如盐钞银，潮州府以广济桥盐利银代纳，不编入条鞭征派。到崇祯四年(1631)，揭阳等县方“派入条鞭内，总追起解”④。还有一些府将鱼课米银和鱼油翎鳔料银也派入条鞭之内。⑤ 此外，还有门摊、商税、诸课钞等，许多地方“以其额银合正赋编之，银存而名亡。至有不识其名目者”⑥。这些税目实际上也合并到条鞭之内了。

---

① 天启《封川县志》卷7,《户口》。

② 参见康熙《广州府志》卷50，何吾驺《南海蒋候德政碑记》；乾隆《南海县志》卷3,《编年》；雍正《揭阳县志》卷3,《田赋》。

③ 万历《肇庆府志》卷12《赋役二》：“往时值年后丁粮多者充该征解户，役最重，今官解，民始苏矣。”

④ 乾隆《揭阳县志》卷3,《赋役》。

⑤ 参见万历《广东通志》中关于各府赋役的部分。

⑥ 万历《广东通志》卷14,《郡县志一·韶州府·赋役》；又参见卷33,《郡县志二十·南雄府·赋役》；卷36,《郡县志二十三·惠州府·赋役》；卷41,《郡县志二十八·潮州府·赋役》。

在一条鞭法实行之后，并入条鞭征收的项目还不断有所增加。如万历三十六年(1608)，新宁县“将墟市各饷编入秋粮”①。崇祯九年(1636)，归善县“盐饷派入条鞭”，“夫马头银派入丁银”②。信宜县的关榷渔渡之税，亦摊派到条鞭银内，“每正供银一两派税银三分一厘三毫六丝零”③。尽管条鞭银内包括了种种繁杂的税目，但其基本的项目还是“粮料”和“四差银”。我们这里只讨论粮料和四差摊派时的会计方法，其他杂税略而不论。

所谓“粮料”，即税粮和物料。如前文所述，税粮和物料早在嘉靖年间均已全部折银了。然而，在实行一条鞭法之前，不但田赋和物料的征派率不同，而且田赋中起运存留项目之间，折银率也不一样。在一条鞭法下，原来的折征，征派率只是在预算税额时使用，即按原来的折银率和征派率来计算起存各项和物料各项的应征税额。在实际征派时，则将各项税额相加，将总额摊征于官米和民米，不同项目的不同折银率在实征时不再使用，而统一按官米每石派银若干，民米每石派银若干的标准征派。统一征收起来后，再从总征收额中分别支解起运、存留以及物料的各项税额，这也就是所谓总收分解的办法。有的研究者认为一条鞭法不包括田赋方面的改革，显然是片面的。

四差的会计办法比粮料复杂一些，这主要是由于四差是按丁粮两项来征派的，在不同的州县，摊派的办法亦稍有不同。下面我们分别作一些说明：

均平，基本上是用嘉靖时确定的征派办法来会计税额，按丁粮摊派，其中少数州县，如德庆、开建，只按田粮派征，人丁不派。在田粮方面，多数州县只派民米，官米不派，只有四会、广宁、开建官民米同派。在丁粮的分配比例上，高要、四会、高明、恩平、广宁、封川等县，每一

---

① 康熙《新宁县志》卷 2，《事略志》。

② 康熙《归善县志》卷 2，《事纪》。

③ 乾隆《信宜县志》卷 5，《赋役》。

丁的负担同每粮一石的负担相等，阳春、阳江两县则每一石的征银数高于人丁的征银数。而新兴县以民米四石二斗八升折人一丁，则人丁的负担又重于粮石。

均徭的派征办法与均平基本相同，各州县均按丁粮摊派。除了阳江县以每石折三丁外，基本上与每人一丁粮一石的征银率相等。又除了四会、广宁两县官民米同派外，多数州县都只派民米，官米不派。

民壮与均徭基本相同，除阳江县丁粮负担不等外，基本上是按丁粮均派。

驿传则除了德庆州按每一丁派银 0.17174 两，每一石派银 0.077661 两外，大多数州县都只按粮米派征，人丁不派。

下面我们举高要县万历年间的赋役编派数字作为实例，具体地说明上引《肇庆府志》关于一条鞭法的记载的含义，说明一条鞭法是如何实现赋役合并编派的。

以下三个表显示出各项赋役折银后分别按官民米人丁摊派的情况(由于省略了一些琐碎的项目和除税率外只取两位小数，表中一些数字与原书记载略有出入，但对我们了解一条鞭法的会计方法基本上没有影响)：

表 4-1　田赋折银

原征派项目	本色米(石)	折银率(两/石)	折征田赋银额(两)
起运京库官米	3032.86	0.25	758.22
起运京库民米	3449.44	0.54	1862.70
解司军饷	6994.05	0.54	3776.79
梧州府广备仓米	4168.20	0.65	2709.33
廉州府广储仓米	594.54	0.54	321.05
本府丰济仓米	6802.62	0.45	3061.18
本府儒学仓米	711.6	0.5	355.80
本府库折米	4224.4	0.54	2281.18
儒学仓米	355.2	0.5	177.60
共计	30332.91		15303.85

表 4-2 料价征派

项目	征收银额(两)	官米每石派银额(两)	民米每石派银额(两)
均一料价银	1107.68	0.01797	0.03866
续派四司料银	675.54	0.00918	0.2377
续派三库料并铺垫银	168.41	0.00556	0.00556
总兵廪粮掾史衣资	13.04		0.004787
军器料	34.53		
共计	1999.2	0.03271	0.286707

表 4-3 四差派银

项目	编银额(两)	实编粮米(石)	每粮米一石派银额(两)	实编人丁(口)	每丁派银(两)
均平	2275.62	24315.70	0.06549	104306	0.06549
均徭	3678.39	22680.64	0.112455	10028.89	0.112455
民壮	4279.37	22680.64	0.1380293	10028.39	0.1380293
驿传	1732.25	22680.64	0.0763761		
共计	11965.63		0.3923504		0.3159743

在田赋、料价、四差都相当明确地全部折算成以白银计算的定额赋税，按一定比例向田粮和人丁摊派的基础上，再进一步将它们合并起来，也就是把以上三表中的田赋折银的总额15303.85两、料价银1999.2两、四差银11965.63两加在一起，共应征税银29268.68两①，为条鞭银，按原来摊征比例合并摊派到不同的计税单位("官米""民米""丁"在这时已经成为纯粹的计税单位，而不是实际的征收额)，官米每石摊征银0.2952279两，民米每石摊征银0.9912752两，丁每丁摊征银0.3087798两。

总的来说，"四差银"基本上按丁粮征派，粮的负担略重于丁。这些

---

① 万历《肇庆府志》卷12《赋役二》记载的税银总额是29856.96两，这是因为我们在计算中略去了一些项目，以及其他原因所致，但两个数字的差异对我们的分析没有影响。

办法是在嘉靖年间的改革时确定的，实行一条鞭法时，仍使用它来会计税额，但和田赋银一样，在实际征派时，并不是逐项分别派征，而是更进一步将四差中应按粮征派的部分相加，再和粮料银合并在一起，向官民米派征，这就是后来所谓"地银"；而由人丁负担的部分，亦合并起来按丁派征，即后来所称"丁银"。于是，明中叶以来名目繁多、互不相同的赋税徭役就演变为"地银"和"丁银"两项赋税了。"民知岁输几何，而不知某粮几何，某役几何"①。这就是一条鞭法同以前的赋役制度的明显区别所在。

最后，附带指出一个值得注意的事实：在广东文献中，我们基本上看不到有关一条鞭法的争论。在推行一条鞭法时，也没有出现什么阻力，也看不到明显的直接的反对意见。这首先是由于在一条鞭法之前，经过一系列有相当深度的改革，广东地区的赋税差役的征派制度已经改变，在其他地区实行一条鞭法时所争论的问题早在这些改革中大体上已经解决。一条鞭法的推行，其实比较少引起纳税负担的再分配。在广东文献中，评论到一条鞭法时，大体上认为主要有以下几点好处：一是"赋有定准，役有定法"，"岁有定额，差有划一"②，便于人民按数缴纳，利于防止胥吏作弊。二是赋役合并之后，"称名少而耳目专。……错薪翘翘，不如一束之易操也；歧路冥冥，不如一途之易遵也"③。三是十年一轮改为逐年均派后，人民更易于负担，因为"民鲜有能远虑者，虽有九年之宽，随手耗矣，孰若岁岁勤之而不至甚厉之为愈哉"④。总之，以一条鞭为良法，这是当时广东地区官绅士民的一致看法，这同当时北方地区对推行一条鞭法展开激烈争论的情形形成了鲜明的对照，反映了明中后期广东地区经济的发展和社会变迁程度与北方地区的差异。

---

① 万历《西宁县志》卷 3，《赋役》。

② 乾隆《龙川县志》卷 2，《坊都》。

③ 乾隆《信宜县志》卷 5，《赋役》。

④ 万历《惠州府志》卷 10，《赋役下》；又参见康熙《高要县志》卷 7，《赋役》。

三、一条鞭法与土地清丈

一条鞭法下的赋税构成，地银占的比例远高于丁银。但地银在广东并不是直接按地亩派征，而是先根据土地的不同科则，确定该科粮米数，以为课税的根据，按此征银。无论上供物料，还是四差，都是按税粮额而不是按田地摊派，税粮本身的折银，亦按原科粮米额派征而不是按亩征银。在地籍不清、赋役混乱的条件下，这固然是唯一可行的办法，不失为一权宜之计。但是，随着各种赋役项目越来越多地按粮派征，而徭役和杂赋征收中的矛盾在一定程度上得到缓和，赋役负担不均的矛盾焦点，就越来越集中到田赋税额科派不均上来了。万历时有人曾指出："有田始有赋，凡与之贡赋，未有不因于田之多寡。惟田数未定，而概以粮数派征，此侵渔隐弊之所由起也。"①虽然他说的是江南的情况，但这个道理也适用于广东。凡地籍未清，田赋征收与田产占有实际相脱节时，若实行随粮征派的办法，田赋负担的不均必然会引起更多的弊病。那些"无田而有粮者，田少而粮多者"②负担的赋役更重了，而那些"有田无粮"的大户势豪也就在逃税的同时也逃脱了差役的负担。可见，在一条鞭法随粮征派的办法下，要使赋役负担均平合理，清丈土地、整理田赋显得尤其必要。

此外，在一条鞭法改革中，还有一个亟待解决的问题，就是官民田负担不均的问题。广东官田数量很多，但多是传自前代，到明代以后，大多已失去本来作为国有土地的性质了。但在法理上、形式上，这部分土地的所有权仍属于国家，主要表现在由于田赋中包括了租的成分在内，故赋税率比民田高。虽然早在明初，就有减轻官田税则的行动③，但一般地说，官田科则还是比民田的重好几倍，甚至十多倍。后来虽以加耗

---

① 赵用贤:《赵文毅公集》卷 2,《均平江南粮役疏》。

② 隆庆《潮阳县志》卷 4,《民赋物产志》。

③ 康熙《广东通志》卷 9《贡赋》:"……继从兴宁知县夏则中奏减官田之税，自是广东州县科粮等则不一。"

比民田减轻①，折银率比民田低(官米每石折银 0.25 两，民米每石折银 0.5 两左右)以及不派四差等办法来调剂官民田负担的差距，但形式上官田仍按高于民田的则例科征，继续保留其作为国有土地的外壳。如此一来，官田科则重于民田，但实际负担并不一定比民田重，甚至反轻于民田，这就使得本已日益混乱的土地赋税制度更加混乱。欲逃避重则的，将官田改为民田，随着民田负担的赋役越来越重，又“多以民为官”，企图逃避重差，以至官民混淆不清，“欲即其坐，莫可指识”②。在这种情况下，一条鞭法在不改变官民田地科则的同时，又分别以官民米为根据，征派轻重悬殊的赋役银，也必然会使田地之间的负担更加不均，这个矛盾也要求通过土地清丈加以解决。

总之，由于一条鞭法的实行，赋役征派转为以土地为主要的课税客体，清丈土地就成为解决赋税负担不均的迫切需要了。

局部地区清丈土地的行动，在明中叶时，已屡有举行。以虚粮比较严重的南雄府为例，成化十七年(1481)因虚粮多达 11595.85 余石，知府江璞“奉旨清丈田粮”，但经过清丈，仍失额 1801.70 余顷，该无征粮 7226.0 余石，分派各图人户赔贼。弘治五年(1492)，“保昌县丞陈琦奉委清查出各部绝户余田二百四十三顷五十亩五分，顶纳虚粮五千一百五十九石，每亩派粮二斗五升，或三斗，或五六斗，或一二斗，免其当差，谓之挨有下落。尚有虚粮六千二百余石，谓之挨无下落，仍派通县见户赔贼”。嘉靖十六年(1537)，推官侯廷训清丈出保昌余田 116.93 顷，加倍顶补虚粮 729 石余。嘉靖十九年(1540)推官曾乐率委清丈出余田 196.48 顷余，顶补见户虚粮 630 石余。嘉靖二十七年(1548)，知府胡永成查丈出余田 12.217 顷余，兑补过各都人户虚粮共 39.1288 石。③ 显然，历次清丈，主旨都在于查出无粮之田，由这些田地来负担虚粮税额。

---

① 顾炎武《天下郡国利病书》原编第 41 册：“(雷州府)每亩官税一斗七升起科，加耗一合一勺，民税二升起科，加耗七合一勺二抄。”

② 万历《广东通志》卷 36，《郡县志二十三·惠州府·赋役》。

③ 参见嘉靖《南雄府志》卷下，《食货志》。

但每次都没能将虚粮完全抵销，所以每次清丈的成效都是有限的。嘉靖十四年(1535)，戴璟也企图清理田赋，但他并未采取清丈土地的措施，而是企图以严厉的法令迫使隐蔽田产的地主势豪自首，也不可能取得什么成效。①

万历八年(1580)十一月，在张居正主持下，明政府下令全国清丈田地。广东地区的清丈是以州县为单位进行的，起讫时间各州县略有先后。大体于万历九年(1581)、十年(1582)间，大多数州县都展开了清丈田地的行动。万历十二年(1584)、十三年(1585)间，又进行了复丈。但是，在明中叶以后，地籍已相当混乱，而官僚体制又极端腐朽僵化。在这样一种社会条件下，清丈田地并不是一定就能收到“一丈田而百弊清”②的效果。对当时州县政治有很深了解的海瑞就认为，丈量土地要收到如期的效果，要求“县官秉有公、廉、勤、慎四道行之”③。所谓公，即“虽乡士夫亦不敢干之谓”；廉，即“富人亦不能贿之谓”；勤，即“时时田土之中”；慎，即“一字不入吏书手目也”。由此我们亦可知道，对土地丈量的影响往往来自乡中士绅的干预，富人的贿买，田主所报不实和吏胥书算的舞弊，在这几种势力包围下，地方官僚中能真正做到公、廉、勤、慎的人实在很少，在实际丈量时也就难免弊端百出。海瑞当时就指出：

> 盖丈田则无虚粮虚差，小民虽无田而得自生理，无先日官中苦恼矣。乃今无一处不称丈田之害，弊端百出，与先年黄册飞诡无异。民间出钱奔走，无日而息，甚之如雷州四竖激变黄旗，逃流他方者无数。人谓丈田如遭一大兵火，良是朝廷美意，良知今日反成毒害乎！其一，书生平日不知有此，而朝更夕改，多为之法，致有骚扰；其二，贪毒之人，借此各目为取钱计。④

---

① 参见嘉靖《广东通志初稿》卷23，《田赋》。

② 海瑞：《海瑞集》下编，《赠陈侯丈亩成功序》。

③ 海瑞：《海瑞集》下编，《赠陈侯丈亩成功序》。

④ 海瑞：《海瑞集》上编，《拟丈田则例》。

这还只是丈量过程中的弊害，而丈量的结果更是因“衙役受赇，里胥弄法”而贻害深远。如增城县：

> 清丈之初，原无亲供入官，知县游应龙但分遣公正、弓(手)、(书)算等役，四出乡落，有力之家实产或隐匿不丈，或多作少，任县总万粟、吕义、邵周等恣意□蠹，反缩去田地百余顷，抑且抵近东莞、龙川、博罗，界内田地业户，利于轻科，彼县利于广额，本县轻徇其请，辄拍圻号送之，盖失田地数十顷，弊孔多端。①

之后，虽然又查出近百顷田地，但并没有用来补足原额，而是将原丈田地以一亩余折作一亩，仍然“讳其隐匿，惟以错数为名，至十三年造简明册，尚多隐弊，莫从控诉，通邑至今(康熙时)苦之”。由于万历九年(1581)丈量定赋的原则是“田有增减，俱以原额粮米均派”②，所以像增城这样丈量后的田地数反少于原额的州县，被丈过的土地的科则都必然要提高，“下者不得不上，上者不得不倍既倍矣”③，如顺德县，因失额588余顷，于是将通县丈实田地每亩加派七厘二毫有奇④，南海县更是因“通县田土多为田胥隐蔽挪移，原额不足，每亩加派二分，名为定弓”，结果是“原为均田以苏民力，南海反受虚粮之累，民不堪命”⑤。毋需多论，丈出的田地数反少于原额，并不是实际土地数少了，而是由于在丈量中大户势豪和里胥书算相勾结，隐蔽田土，逃避赋税所致，可见丈量田地如奉行不善，就反而给人民带来更多的危害。

当然，万历九年(1581)的丈量也不是所有州县都有弊无利，有些较认真进行的州县，通过丈量土地，确实收到了一定的成效，如东莞县：

---

① 康熙《增城县志》卷4，《食货志》。
② 万历《惠州府志》卷2，《事纪》。
③ 万历《广东通志》卷17，《郡县志四・广州府・赋役》。
④ 参见康熙《顺德县志》卷3，《赋役志》。
⑤ 乾隆《南海县志》卷3，《编年》。

(万历)九年诏天下复所部田以清赋税,(知县杨)寅秋奉檄从事,乃括民风土宜,趋舍为议十有四,简公正二十有五人为区长,以核沃瘠不实;礼邑之行谊循理不比不婀者十有一人,副以殷繁可属百一十一人,以总核区长之报成者,规划周悉,乃日率诸役,被褐单骑,东西驰田间,计亩均科,凡溢额万石有奇。寅秋田赋惟求其旧,遂以所赢余均于则之轻重,此浮税一清。始于辛巳仲冬,成于壬午夏,奏续报册,始其明敏周当,类多过人,至今称之。①

此外,诸如番禺、新会、始兴、仁化、潮阳、信宜、临高、文昌、南雄等府州县,亦取得较好成效。

在万历年间的清丈土地行动中,凡被认为进行得较好的州县,主要是通过丈量,在赋税征收上有下面几方面的改良:

第一,丈量出来的田地数多于原额,按原来的税额均摊于丈出的田地之上,从而减轻了科则。如惠州府,除长宁县外,各县丈量后田地数都大大超出原额,所以"各县所溢者或多或寡不同,故科则之轻重不等,然较之旧则虽重者亦轻矣"②。

第二,清减了虚粮、浮粮,"则壤成赋,民间无不税之田,计亩均粮,公家无不田之税矣"③。如仁化县,"万历九年委官知县罗九勋奉例丈量,将通县官民田地山塘概量计亩定税,补足浮粮三十五石六升一合九勺"④。

第三,重新整顿了各类田地的科则,区别田地腴瘠,确定起科轻重的原则,如潮阳县:

县尹章□翰躬行阡陌间,慎择里长善人为公正,分田为上中下

① 崇祯《东莞志》卷4,《名宦》。
② 万历《惠州府志》卷10,《赋役上》。
③ 康熙《信宜县志》卷6,《赋役志》。
④ 万历《仁化县志·赋役纪》。

三则以定亩额。又有潮田，所谓十年之收者，则定以为下下则之法，准其三折成亩，以均匀其赋税，而恤其贫瘠。至塘沟坊堰，一切水利，复于例外，特为宽之。一时咸称便，颂声载道，至今未绝云。①

当然，时人所论丈量田地的利弊，不能不受论者立场所左右，称弊的未必对所有人都无好处，称善的亦未必人人都受其惠，个中各阶级阶层利益交错复杂，未可一概而论。但由于清丈田地的目的在于整理赋税，故从赋税征收的角度来论清丈的利弊，还是比较合理的。然而，广东地区在万历九年(1581)的丈量中取得的最大成果还不在于赋税负担的减轻，而在于通过丈量，改革了官田赋税征收制度。

如前所述，到明中叶时，官田和民田已无根本的不同，名存实亡了。江浙一带早在嘉靖隆庆年间，已纷纷开始了扒平官民田科则的运动。广东地区则在万历九年丈量田地时才将官民田科则扒平，而且实行的办法亦与江浙一带稍不同。史载：

万历九年，诏天下丈田，有司言："田地故有官民，官者，官之所有，给民数〔佃〕之；民者，民自买卖才也。历朝变更，至于今，官者尽属于民，空存故号，即其所坐，识别亦难。请如江西奏，可概以民丈定赋，官米等随亩派之。"②

细稽之，官米随亩派之的形式有三种：一是"十分邑中之税，亩科民米九分四厘有奇，官米五厘有奇"③。这是按税额均摊。二是"凡田一顷，以五分为官，以九十九亩五分为民"④。这是按田亩数摊派。三是"官米并派民米内带征之"⑤。这三种形式并无实质上的不同，实际科派时，一

① 康熙《潮阳县志》卷3，《纪事》。
② 万历《肇庆府志》卷11，《赋役一》。
③ 万历《顺德县志》卷3，《赋役志》。
④ 万历《永安县志》卷2，《赋役志》；康熙《河源县志》卷3，《贡赋》。
⑤ 万历《广东通志》卷28，《郡县志十五・韶州府・赋役》。

般都是采用每亩科民米若干，又科官米若干的方式。① 如顺德县将官米摊入民米后，各类田地都按照下面的科则承担官民米的粮额②：

表 4-4 顺德县田赋科则

	民米(升/亩)	官米(升/亩)
上等亩	4.04	0.94
中等亩	2.78	0.94
下等亩	1.72	0.94

取消了官民田的不同科则后，多数州县的田赋科则随之进一步简化和统一了，而且一般都是根据土地的种类、肥瘠程度等自然条件来区分等级。

各州县的科则划分，一般以田地山塘的区分为基础，有的复杂一些，因为田地山塘内又各可按肥瘠、灌溉方便与否等因素分为上中下则，也有的比较简单，如韶州府的乐昌、仁化、乳源，均只有一则。③

应该说明一点，从文献上看，在万历年的丈量中，也还有少数州县，没有取消官田的名目，仍沿用官民分则的办法，以南海为例④：

表 4-5 南海县田赋科则

官田		民田	
类别	科则(斗/亩)	类别	科则(斗/亩)
上则官田地塘	3.5	民田屯田	0.3
中则官田地塘	2.4	民地山屯军田	0.2
下则官学院官田地塘	1.6	民塘僧尼道塘	0.5
公职/官田塘等	2.56		

① 参见万历《永安县志》卷 2，《赋役志》。

② 据万历《顺德县志》卷 3，《赋役志》。

③ 参见万历《广东通志》卷 28，《郡县志十五・韶州府・赋役》。

④ 参见万历《广东通志》卷 17，《郡县志四・广州府・赋役》。

这些县为什么仍按官民田分别科派，原因我们还不太清楚，其中有些县是不是虽然则例上官民田分派，但实际上官田是按上述第二种形式的比例算出的，也还有待进一步证实。但不管怎么样，万历以后，广东多数州县确实取消按官民田性质的不同来制定田赋的科则等级，而实行按田亩自然条件的差别来制定科则，这是一个具有重大意义的改革。它最终剥除了官田上的国有土地的外壳，从内容到形式都取消了官民田土的差别，标志着官田制度的彻底崩溃，这也是当时赋税改革划一化和标准化趋势的必然要求和重要的一步。

通过万历年间的清丈土地，田赋征收得到整顿，尽管各地奉行的优劣成败利病不一，就总的情况来看，田赋征收与土地占有相脱节的状况得到了不同程度的改善，田地中由于社会的人为原因而形成轻重悬殊的科则扒平了。随着土地私有化的发展，土地占有的封建等级关系大大削弱了，各种土地皆由其自然形态分类起科，在一定程度上做到了“则壤成赋”，田赋的财产税性质进一步明确。同时，广东地区实行的一条鞭法虽然一律以税粮额为征派赋役银的单位，但在清丈之后，按粮派银和按地派银之间的差别缩小了。另外，丈量之后，各地重新编制了鱼鳞归户册等着重于登记土地占有状况的册籍，掌握更为准确的土地占有状况，从而使按地征税有了更可靠的根据。如万历《仁化县志·赋役纪》云：

> 自条鞭之法着为令甲，万历九年用言官议丈核天下田土，于是田有定赋，丁无定役，亡论壮郡巨邑，即僻氓亦乐输效力。

可见一条鞭法与清丈土地互相联系在一起，标志着明代赋役制度为新的赋役制度所取代，赋役征派上的矛盾亦因而得到一定程度的缓和。

第二节　清代前期的里甲差役及改革

清代初年，经历了多年战争和社会动荡之后，广东各级地方政府采取了各种措施，以恢复社会稳定，重建统治秩序，其中比较重要的一项，是整顿里甲差役。通过整顿里甲差役，整齐了州县财政制度，理顺了地方政府与其编户的关系，对确立清代的社会政治秩序有着深刻的影响。本节试就清初里甲差役的征派及其改革的经过和内容作一初步的考察。

一、里甲差役的征派

清初的里甲差役，源于明代的里甲正役。有关明代里甲正役的内容及其演变，前面已作过专门的讨论。在明代后期的一条鞭法改革中，里甲正役的主要负担已折银并入田赋征收。因此，人们一般认为，经过一条鞭法改革，里甲正役已被取消。实际上，并入一条鞭税银中的差役银，一般称为四差银，所谓“四差”，指的是均平、均徭、民壮、驿传，其中，均平虽然是里甲正役的折银，但并不包括里甲正役的全部负担，只是原来由里甲供办的各种地方公费，诸如各级衙门的办公用具、地方祭祀和乡饮酒礼的开销、科贡费用、过往官员的接待以至各级官吏的私人馈送，等等。里甲正役本来的两大基本任务，即“催征钱粮，勾摄公事”，并不包括在均平银内，只是由于实行了“自封投柜”和“官收官解”制度，这两大任务的负担已大大减轻了。里甲编制和十年轮值的制度，在一条鞭法改革之后仍然存续下来，直至清代，这一制度虽然有了本质的变化，但仍是一项重要的地方制度。

虽然一条鞭法的精神是要废除差役制度，但由于保留了里甲轮值制度，就为明末清初里甲差役重新成为人民身上的一项沉重负担留下了祸端。在明代末年，大小衙门已经重新将本应从一条鞭银开支的各种公费派给里甲轮值供办。如龙川县：

> 仅编户六里，道当闽广冲繁，答应殆无虚日，官府毫不知恤，取盈正派丁役之银，又更督令充役，按月轮当，一值其月，无论上官往来夫马、舟楫、仪馔、帐具，及一切吉凶祠祀事务，悉出其中。即邑令之日用宴会、交际礼仪，或往参府道雇夫、船只、供具，所用下程、纸札、柴炭琐屑，皆票着从重折纳，期于完美，且昨不料

今，早不知晚，卒然有用，尽责立办。小吏隶卒，乘机取索，取一科十，追逐鸡犬。①

这里列举的种种费用，本来都应从均平银中支用，另责州县里甲供办，实属法外横征。正如《揭阳县志》所云：

万历变为一条鞭，约入征额，不别立四差名目，当时无不称便。久之渐忘其故，竟视徭役银为正赋，而力役之征又行，编户不免重累。②

之所以会出现这种情况，首先是由于财政制度本身的弊端。在一条鞭法改革之前，地方政府的财政开支主要来自四差。实行一条鞭法以后，根据一条鞭法总收分解的原则，各级政府的行政开支，本来都应从正赋收入中支出。换句话说，原来的四差银应该作为正赋收入中的地方提留以充地方公费，中央和地方的财政划分由过去的税源划分法改为分成法。但这样一来，原来作为地方经费主要来源的四差银，就被置于中央政府直接控制之下。结果，在明代末年军兴频仍、财政窘迫的局面下，中央政府也就有可能提解原来作为地方经费的四差银。以兴宁县为例，在一条鞭法下，额征均平银为 592 两零，崇祯八年(1635)被裁解充饷的部分多达 330 两零。③ 地方经费被大笔提解挪用，地方政府的开支只能重新向里甲派办。在中央政府大量裁解地方经费的同时，地方官员亦纷纷将差役银挪入私囊，而将各种需费完全摊派给里甲供办，如惠州府龙川县：

未知始作俑其谁，将通邑差银已完在官者挪入私囊，不复分毫支给，公然法外横征，更将民户照数多寡，额外派差。

---

① 乾隆《龙川县志》卷 2，《坊都》。
② 乾隆《揭阳县志》卷 3，《赋役》。
③ 参见崇祯《兴宁县志》卷 2，《政纪》。

据说，“此弊惠州一府皆然”①。万历二十五年(1597)，巡按御史李时华在广东饬禁五弊，其中之一就是“饬条鞭以苏里甲”②。可见破坏一条鞭法的赋役制度，重新征派里甲差役的弊政，在晚明的广东具有相当的普遍性。

清王朝建立后，明末的这一弊政，也被新政权直接继承下来。清初，“里甲法轮流次第犹于前代”③，而里甲的差役负担，也与一条鞭法改革之前几无差异。以信宜县为例：

> 国朝定鼎，初止行轮差。其法：县有八里，里有十甲，每甲承当一年，谓之现年。县中起运银米，奏销册籍，及上宪之征求，本官之应用，皆责现年，余九甲不问。④

很显然，清初的里甲差役不但轮役办法与明代的一样，主要负担也恢复到一条鞭法以前的内容。供应各级政府官员的泛杂支费，成为里甲差役的主要任务。“一切公私费用，皆取给于民间，专派现年承值”⑤，“上官交际，军旅供应，皆于是乎取之，一遇值月，遂至破家”⑥。甚至连一条鞭法改革中明确收归官办的赋税解运，也恢复由里甲承担，如归善县：

> 本折银米，向来官收官解，因海逆变更良规，解运问之见年，以见年而承通县解运，其中水脚解费，苦难尽述无已。⑦

---

① 乾隆《龙川县志》卷2，《坊都》。

② 乾隆《番禺县志》卷18，《事纪》。

③ 康熙《高要县志》卷7，《赋役》。

④ 乾隆《信宜县志》卷11，《艺文》。

⑤ 李士桢：《抚粤政略》卷5，《抚粤条约》。

⑥ 《清世祖实录》卷123。

⑦ 康熙《归善县志》卷2，《事纪》。

其他如程乡、清远、增城等县也都有恢复民解的记载。①

由见年里甲轮值应当的差役称为“硬当”，是一项与折银交纳的“均平”并存的负担，康熙年间临高县令樊庶讲得很清楚：“临高一县当差，旧例有均平、见年两项名色，均平名曰软抬，见年名曰硬当。”②“硬当”的负担之重，康熙《阳春县志》言之颇详：

> 凡里长值月，一概答应杂办，名曰“硬当”。谓分定日辰，独任其事，无有帮助也。自“硬当”之名立，先将本县里长本甲之米分为十二月，置阄拈定。除正供外，一切军务急务，皆于值月里长是问。百务萃于一身，诛求迫于一时。凡遇上司票派公务，奸吏索贿，上下手那移压票，其愚蠢孤独不能值日者，则奸宄包揽承当，派一科十，攘饥入骨。甚而绅衿则有免米，官兵则有折乾。种种情弊，不可枚举。所以有产者十年必变其产，无产者十年必损其命。拆屋卖田，典妻鬻子，累毙累逃，走险为盗，皆里役“硬当”之为害。③

虽然“硬当”是“皆于值月里长是问”，但一般并不是由里长独力承担，而是“长官责见年，见年责人户供应”④。里长不但可以将征收解运银米的开销以及官府派办的种种需费，转摊派于里中其他人户，而且还常常加入层层盘剥的行列之中，“官为浮取以肥私囊，长随又加浮取，胥吏更加浮取，值年里长分派值年众里户，里长复加浮取”⑤。普通纳税户的负担由此更为沉重，“一遇当役，倾家荡产者有之，流离转徙者有之”⑥，甚至“有应一日之役，尽废其产业而犹不足于供者”⑦。而那些有权有势

① 参见光绪《嘉应州志》卷13，《食货志·田赋》；康熙《清远县志》卷11，《外志》；康熙《增城县志》卷4，《食货志·赋役》。

② 光绪《临高县志》卷18，《艺文》。

③ 康熙《阳春县志》卷10，《赋役》。

④ 乾隆《信宜县志》卷11，《艺文》。

⑤ 康熙《阳春县志》卷10，《赋役》。

⑥ 康熙《茂名县志》卷3，《名宦》。

⑦ 光绪《清远县志》卷13，《前事》。

的豪族富户，那些飞诡有术的奸猾之徒，则千方百计逃避差役负担，“巧者窜役，拙者倾资，飞洒诡寄，弊窦百端。豪强者税在他户，无一岁而值役；孤弱者税在本里，无一岁而不累”①。差役的繁重使负担更为不均，而负担的不均又使那些无计逃脱的纳税户承担更重的差役，真是“法行愈久，其弊愈甚”②。

差役的繁重，直接影响了清初广东地方社会的安定，许多编户由于“财力不给，称贷无门，鬻男典女，沟壑辗转”，“互相奔逃，抛却田业，弃置耕桑”③。同时，也直接影响了政府正项赋役的征收，正所谓“杂差繁扰则正供多缺”④，“民失其业，官失其税，其病不止在民，而且在官”⑤。对新王朝的统治者来说，差役的繁重是有损其根本利益的，因此，到康熙年间，整顿里甲差役，革除差役弊政的要求愈见迫切，各地先后采取了一系列改革行动。

二、里甲差役的改革

清初里甲差役征派的突出问题，是里甲差役的繁重超出了见年里甲所能承担的限度，因此，比较早期的整顿，主要是从减轻里甲负担的角度来考虑的。而比较易行的措施是改变轮役期限，缩短一甲的应役时间。如顺治九年(1652)，新兴县知县汤铭盘“始为通融之策，议以半年一役，第相轮流，十年两届，疏节劳役”⑥。这是把一甲应役时间从一年减为半年。阳春县在康熙二年(1663)也“合议变为五年一役，冀必苏其困；而又不能支也，康熙五年又变为一年一役”⑦。五年一役，亦即每年每里中轮以二甲应役；一年一役，就是每年一里十甲共同应役。这样一来，就一

① 康熙《阳春县志》卷10，《赋役》。
② 乾隆《信宜县志》卷11，《艺文》。
③ 乾隆《信宜县志》卷11，《艺文》。
④ 民国《西宁县志》卷33，《前闻》。
⑤ 康熙《连山县志》卷1，《物产》。
⑥ 康熙《新兴县志》卷8，《赋役》。
⑦ 康熙《阳春县志》卷10，《赋役》。

年而言，一里的负担由原来一甲独力承担，改为由两甲以至十甲共同分担，自然更易支应；但从十年来看，里甲户也就因此由过去的十年只有一年应役，变为十年两次以至年年应役。这种改革不过是一种朝三暮四的伎俩，“其实计之，亦十年一役也”①。但由于负担过重，对于普通人而言，与其倾尽财力以应一年重役，不如每年分担一点更易为之，所以，改变轮役期限的办法，虽然并没有真正减少负担，亦不失为一种补苴措施。

然而，差役繁重固然令里甲不堪负累，但为害更深的还是负担的不均。清初里甲应役办法沿袭明代制度，“编户口为十甲，里长计甲轮派夫役”②。这种轮役制度，是以假定各里甲之间的负担能力大致相同为前提的，可是，自从明代中期以来，里甲制就逐步废坏或变质，里甲之间负担赋税的能力相差越来越悬殊。如仁化县，“兵燹后，粮甲紊乱，六十甲内，或一甲粮多至百石，或一甲少至数石”③。兴宁县，“有一甲而管米一百余石，有一甲而管米二三十石，乃至十余石”④。这里所说的粮米，均指田赋额，赋额的多少，反映了登记在里甲户口中的田地数额的多少。也就是说，不同的里甲之间的纳税能力可能相差超过十倍。在这种情况下，按甲轮役，“或数石而当一月，或数十石而又当一月”⑤，负担势必不均。更严重的是，由于甲与甲之间负担赋役的能力相差悬殊，势豪奸猾之户也就千方百计将田粮寄于粮多之甲，“奸民借以避差，胥役巧为飞洒”⑥，形成一种恶性循环，粮多之甲内的田粮额越来越多，粮少的甲则相反。甲与甲之间的负担能力越来越悬殊，使差役征派中的社会矛盾更为尖锐。因此，在康熙中期，各州县整顿里甲差役的着眼点，就转到了

---

① 康熙《新兴县志》卷 8，《赋役》。

② 光绪《清远县志》卷 13，《前事》。

③ 康熙《仁化县志》卷 2，《赋役》。

④ 康熙《兴宁县志》卷 3，《赋役》。

⑤ 康熙《仁化县志》卷 2，《赋役》。

⑥ 康熙《仁化县志》卷 2，《赋役》。

均平赋役负担上来了，各种名目的改革，诸如均田均役、均田均里、匀米均差、均粮均役等，先后出笼。这些改革名目不一，但基本内容和精神是一致的。

康熙年间广东各州县整顿里甲差役的改革，是在明末清初江浙地区的均田均役运动影响下展开的。江苏布政使慕天颜在康熙十三年(1674)的《请立均田均役定制疏》中概括“均田均役”办法是：

> 通计该州县田地总额，与里与甲之数，将田地均分，每图若干顷，编为定制，办粮当差，田地既均，赋役自平。①

很显然，均田均役的出发点，是要以土地作为均派赋役的主要依据，这与一条鞭法的方向是一致的。广东一些州县的改革也直接仿照江浙地区均田均役的办法来举行。例如，大埔县在康熙二十年(1681)左右，知县宋嗣京实行“均田粮里甲”，就是“仿两浙藩宪颁示八款查照举行”，“衰多益寡，均匀搭配”，“都图田产务必多寡均平”②。仁化县在康熙二十四年(1685)前后，知县李梦鸾“取各甲而厘正之，每甲额编粮五十三石零，稿成请之各上台，上台欣然允行。自是飞诡虚挪之害豁然一洗，盖粮均则差均，民无偏累矣”③。徐闻县亦在康熙二十四年拟按每甲均税一百二十八亩的办法编排里甲，并于康熙三十七年(1698)实施。④ 康熙三十四年(1695)前后，高州知府魏男更在高州府各县推行“均役之法”，“是法也，举县中业户均之各里各甲，无甚多甚少之患”⑤。由于资料限制，我们还不能确知有多少州县实行过按田粮额重新编排里甲的改革。

不过，在其他许多州县，均役的具体办法与上述均田均役不尽相同，

---

① 乾隆《苏州府志》卷11，《田赋》。

② 同治《大埔县志》卷18，《艺文》。

③ 康熙《仁化县志》卷2，《赋役》。

④ 参见康熙《徐闻县志》卷2，《田赋》。

⑤ 乾隆《信宜县志》卷11，《艺文》。

尽管这些州县也存在“止论甲充当，而不论粮之多寡”①的弊病，但地方官员担心若重新编排里甲，涉及面广，不易举行，故而实行了更彻底的改革。如在康熙十九年(1680)，兴宁县知县王纶部希望革除“米数多寡不均，答应之苦乐不等”的弊病，认为“若欲厘正，必须编审之年，乃可均图复旧”，“若候编审，势难久待，合无暂行照米均差，以从民愿”。因此，他拟定了另一种办法，“一切无名陋规，概行禁革，唯收解粮米奉上不得已之差使，凡经着令各图照米均当”②。连州也有类似记载③，这种“照米均当”的办法与“均田均役”相同的是，两者的目的都是要按田产多寡均派差役，但它不是通过重新编排里甲来实现，而是直接按田粮额来派差。

按田粮额均派差役的办法，在不同的州县、不同的时间，实行的办法有所不同。比较早期实行的，大多是按田粮额来确定值役的期限。如恩平县，实行的是不论甲而论米，“论米值月”④，这种办法也就是《高要县志》所云：“每岁于十二月预计明年之米粮，析为十二种，种各一月。”⑤还有一些县实行的是“照米值日”，如长乐县在康熙九年(1670)实行“照米均日”⑥，始兴县于康熙七年(1668)“照粮多寡轮当小日”⑦。虽然这种办法比起原来“不论粮米多寡，悉照里图均当”的办法，负担较为均平合理，但是由里甲应当的差役负担并不是每天每月一样轻重，“事有繁简，月各不同，甘苦莫一。值其简，若干可给，值其繁，遂至倍蓰”⑧，还是不能达到真正的均役。

到康熙中期，均役发展为按粮派银，早在康熙六年(1667)，阳春县

---

① 康熙《连州志》卷 10，《艺文》。

② 康熙《兴宁县志》卷 3，《赋役》。

③ 参见康熙《连州志》卷 10，《艺文》。

④ 乾隆《恩平县志》卷 5，《赋役》。

⑤ 康熙《高要县志》卷 7，《赋役》。

⑥ 康熙《长乐县志》卷 6，《籍产志》。

⑦ 乾隆《始兴县志》卷 4，《食货志》。

⑧ 康熙《高要县志》卷 7，《赋役》。

已将里甲轮役的办法改革为“画卯”之法，“复如成弘间故事，民皆归农，无复里甲出役之累矣”，“画卯既行，无值日硬当之苦”①。这里提到“如成弘间故事”，表明此法与明代的均平法相类似，以出银取代出役。康熙二十五年(1686)，始兴县又进一步实行按正赋摊派役银，“每纳银一两，外加银一钱，所有本县官员供应，以及过往官员夫役，俱邑宰办理，民困以苏”。康熙二十八年(1689)，同府保昌县也推行此法，“令民每粮银一两，加纳二钱五分，所有差徭，县官办理，民免当差”②。恩平县在康熙三十五年(1696)也有类似改革，“知县周宾雅革朋当之弊，行纳役之法，度支在官，民役维均”，“所谓纳役者，纳镪于官，不以身役”③。根据黄钊《石窟一征》的记载，在康熙四十一年(1702)以前，广东地区通行的“里甲均当法”的内容是：“正供外，每粮一石另派银一两六钱五分，以充公用。”据这些记载我们可以知道，康熙中期广东许多州县推行的均役改革，与明代一条鞭法改革的内容和精神是一致的，通过改革，在一条鞭法以后重新征派的差役再次被转变为正赋的附加税，这一改革的趋向，必然导致差役的革除。

三、里甲差役的革除

清朝赋役制度，明确继承明代一条鞭法的原则。因此，里甲硬当，供办大小衙门的各种日用需费，本属非法科派。顺治十七年(1660)，清朝政府曾明确规定：

> 有司私派里甲，承奉上司，凡日用薪米，修理衙门，供应家具礼物，及募夫马民壮，每年娄饱等弊，通饬抚按，俱行严禁。④

---

① 康熙《阳春县志》卷10，《赋役》。

② 乾隆《南雄府志》卷4，《赋役》。

③ 乾隆《恩平县志》卷1，《疆域》；卷5，《赋役》。

④ 雍正《大清会典》卷31，《征收》。

在地方上，也常常把向里甲的征派称为陋规。① 所以，在改革里甲差役征派办法的同时，一些地方官也开始着手革除里甲差役。早在康熙七年(1668)，广东巡抚刘秉权就已“禁里役繁扰，剔胥吏奸萌之条”②。但这种禁令未免太过空泛。实际上，革除里役的范围，有一个逐步扩大的过程。开始只是革除里役的部分负担，后来再发展到废除里甲差役。

先是康熙十年(1671)，总督金光祖革除原来派于里役的役户船价，“役务视从前减十之七八矣”③。此后，各州县也都先后采取过各种革除部分里役项目的措施。例如，康熙二十七年(1688)，归善县革除“以见年而承通县解运”的重役，代之以“凡上纳本折钱粮银米，水脚解费随纳，照例征收，以为挽运之费”④。韶州知府马元在任内将“本府衙门内宴客所用杂物，一一革除；其行香拜香烛，亦免答应”⑤。和平县在康熙三十八年(1699)奉行禁革陋规，原由里排供应的“地方日辰柴薪夫役”，都“奉文饬禁”，但“尚有四图见年名色，挨甲收粮，轮流值日，凡官府执式，衙中日用，上下公费，皆值日供应”⑥。这些措施虽然没有从根本上解决问题，毕竟为后来完全革除里甲差役创造了条件。

由于里甲差役在清初是地方上行政开支的主要来源，要取消里甲差役的征派，必须首先解决地方经费的来源问题。因此，当里甲均当法用在正赋上附加征收的办法解决了地方经费来源问题之后，实际上也就等于取消了这项差役。康熙三十四年(1695)，广东巡抚高承爵推行名为“均粮均役”的改革，其内容本来应是一种照粮派银的办法，大约就是前引《石窟一征》中所谓“里甲均当法”。值得注意的是，文献上记载此法的内容是与革除里长联系在一起的⑦，清远县的《阖邑遵奉均粮均役碑》云：

---

① 参见乾隆《和平县志》卷 2，《事纪》。
② 康熙《高要县志》卷 1，《事纪》。
③ 康熙《高要县志》卷 7，《赋役》。
④ 康熙《归善县志》卷 2，《事纪》。
⑤ 康熙《韶州府志》卷 15，《艺文》。
⑥ 乾隆《和平县志》卷 2，《事纪》。
⑦ 参见乾隆《和平县志》卷 2，《事纪》。

> 仰体府院高大爷均粮均役德政，比照南番顺德均平事例，详请革去里长，随蒙上宪赐示禁革，不许原里包当，均粮均役，永著为例。①

可见均粮均役的施行，已经意味着里甲差役的革除。但均役法仍征收差役银，这项附加税仍属非法的额外征派。因此，到康熙四十一年(1702)，广东巡抚彭鹏又进一步“革里长均当法”，取消了按正赋摊派的差役银。② 在此后的数年里，广东各州县先后停止了里甲差役的征派。例如，康熙四十一年，龙川县“革除六图大差，并革里排值收，令民自封投柜”③。前面提到的和平县在康熙五十二年(1713)也革除了见年值日。另外，高要、四会、阳春、恩平等县，也有在康熙四十四年(1705)前后“停里役”的记载。这些很可能都是根据彭鹏的改革采取的行动。尽管各地革除里役的先后和程度不一，但很显然，在康熙末年以后，广东各州县已经很少看到过去那种繁重的差役征派了。当然，在雍正以后，里甲仍然担负着催征钱粮的任务，如保昌县，在乾隆年间，仍以“各都值年里长为总催，各甲复报一二人为排年分催，民亦不无劳费”④。不过，这与过去那种供办大小衙门各种需费的差役相比，任务和性质都大不一样了。

由以上讨论我们看到，清代初年广东地区整顿里甲差役的基本趋势，先是按田赋额均派轮值的日期，再进一步改为按正赋带征役银，最后是革除差役征派。这似乎是明代一条鞭法改革过程的重演，但正是这种重演，一方面表明了一条鞭法的改革方向是与当时社会经济结构的变动相一致的，是不可逆转的；另一方面，通过这次改革，进一步确立和巩固了一条鞭法的赋税制度。在此基础上，又经过稍后的摊丁入地和耗羡归公的改革，一种新的财政体系在清代中期得到最后的确立。

---

① 光绪《清远县志》卷13，《前事》。

② 参见黄钊：《石窟一征》卷12，《教养》。

③ 乾隆《龙川县志》卷9，《事迹纪年》。

④ 乾隆《南雄府志》卷4，《赋役》。

第三节　摊丁入地

一、一条鞭法下的丁税

以往许多研究者在讲到一条鞭法与清代摊丁入地的关系时，往往过于笼统，语焉不详，其原因是没有深究后来摊入土地征派的“丁”的性质，没有清楚地区分“丁银”与“差役”的不同，甚至不明白“丁银”本身就是一条鞭法的产物。而由上一章的讨论我们知道，清初税收体系中的“丁银”，虽然来源于明代的差役，但它作为一项税收，不但在征收手段上与差役不同，课税客体亦与明代初期的差役相异。正是经过一条鞭法改革，才出现了作为一个独立税项的“丁银”。为了更为清楚地阐明一条鞭法与摊丁入地的关系，我们先简单回顾一下“丁银”是如何通过一条鞭法改革成为独立的税项，然后再讨论一条鞭法后所谓“丁”的意义。

如前所论，在明代的一条鞭法改革之前，包括广东在内的东南各省的赋役主要由田赋和均平、均徭、民壮、驿传四种差役构成，这四种差役一般合称为“四差”。“四差”本来并不是单纯的人头税，其课征对象，也不是单个的成年男子（丁），而是向户征派，并参照户中人丁财产多寡定负担轻重，其赋役性质应是一种等级户税，课税客体是人丁与财产（主要是田产）的结合体。大致从明代中期起，“四差”先后改为征银，并将税额按一定的比例分别摊征于人丁和田产（摊征于田产的部分在实际计征时往往按税粮额来摊派），这就使得每一种差役都分解为两种性质截然不同的税项，一是对丁课征的税银，二是对地课征的税银（其中驿传银在广东多数县份只按田征派）。但一条鞭法实施之前，每一种役银还是分别会计和征收的，没有合并成为独立税项的丁银。

实行一条鞭法之后，“四差”之中按田（粮）征收的部分合并起来，再同田赋折银合并，构成后来所谓“地银”，而各种差役原来分别按丁征收的部分亦合并了起来，这就是本节要讨论的后来摊入田地之中的“丁银”，故文献中又称为“四差银”或“三差银”①。

从形式上看，一条鞭法改革，把历来作为王朝征调贡赋对象的“人丁”从同财产结合的形态中分离了出来，产生了单纯的向人丁课征的税项。但实际上，一条鞭法还包含了另一方面更为深刻的变革，这就是，作为一种课税客体的“丁”的性质，过去是指成年男子，经过一条鞭法改革，逐渐衍变为一种与人口脱钩的计税单位，从而在根本上改变了丁银作为对人税的性质。

清代编审时使用的单位“丁”，就法定意义来说，同传统上的定义是一样的。《大清会典》规定：“凡民男曰丁，女曰口，未成丁亦曰口。”故丁银的法定意义应是对成年男子课征的税收。但实际上，自明代一条鞭法改革开始，不少地区的“丁”的性质已发生了根本性的改变，这种变化在东南各省相当普遍，在广东亦然。

“丁”的性质的改变，主要表现为按田亩数或田赋税额来折算丁额。这种按田地或粮米摊派丁额的办法，至迟在明代嘉靖末年已经出现。乾隆《澄海县志》记载：

> 自嘉靖四十一年置邑，照海阳、揭阳、饶平三县例，就米摊丁，就丁摊银，奉行已久，事非后创。

这里的“米”，即税米，即田地的科则。按一定数额的田赋折算为一丁，实际上就是使丁成为由若干田地构成的一个计税单位，这种计税单位显然与成年男子无关。向这种“丁”课征的丁银，其性质已同对地税没有太多的差别。

明代万历以后，按田(粮)派丁的办法在广东进一步推广。尤其是在万历三十年(1602)，“左布政使陈性学议允随田均丁”②之后，从明末至

---

① 万历《肇庆府志》卷12，《赋役二》。

② 康熙《广东通志》卷9，《贡赋》。

康熙年间，随田均丁为广东各州县编审丁额时所普遍采用①。乾隆《和平县志》明确地说："粤东丁口，向例原按粮起征，无计人起征之法。"了解了这一点，我们也就不会对清代广东的人丁数字中常见的小数位感到困惑了。如康熙九年(1670)广东全省人丁为485976.6059964丁②，人丁数竟可用七位小数来表示，足以说明它其实不是人数，而仅仅是按一定的田地或税额折算的计税单位。以此计征的，自然不是真正的人头税。

明末清初时广东地区按田(粮)来计算丁额的办法，各州县略有不同。开始时，有些州县只是在按人计算的丁数外，再加上一部分按田计算的丁数。如顺德县在万历十二年(1584)征收均平银的40037丁之中，人丁有26011丁，其余14026丁则是按每田五十亩加一丁的方式编派。③ 为此，有些县的丁数就有了人丁与田丁、税丁的区别。④ 但后来更多的州县实际上已无人丁的编审了，而是以户为单位，按各户的田亩税粮额来折算编派丁额。如乐昌县，在康熙末年之前的惯行做法是：

> 先届历编，各都照户编丁，虽有多寡之殊，惟以田亩约计，审时加减。土书仍按亩派丁，派于各户册。⑤

可见户中的人口同丁数已无关系，丁数是按户中的田亩数计出的。按田亩税粮数计算丁数，一般是按一定比率来折算的，如石城县，在万历年间编算丁额的办法是："计丁粮多寡之额折衷之，每粮三石派纳一丁，多至百十，少至升合，悉以为例。"⑥这种办法是不论粮额多少，纯粹按比例折算，当一户粮额"少至升合"时，其丁额自然就只是一个小数

---

① 参见康熙《顺德县志》《增城县志》以及雍正《惠来县志》《灵山县志》，乾隆《化州志》等。

② 参见康熙《广东通志》卷9，《贡赋》。

③ 参见万历《顺德县志》卷3，《赋役志》。

④ 参见康熙《西宁县志》卷3，《赋役》。

⑤ 同治《乐昌县志》卷4，《赋役》。

⑥ 光绪《石城县志》卷4，《经政》。

了。也有些州县不是单纯地按田粮折算，如增城县：

> 先议将通县丁数每民米一石二斗该丁一人，然有下户无粮，或有粮而不足一石二斗者，每户例得一丁。①

这是以户为单位，将一石二斗作为一个基数，一户的税粮超出一石二斗者按比例折算丁额，但不足者仍作一丁计。还有些地方在按田计丁的同时，还要根据各户户主的性别来确定，“男户当丁，女户当口”②，即若户主是女性，该户的田产就不折作丁额。

这种按田地或税额折算丁额的办法，当时人称为“均丁”，带有“均派丁额”和“平均丁银负担”的意义，足见当时人心目中丁税负担的合理化的标准，是要根据土地财产的多少来征收丁银。而这样一来，就从根本上改变了丁银的人头税性质，其课税客体已由原来的成年男子转为土地，丁银也就转变为一项土地税了。它在税册上作为一项单行的丁税，只有会计上的意义。正如康熙《吴川县志》所言：“册例虽丁米分编，其实则丁从米出。”

二、丁税征收的矛盾

清初征收的丁银虽只在形式上是一种对人税，但它既然作为单独的税项来征收，就不免同作为对地税的内容发生某种矛盾，从而产生负担不均的弊病。原因是，虽然每一户的丁数是按该户占有的田地数或该户负担的田赋额来计算的，但一经编定并载入册内，便成为一个相对独立的项目，常常不能随着土地的增减而改变丁额，从而出现“有于收税者则轻于增报，于消除者不与减丁，亦有人亡产绝而丁仍挂于黄册者”③的现象。这部分是由于制度上的弊端，如前面提到的增城县以户为单位按粮

① 康熙《增城县志》卷4，《食货志》。
② 乾隆《和平县志》卷2，《事纪》。
③ 康熙《增城县志》卷4，《食货志》。

计丁的办法，“限以粮米一石二斗带成丁一丁，买卖粮米不及一石二斗者未便分析一丁，致有人亡产绝而丁仍挂于黄册”①。另外，又由于有男户当丁，女户当口的规定，在男户将田产卖给女户时，“女户收粮者收米不收丁，渐至男户粮去丁存”②。此外，清代编审制度规定每五年编审一次，但田产的买卖过割是随时进行的，结果，“拘于五年编审，收税者五年方增(丁)，消除者五年方减(丁)”③，使丁额不能随田产的变动而变动。在编审届期之前卖田者，仍保留丁额，交纳丁银，到了编审之期，亦往往很难将丁额割出，从而不可避免地产生了“虚丁苦累”的弊病。

制度上的弊端往往因地方权势与奸书猾吏串通勾结而为害更深。如在新兴县，“丁口向例随田带征，而奸猾之徒买受田产不肯带丁，卖主用需孔亟，勉强顺从，以致田地卖尽仅留丁口”④。负责编审丁额的书算里胥，更是从中作弊自肥。康熙末年乐昌县知县任衡论其弊云：

> (编丁)由土书开造。县官过笔点记而已。丁数不一，因而额赋无定，任意改移，莫从究诘。且田有易主，推粮留丁，以待编审。是田之已推者，编审之届其后仍加丁；之未推者，虽已无田，长年守户，偏枯受累，无所底止。更关要者，赋税惟凭实征，册籍一定，丝毫无容改移。乐邑土书，每年所造实征，因编审推丁之故，和以行奸，任意改移。甲年可损，乙年可加，县官照册比较，都甲照册完纳，无可诘究，朦胧听从土书积得额外之赋，除自业欺隐，复售奸宿额，弊之所极，至于如是。⑤

书算们的作弊，一种情况是，受富豪之贿嘱，“曲徇富势之情面，罔

---

① 嘉庆《增城县志》卷 1，《户口志》。

② 乾隆《和平县志》卷 2，《事纪》。

③ 康熙《增城县志》卷 4，《食货志》。

④ 乾隆《新兴县志》卷 19，《艺文》之楼日章《鳞册久毁清丈减则议》。

⑤ 同治《乐昌县志》卷 4，《赋役》之任衡《随粮带丁议案》。

念贫苦之摊赔”①。大肆兼并之人，进而卸脱了丁银负担；破产卖田殆尽之户，则年年赔纳。“有一户粮米十余石、数十石仅当二三丁者，有一户五六斗、七八斗而当一丁者，有一户并无粮米而空当一丁者。”②于是，按粮均丁就成了一句空话。另一种情况是，吏书们为了借派征丁银而中饱，极力增加实征丁数。因为政府掌握的丁额是一定的，官府只按册上之额来追解，而吏书们则想方设法在自己掌握的实征册上增加丁额，“于收税者报增，而于开税者不减”③，造成实征丁额多于册报丁额，额外多收部分，自然尽入私囊。故时人谓：“减丁如转石，增丁如挥毫。当求其减，非请托不行，然户已贫弱，请托何从?”④结果，“粮多者例得照亩加丁，粮少者不得越例冀减”⑤。买田者加丁自然是合情理的，但卖田者不得减丁，主要受害者必然是日益破产、失去了土地的农民。清初丁银负担不均已相当严重，以四会县为例：

> 户口之设，所以重民数也。民数定，则上易役而下易供。会(指四会县——引者按)之户口，在昔固有定额，大约以亩而均分。邑数遭寇乱，逃亡几半，或户无半亩而挂数十丁，户仅一丁而积数百亩，总由实业已去而虚丁空留也。⑥

鉴于丁银征派的弊病越来越严重，有的地方官员借编审的机会进行均丁，但这显然不能从根本上解决问题，因为土地买卖、地权转移是不断发生的，而书吏作弊也不可避免，即使今年均丁，明年又复不均。要彻底解决丁银征收中的形式与内容的矛盾，只有将丁银直接摊入地银中合并征收，于是就发生“丁随粮办”的改革。

---

① 同治《乐昌县志》卷4，《赋役》之任衡《随粮带丁议案》。

② 康熙《长乐县志》卷6，《籍产志》之徐湘《照米均丁记》。

③ 康熙《花县志》卷2，《赋役》。

④ 康熙《归善县志》卷10，《赋役》。

⑤ 雍正《惠来县志》卷7，《艺文上》之查曾荣《均丁便民议》。

⑥ 康熙《四会县志》卷7，《户口》。

三、摊丁入地的推行

据笔者所见资料，广东最早实行“丁随粮办”的县份是南雄府的始兴县。万历二十一年(1593)，该县知县蒋希禹“将通县额丁均派粮内”，详情如下：

> 先是，里民钟洪庆等以会计岁额，按丁编征丁银，贫富不均，间有上户粮至八九十石，银止一丁，小户不及一石余，人丁亦一丁，甚有奸豪粮米数石，诡作女户，轻重挪移，小民偏累等情由，具状赴粮储道马案下告准行府，转行到县。随该本县唤同里民聂守仁并通县士民前来，议将今届清审人丁一千四百六十丁，原造会计每丁编银三分四厘零，通融于今届原额并升科民粮四千五百八十六石二斗九升一合九勺，每石带派丁银二钱六分四厘八毫五丝六忽零。凡各员役优免人丁，照例以本户额粮顶补。仍候会计派单回日，行令各都书手照粮编派。庶贫富适均，赋役不致偏累。①

始兴县自这次摊丁入地之后，丁额虽仍照常每五年编审一次，但一直到清代，每次编审丁额都固定为1460丁，并载明“不派四差”②，足见始兴县在万历年间实行的办法，同清代康熙雍正年间其他州县的摊丁入地的办法并无不同。不过，虽然明代末年广东普遍实行了随粮均丁，但像始兴县这样彻底的却不多见。有比较明确记录的大概只有以下数县：长宁县，“天启二年派丁于粮。先是，以丁派粮，贫丁苦乏，至是，各排年赴司道衙门呈详准以粮米代派”③。龙川县则是在天启三年(1623)“丁随粮派”④。封开县在崇祯十五年(1642)“会绅衿建议请为丁粮同派，制

---

① 乾隆《始兴县志》卷4，《食货志》。

② 中国第一历史档案馆藏黄册第437号；又参见乾隆《始兴县志》卷4，《食货志》。

③ 雍正《长宁县志》卷9，《事纪》。

④ 乾隆《龙川县志》卷3，《赋役志》。

于上台，勒为定例”①。这些记载虽简略，内容大致都是将丁银与田赋合并征收。

上述州县的做法及其成功的经验，对其他县起到了示范和启发的作用。康熙二年(1663)编纂的《长乐县志》论曰：

> 沿至今日，里胥为政，相嫁有年，派丁贫民，家无粒米，递年输纳，至破庐舍鬻妻子以偿未足也。此流徙启于山林，寇盗从何消弭？今恤贫之道，莫若派丁于粮，如前龙川天启二年之法，庶无人穷思盗之患，新息丁口之半，庶可期矣。

可见明代后期少数州县摊丁入地的实践，对清代初年摊丁入地的展开是有一定影响的。尽管许多州县实行了按田粮均派丁额的办法，但由于编审人丁、征派丁银是朝廷定制，而且同丁银征收额相联系的丁额的增减，又同官员的考成挂钩，故直到康熙后期，广东多数州县仍保持按丁征收丁银的制度，真正在征收和会计上将丁银合并到田赋中去的州县寥寥无几。我见到有记载的，只有连平州在康熙三十四年(1695)“奉文丁随粮征，总归条鞭”②，以及增城县在康熙四十九年(1710)“邑令沈澄仿浙省爬平法，将丁口银数派人田内，按亩科算，收归粮额”③。

到康熙五十一、五十二年(1712、1713)，康熙皇帝一再申诏“续生人丁永不加赋”。这一重大步骤对广东各地摊丁入地的改革产生了决定性的影响。因为要将丁银真正同田赋合并征收和会计，需以丁银征收额固定下来为前提，而丁银征收额的固定，又以丁银征收额同反映官员政绩的主要指标之一丁额相脱节为前提。乐昌县知县任衡说：

> 康熙五十二年恩诏一款开载：嗣后添增丁口，止入盛世滋生册，不行起征……则是以后无加额之虑，可免审诘之繁，若仍旧例，一

---

① 康熙《封开县志》卷3，《赋役》。

② 雍正《连平州志》卷5，《贡赋》。

③ 嘉庆《增城县志》卷1，《户口志》。

听土书查造，不惟流弊无极，甚为虚负皇仁。何不将有定之地税，合此届以前之丁银，计田一亩，共赋若干。卑科则有定，阖县通知。若奸胥作弊，一即察觉，其扒收过户，即于当时按契照亩，按田定额。丁已随亩，无守户之藉词；亩即带丁，省编审之烦忧。官有定册，胥难作奸，民免偏累，一举而三善备焉。①

可见，既然征收额固定下来，地方官不用担心上司在丁银的增减上的审诘，早已按田(粮)摊派的丁银，再同田赋分开会计和征收就失去实际意义，且弊端丛多，故自丁额固定之后，把丁银同地粮合并起来就是一件顺理成章的事了。于是，广东许多州县都纷纷实行"丁随粮办"，将丁银合并到地税之中。雍正四年(1726)十一月二十四日广东巡抚杨文乾奏称：

从前丁银地粮，原系各办。自康熙五十年审定之后，奉圣祖仁皇帝谕旨，不复加额。是以粤东各属丁随粮办者已有十之四五。②

这里产生一个问题：《大清会典事例》《清朝文献通考》等文献中，均有康熙五十五年(1716)"准广东所属丁银就各州县地亩分摊"的记载，迄今几乎所有研究者均据此断定广东的摊丁入地是康熙五十五年在全省范围推行的。然而，上引杨文乾的奏折使我们对这一说法产生了疑问，因为杨文乾作为一省巡抚，竟完全没有提及康熙五十五年的谕旨，只是将"续生人丁永不加赋"的谕旨作为广东近半数州县实行丁随粮办的依据。又据乾隆《和平县志》载，康熙六十年(1721)和平县知县张象乾"合群议，将丁口额银四百八两九钱零，按四图粮米二千五百余石随粮匀带，始无偏累"。这里也完全没有提及朝廷关于广东摊丁入地的法令。如果广东的摊丁入地真的是根据康熙五十五年朝廷的谕令而实行全省范围的改革的

① 同治《乐昌县志》卷4，《赋役》。

② 《雍正朱批谕旨奏折》雍正四年十一月二十四日，杨文乾奏折。

话，那么从巡抚到知县都不提及这一谕令，甚至以“合群议”为词，这在专制统治时代似乎是一件不可能的事情。

在广东的地方文献上，也有谈到康熙五十五年的摊丁入地的。如嘉庆《雷州府志》曰：“康熙五十五年奉旨将丁银摊入地粮征收。”乾隆《廉州府志》亦有“应征丁口差钞银于康熙五十五年奉文摊入田粮征收”的记载。这些似乎可以印证《大清会典事例》等政书中的记载，但值得一提的是，有的地方志中关于康熙五十五年丁银按地亩征派的记载，并不见得就是当地实际施行的记录，倒很明显是方志编修者从政书中转录过来的资料。如南雄府，在乾隆十八年(1758)修撰的《南雄府志》中就有康熙五十五年“广东丁银配入地亩征收”之说。但这肯定不是本府实施的记录。因为南雄府只有始兴和保昌两个县。其中始兴县如前所述早在万历二十一年(1593)就完全摊丁入地了，保昌县则在乾隆元年(1736)才将丁口银摊入地亩征收。① 我当然没有足够的证据断定所有地方志中关于康熙五十五年摊丁入地的记载都不是当地实际施行的记录，但南雄府的例证至少说明不能因为地方志上有这种记载就可断定当地在康熙五十五年必定实行了摊丁入地。

那么，所谓康熙五十五年(1716)准广东丁银摊入地亩征收又是怎么回事呢？目前所见资料还无法了解真相。但以上列举的资料至少显示出，广东的大部分地区并没有在康熙五十五年根据这一法令实施摊丁入地，就是在康熙末雍正初实行丁随粮办的州县也不见得是根据这一法令采取行动的(如上举和平县例)。另外，道光《恩平县志》中有一段话也许值得注意：“丁银以康熙五十年届编为定额，五十五年令按地亩派征，雍正七年奉行随粮带征。”从字面上理解，康熙五十五年只是令按田地计征丁银，而雍正七年(1729)则进一步将丁银同田赋合并征收。

如果这一记载及其理解无误，那么可以启示我们：摊丁入地可能是分两步完成的，一是丁银按田地计征，二是丁银同田赋合并征收。结合

---

① 参见乾隆《保昌县志》卷4，《户口》。

上面已讨论过的情况看，广东各地从明代后期至清代前期丁银征收的演变，大致都是分这两个步骤进行的。按田地计丁，实际上是按田亩摊征丁银的一种形式，也是广东各州县摊丁入地的第一阶段，而杨文乾奏折中所称的"丁随粮办"，则是将丁银同田赋合并征收，是摊丁入地的完成。《大清会典事例》中关于康熙五十五年准广东丁银就地亩分摊的法令，究竟只是规定了丁银的计征依据，还是同时规定了丁银同田赋完全合并，仅从这样一条资料本身，我们还难以作出判断。但是，其他资料显示，这一法令对广东各州县摊丁入地的发展，影响是十分有限的。因为：

第一，在这一法令以前，广东的丁额早已实行了"随田均丁"，无"计人起征之法"。

第二，根据广东的地方志资料，有记载康熙五十五年摊丁入地的只是极少数，何况其中还有些并不见得就是当地实施的记录，而在有关于摊丁入地记录的方志中，多数是在其他年份实施，并没有提及康熙五十五年的法令。

第三，直到雍正四年(1726)，广东亦只有不到半数州县实行了"丁随粮办"，而就是这些州县的改革，广东巡抚杨文乾也没有归因于康熙五十五年这一法令，其余半数以上州县，是在杨文乾"令布政司并各府州县将丁银尽行归入地粮之内并项输纳"之后，才实行丁随粮办，完成摊丁入地的。① 因此，尽管康熙五十五年这一法令的真实性似乎不容置疑，但我仍然认为不能根据这一法令得出广东在康熙五十五年(1716)实行摊丁入地的结论。

此外，《大清会典事例》中所载康熙五十五年准广东丁银按地亩分摊的办法是，"每地赋银一两，均摊丁银一钱六厘四毫有奇"，事实上，这种按地银摊派丁银的办法，并不是广东各州县实际施行的办法。更常见的办法是，或者按田亩，或者按粮额计征。以下简单地对这两种方式作一些说明。

---

① 参见《雍正朱批谕旨奏折》雍正四年十一月二十四日，杨文乾奏折。

按田亩计征的办法各地不同，如乐昌县是将全县额征丁银总额与地银总额数相加，再将地丁银总数均摊于全县的田亩之上，每田一亩征银0.05990两。① 新宁县则先将丁银总额摊征于田亩，每亩征丁银0.0282988两，再与每亩应征地银数相加，合并计征。② 南海县的地银征收率按田地的种类科则的不同而有差别，但丁银则不分田地科则而一律按同一税率计征，于是丁银与地银先分开计税，再合并征收。以中则田为例，每亩科民米3.21升(这是计税单位，不是实征数)，丁银、盐钞银与地亩饷银合并起来按每亩0.01394两计征，而地银则按每民米一升征0.005867两计算，合每亩征地银0.01883307两，然后再同每亩应征丁口饷银合并，即每亩征一条鞭银0.3277307两(其他从略)。③ 而增城县的丁银则按田地种类科则的不同而以不同的税率计征，共分七则，由上则僧道田地塘最高每亩派丁银0.0041673178两，到下则僧地最低每亩派丁银0.001236413两不等。④

按粮征派的办法亦很常见，因为清代广东田赋计征办法，一般不是直接按田亩来征银和征米，而是按田地科则规定一个粮额，这个粮额不是实际征收额，只是一个计税单位。每亩田地实征的银米数是以粮额来计征的(如上所引南海县例)。一些州县摊丁入地后，丁银亦照田赋的计征办法，按粮额来计征。如揭阳县，实编征米25214.770余石，每米一石摊派丁银0.589余两。⑤ 由于揭阳县的田分为十则，每则编征米额多少不等，故每亩地上摊征的丁银数就会随其额编米数的不同而不等。

总之，广东各地摊丁入地的方式是多种多样的，《大清会典事例》中所记载的计征办法，不是各州县实际施行的办法，可能是中央财政会计丁银时的计算标准。这也说明对广东摊丁入地的了解，若只根据这条引

① 参见同治《乐昌县志》卷4，《赋役》。

② 参见乾隆《新宁县志》卷2，《食货册》。

③ 参见《西樵梁氏家谱外集·南海县起科则例》。

④ 参见沈澄：《增城清田集》卷上，康熙刻本。

⑤ 参见雍正《揭阳县志》卷3，《户口》。

用十分广泛的资料，是很不够的。

综上所述，广东各州县摊丁入地的改革，是一个从明后期至清前期逐渐展开、深化、完善的过程，大体上分两个不同阶段。第一步，从明代嘉靖万历年间开始，至康熙末年，广东绝大多数州县在执行全国统一的人丁编审和地丁分征的税制的前提下，陆续以"随田（粮）均丁"的方式，改变了丁银的课税客体。对丁税在实质上转变为对地税。第二步，从康熙末年到雍正年间，随着丁税额的固定化，丁税单独会计与征收进一步失去实际意义，各州县又陆续实行了"丁随粮办"，即"将丁银尽行归入地粮之内并项输纳"。这是一个自下而上逐渐展开的过程，而不是由中央政府一纸政令就推行开来的统一行动。所以，尽管在《大清会典事例》这样的法规性文献中有康熙五十五年（1716）准广东摊丁入地的法令，却不是广东各州县摊丁入地改革实际过程的真实记录。由此，对所谓广东最早实行摊丁入地的说法，我们亦应慎重。事实上，在康熙末年以前，在全国，尤其是东南各省，实行丁银按田地摊征的地区已十分普遍，如浙江省，在康熙末年，实现了丁税同地税合并或按田亩均摊丁税的县份已超过了半数。① 在没有对实际施行情况作具体比较之前，仅仅根据中央政府的法规性文件来断言广东最早实行摊丁入地，甚至进而据此来推论广东经济如何如何，我以为是欠妥的。

由对广东摊丁入地的两个发展阶段的考察，我们可以了解到，摊丁入地在税制上至少有两重意义：一是赋税征课对象的改变，二是税种的合并，这两个方面的改革，可以同时进行，也可以在时间上分离，先后完成。以往对摊丁入地的研究，大多只注意了课税客体改变这一层，而对税种的合并（即所谓"并项输纳"）则较少讨论。由于未充分注意到"丁随粮办"与按田派丁的区别，导致了对摊丁入地认识的某些偏差。以广东的摊丁入地为例，本来，课税对象的改变主要发生在明末至清康熙年间，

---

①　参见 Ping-ti Ho，*Studies in the Population of China*，*1868-1953*，Cambridge，Harvard University Press，1959。

而康熙末年以后改革的重点是在征收与会计方面税项的合并。但研究者论及广东摊丁入地时，在内容上，侧重关于课税对象变化的考察，在时间上只取丁粮并项输纳的年代，于是便对康熙末至雍正年间摊丁入地的影响和意义产生了一些不恰当的认识。其中最流行的一种观点，是认为这时由于实行了摊丁入地，减轻了人丁的负担，从而导致了雍正乾隆年间的人口增长速度大大超过了康熙以前。这里不想对这一流行的误解作更多评论，只是想以此为例，说明关于摊丁入地的内容和意义，有必要进行更为深入细致的分析。

第五章　清代的图甲制

通过前面的讨论，我们知道，经过相当长时期的一系列改革，新的财政赋税体制在清代中期最终确立起来。这种与明初所定的赋役制度有根本性差别的财政赋税体制的确立，意味着政府赖以作为征收赋税基础的户籍制度，也必然随之发生根本性的改变。

以往一些流行的著作认为，明代的里甲制度到清代已解体，并为保甲制所取代。但事实上，在包括广东在内的许多地区，里甲制（清代文献多称为图甲制）不但保留下来，而且还是一种比保甲制更为重要的地方制度。人们在纳税、土地登记、参加科举考试以及其他需证明自己身份的场合，一般都用里甲系统中的"户"来作为自己的户籍。然而，这种在形式上延续下来的里甲制度，在结构、功能和运作方式等方面已经完全不同于朱元璋所定的制度。里甲在清代广东的文献中大多称为图甲，虽然里又称为图，自明初已然，但这不仅仅是一个别称，因为在字面意思上，"图"侧重在户籍编制层面，而"里"侧重在社会组织层面。清代文献多用"图甲"，而罕用"里甲"的名称，其实隐含了清代里甲制演变的意义。因此，我从清代广东文献上的习惯用法，在这一章不用"里甲"而用"图甲"之名。清代图甲制度的结构与运作方式，同广东乡村基层社会结构有直接的联系，但由于这涉及更广泛的话题，我准备另书专门讨论。在这一章里，只打算初步指出清代图甲制度变化的一些基本方面，以见明代户籍赋税制度演变的基本趋势及其对后来的影响。

第一节　图甲制的变质

明代里甲制度设立的本意，是要建立一种轮役制度以使得赋役负担更为平均，从一条鞭法开始的一系列改革，意味着这种需要用轮役的方式平均赋役负担的社会和制度的条件已经发生了根本的变化。但经过一条鞭法和摊丁入地改革之后的赋税征派，虽然以土地作为课税客体，但征税途径仍然是以户作为纳税的主体，而不是直接向土地征收。① 因此，州县政府向地方社会征收赋税，仍然需要通过这套户籍系统进行。于是，尽管明代每十年一造黄册的制度在清代已经停止，但明代里甲制的户籍系统仍作为地方上的一种重要制度被州县政府沿用下来。同治《南海县志》卷6《经政略》云：

> 吾邑赋税之入，以都统堡，其堡多少不等，以堡统图，堡有大小，故图之多少亦不等，以图统甲，每图分为十甲，每年轮值以一甲总一图办纳之事，谓之当年。……以甲统户，户多少不等，有总户，有子户，子户多少更不等。

清代的图甲制既然是明代里甲制的延续，其基本架构也自然保留着明代里甲制的一些主要特征。特别是一图分为十甲，每年轮流由一甲负责赋税的催征等事务，基本上是从明代里甲制延续下来的规制。不过，作为新税制下赋税征收系统的图甲制，与明代里甲制相比，毕竟是很不相同的制度，它们在基本的构造上有一些根本的差异。上引文后半段显示出，清代的图甲制只是维持了形式上一图十甲的构造，甲的构成则与明初建立的里甲制完全不同了。但这种形式上的差别，其实还基于在更

---

① 这两者之间的区别，是我1986年在中山市小榄镇听何仰镐先生解释图甲制下征税方法时才明白的，何仰镐先生对图甲制废除前后征税方式的差别有亲身的经验。他的了解非我辈从文字上可以获得，在此谨向何仰镐先生表达谢意。

本质层面上的变化，这就是图甲的编制，已经不是一种以家庭和人口为中心的组织，而变成一种以田地赋税为中心的系统。关于这一点，前面的章节已经涉及，在这一节，我们先就图甲制变质的趋势作一概括，之后再分别就图甲中的"户"的性质以及"总户"和"子户"的关系作进一步的讨论。

清代的图甲制度，是由明代的里甲制度直接延续下来的。因而，要了解清代图甲制的内容，需要先了解明代里甲制变质的情况。明代里甲体制最明显的变化，首先表现在里甲的残破不齐，关于这一点，我们在第二章第二节已经专门讨论过明代中叶的情形，虽然在明代屡有地方官员对里甲进行过种种整顿，但从未在根本上解决过问题。这里仅引崇祯《东莞县志》的一段记载以见明末时里甲不齐状况之大略：

> 盖国初定制，以一里为一图。其后连遭土孽苏有兴、彭亚六、陈长英等诸强寇作耗，邑民因之屡困，残伤离散，故耳。虽寻即还定苏息，然烽火之余，流亡他郡者殆不少焉。今据近年黄册，见存之图一百八十有二，其间逃绝之户尤多云。①

不过，里甲的残破不齐，其实只是一种表面的现象，比这种表象更具实质性的变化，是里甲制本身的变质。这种变质的原因之一，是人户登记与田地坐落的分离。明初里甲编制，以户口与土地占有的结合为基础，所谓"鱼鳞册为经，黄册为纬"，两种册籍的配合，大致反映了这种关系。但后来，随着人口流动，土地买卖频繁，尤其是土地兼并的加剧，以及诡寄欺隐田粮的盛行，人户与土地的分布在空间上的分离越来越普遍。叶春及论曰：

> 我朝黄册，里一图焉，亦图其户耳。盖人绣错而居，图于东而移于西；田地则星分棋置，千古不易。故人不可以图拘，而田则可

---

① 崇祯《东莞县志》卷2，《政治志》。

> 以图得也。惟以田系人,不以人而系田,是以增损出入,莫可踪迹。①

这种人在此里、田在彼里的情况在明清时期相当普遍,甚者还常常有人在此县、田在彼县的情况。如永安县的田产,多为归善县地主所有,每年秋天,归善人来收租,“收获漕归,舳舻相接”②。河源县的田地的主人,竟有近一半是东莞、归善、博罗的编户。③ 一些新设立的县是从原来的县割出若干个里甲组成,分县后,人户与田地分离的矛盾更明显暴露出来。如第二章已提及的大埔县,“田在大埔县之境,而粮登海阳、饶平二县之册者,田粮共一千一百九十九石八斗五合七勺九杪六撮五圭”④。在州县赋役征收以黄册户籍为依据的情况下,这种状况必然造成赋役征派的混乱。

田地与业主在户籍隶属上分离所引起的问题,以所谓“寄庄”问题最为典型。明嘉靖年间,广东巡按御史戴璟曰:

> 访得按属州县,有等富豪人户,置买别县田产,立作寄庄,坐享租利,不行纳粮,贻累里甲代其赔贱,及至轮编徭役,则又恃其隔涉,不服拘唤。人有倚称权豪亲戚影射。⑤

“寄庄”问题,以香山县最具有代表性。明代香山的沙田增长迅速,但在香山开沙田的多是顺德、南海、番禺、新会的大族,结果出现了大量的田地为外县业主占有的局面。嘉靖《香山县志》卷3《政事志》有专节记载其事云:

> 寄庄人户,吾广各县有之,而奸诡推避,不畏法度者,惟香山

① 叶春及:《石洞集》卷2,《应诏书四·较赋税》。

② 万历《永安县志》卷2,《俗产志》。

③ 参见乾隆《河源县志》卷4,《艺文志》。

④ 康熙《埔阳志》卷2,《政纪》。

⑤ 嘉靖《广东通志初稿》卷23,《田赋》。

而已。本县田粮二万二千有奇，寄庄顺德县官民米四千四百五十九石零，新会县官民米二千六百二十八石零，番禺县官民米四百四十八石零，南海县官民米五百四十三石零。

这种“寄庄”现象本身已经意味着明代里甲开始变质，因为外县人户置买了香山的沙田后，先是“随田寄籍，散隶各都”，也就是在香山县的图甲中开立一些“户口”，这些“户口”不是用作登记家庭与个人，而只是用作登记田地和纳税额，“其立户姓名皆诡揑者，初无是人也”①。开立这些户口的目的，本是为了使这些田地的赋税仍得以在香山县交纳。但由于纳税人的户籍不在香山，所以实际上往往“不输粮役，官司责在里甲代贼，累至倾家”。为了解决这一问题，在嘉靖元年(1522)造册时，香山县知县袁镛进一步将原来分散在各都图里甲的寄庄户另外分离出来，按照业户的县别单独设立“侨立都图”，“令自勾管，设为图籍，各以其县名都”。共设立了三个都九个图：番南都一图、新会都三图、顺德都五图。②

关于香山的寄庄所涉及的种种问题，这里不打算展开讨论，只想以这样一个比较极端的例子，说明这时里甲的性质，已经与明初设立里甲制度的立法本意相距甚远，不但“户口”的开设可以只是单纯的土地赋税的登记单位，而不是一定的家庭的户籍登记单位，甚至连里甲的设立，也可以纯粹根据田地赋税，而不是一定的村落社区编成。诚然，香山县的这种“侨立都图”，只是一个相当特殊的事例。但它所反映出来的按田粮编里甲的做法，却是一个带普遍意义的发展趋势。嘉靖年间，大埔县著名的士大夫饶相讨论如何解决大埔县的赋役征派问题时，就提出过“每粮米五十石人丁一百丁编为一里”③的建议。嘉靖二十一年(1542)，长乐县整顿里甲时，“除军户不拆籍外，其民户止许里长秋粮十石余，甲首秋

---

① 嘉靖《香山县志》卷3，《政事志》。

② 参见嘉靖《香山县志》卷1，《风土志》。

③ 《潮州耆旧集》卷17，饶相《奏拨大埔县都图疏》。

粮三五石为一户，里长班下甲首有十八二十户者止许存十二三户，余者拨出，凑增二图”①。这反映出当时整顿里甲时，编制里甲的依据，已经是以田粮而不是以实际的人户作为主要的标准了。从明中叶一直到清初，我们还可以看到按田粮编里甲的事件。如兴宁县：

> (明初)为都四，曰一都，曰四都，曰五都，曰六都。后渐垦辟，复于一都内拆置为二图、三图，六都拆其盈，益以瑶人疍人之有税者，置为七图。今称六都为上六都，七图为下六都。每都图里长各十名，每名粮七十余石，各照额征粮，每年每都图挨次轮一名为见年里长，以供县役，余皆为排年里长，其甲首每里长班下多寡不拘。②

这种按田粮编里甲的做法，我们在第四章第二节已经讨论过清初的例子，开始时，可能是在里甲均徭等差役仍按里甲轮役，但佥役的标准已经主要以田粮为依据的情况下采用的一种平均里甲负担的办法。一条鞭法实行后，虽然均平、均徭等取消了十年一轮的办法，但里甲轮役的制度并未真正取消，所以，按田粮编里甲的做法不但没有停止，而且由于一条鞭法更加偏重以土地作为纳税对象，加上当时的均粮均役运动的需要，按田粮编里甲的做法更为普遍。如万历年间，平远县知县刘孕祚“审核拨定，每里粮米六十石有奇，甲首十余户附管”③。但在这里，我们所重视的，其实不在于均编里甲，而在于这种均编里甲的做法，确认了以田地税粮为单位编排里甲的原则，意味着里甲体制在性质上发生了根本的变化。因此，尽管在清初里甲正役革除后，均编里甲已经没有实际的财政上的意义，但图甲户籍中登记的要件是田地税粮这一点，就成为清代图甲制不同于明初所定的里甲制度的主要区别。正如清初时有人

① 嘉靖三十五年《惠州府志》卷1,《图经》。
② 崇祯《兴宁县志》卷2,《政纪》。
③ 康熙《平远县志》卷4,《食货志》。

所论：

> 古之户籍，编之闾里者也，至后世而推准于粮，是以田为消长者耳，生齿之盛衰初不系是。由是观之，明之郊荐户籍，其意可师，而其所荐，特口钞帖，即今之黄册，非司徒岁献之旧也。①

这里以为明初的户帖黄册，即作者生活的时代所见的黄册，固然失于不察，但作者指出了当时的黄册已非古之户籍，是十分值得我们重视的。一条鞭法以后图甲性质的最大变化，就是这时编制里甲的重点，在于田粮的登记，而不是人口的登记。故图甲的构成，亦以田地赋税的登记为核心，而户籍编制稽查的作用，反是依赖着田地赋税登记来实现。至于人口登记的意义，在图甲户籍的系统中，早已荡然无存了。这是理解清代图甲制度的一个关键，在下一节，我们将通过图甲制中"户"的性质的变化，进一步阐明这一点。

由于图甲的编成以田粮为重点，图甲的构成进一步与实际的社会基层组织系统脱节，图甲组织与基层社会组织之间的关系，表现出更为复杂的形态，在这种新的关系下，图甲制度在地方政府与基层社会之间的对话场合，扮演着特殊的角色。关于图甲制下的乡村基层社会结构，我希望能在另外的著作中专门讨论。

第二节　图甲制中"户"的性质

上一节指出里甲制逐渐变质的最重要的表现之一，是里甲制下"户籍"登记的重点转变为田地和税粮，"户籍"的性质发生了根本性的变化。这一转化同当时的赋役制度改革互相配合，反映了明清之际社会经济结构的变动。本节将对"户"的变质过程和清代图甲制下"户"的内涵作进一步的探讨，以见清代图甲制的性质。

---

① 康熙《高明县志》卷 7，《赋役》。

一、户籍登记中“户”的社会范围

如前所述，明太祖朱元璋在洪武十四年(1381)亲手订立的里甲制度，是以基层社会中原有的里社组织和洪武三年(1370)颁发的户贴为基础的。这套制度合户籍制度、赋役制度及基层社会组织制度于一体。在这套制度下，田赋由“见年里甲”负责向每一个“户”征收，正役由里甲中各“户”轮流应充，杂役由里长按本里甲内人户的人丁事产多寡佥点，故“户”的审核和登记，自然成为这一制度的核心。里甲的“户”，就是户籍黄册中的一个登记单位。

以往关于明代里甲制的研究，对里甲之中的一户就是现实中的一个家庭这一点，从未提出过什么异议。从事实上看，最初建立黄册里甲制时，由于有洪武三年(1370)颁发的户帖为基础，而户帖又被认为是中国古代历史上最为成功和最接近近代方法的一次人口调查，故学者们一般都认为最初编造的黄册具有较高的质量。① 基于这一认识，我们相信，在黄册里甲制最初施行时，一般是以一个家庭为一户编入里甲并登进黄册的。这一点可以在一些文献中得到印证，例如从家族谱的记录中，我们就可以找到支持这一判断的资料。本书第二章列举的多个在明初登记入籍的事例，基本上都是以个体家庭为单位的。顺德县沙滘乡的《楚旺房陈氏家谱》中有这样一段记述：

> 环翠氏曰：子因先生早失怙恃，不知上代根源。又值正统十四年黄萧养之乱，各人惶走，失于收拾，遂于本年八月十九，会同排年三十余人，在县陈告，取文送布政司，开库揭查洪武至正统(黄册)，始知我祖生于大元，至洪武十四年立籍，实年三十岁，田地塘共五十四亩四分，与伯祖德兴两户平对。赖列祖积置增税，并前三顷余亩。后分三户，宣德七年在昆兴户内分析。皆有条款，俾子弟

---

① 参见梁方仲：《明代黄册考》，载《岭南学报》，1956，10(2)。

传留，永重宝。弘治六年重阳日记。

同这段记述有关诸人的系谱关系如下图所示：

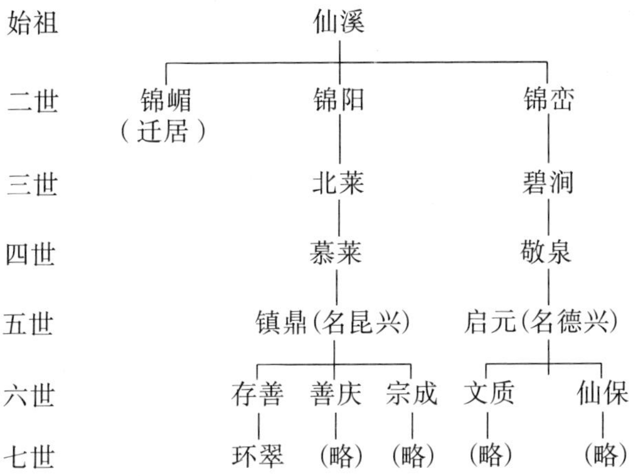

在上列各人中，昆兴的生年前引文已有记录，其他人可以查考的还有：德兴元至正三年(1348)生，明洪武十七年(1384)卒。仙保洪武二年(1869)生，永乐十六年(1418)卒。环翠的生年原文记载是“成化丁卯年”，查成化无丁卯年，疑是正统丁卯年(即正统十二年，1447)或成化丁亥年(即成化三年，1467)之误，卒年为正德八年(1513)。其他人无考。

由以上资料，我们大致可以判断，在洪武十四年(1381)建立黄册里甲制时，这一家族只有两个家庭，他们是分别立户的。后来德兴户的情况，环翠显然未提及，而环翠父亲有三兄弟，则在宣德七年(1482)分析为三户，仍然以一个家庭为一户。这条材料所反映出来的问题，似乎不仅仅只限于一个家族的范围。我们从这位陈环翠“会同排年三十余人”一起到布政司“开库揭查”黄册的事实看，当时人要查询祖先的情况，会想到从官府的黄册中寻找线索，并事实上也查到了从姓名、年龄到财产状况都堪称精确的记录(在清代图甲制下，这似乎是一件不可能的事)。这表明当时的黄册，显然是比较真实和完备的，一般地说，以家庭为单位进行登记还是一种常例。①

然而，这种册籍上的内容同社会现实的一致性只可能是相对的，因为户籍的编制是一个人为的过程，必然受到种种人为因素的影响和制约。最简单的一个事实是，现实生活中的分家，无须通过官府履行任何手续，但在户籍上分户，却必须经过官府同意并履行一定的手续，甚至还会受到法律上的某些限制。更重要的是，中国古代的户籍，本是为一定的财政目的编造的，如户的分合关涉财政利益，人们在处理户籍分合时，就会受到某种财政上的目的支使和制约。因此，明代的户籍编制及其变化必然会受到当时的赋役制度的制约。

明代的差役制度有三个重要原则：一是按里甲编制轮流应役，每年每里由一甲应役，十年一轮，周而复始。这种办法必然要求各甲人户尽可能整齐，从而产生一种要求避免原来的户籍编组的秩序发生变动的倾向，进而导致户籍政策的僵化。二是各色人户依据各自的户别佥派固定的差役，并世袭应充。故为了防止有军、匠等特定户籍的人户借分户逃脱原籍，就要限制以至禁止军籍、匠籍的人户分析户籍。三是差役负担的轻重按每户的人丁事产为依据佥定。这种差役不是一种单纯的对丁所课的税，它是以户为基本课税对象，由人丁事产状况来确定户的等级和应充差役轻重的等级户税。所谓按人丁事产定役之轻重的原则，不是一种比例税制，而有点类似累进税制(但没有统一的确定的累进税率)。也就是说，丁产多的户与丁产少的户相比，差役负担的轻重比例一般超过丁产的差额比例，丁产极少的人户甚至可以免派差役，故“分丁析户”往往可以达到“避差徭”的目的。

明代差役制度的这些特点，决定了官民双方在户籍的登记和修订上有着不同的利益和取向。明朝政府从一开始，就把注意力放在如何保持户籍的稳定上，以保障赋役原额不致缺失，而不是准确地登记户口。因而，在对待户籍的分析和变动的问题上，限制多于灵活，消极多于积极。

---

① 参见下文引述的《(顺德)李氏族谱》的记录。

洪武二十四年(1391)制定的《攒造黄册格式》虽对黄册的编造作了相当详密的规定，却唯独完全没有涉及如何处理分家之后户籍的分析问题。直到景泰二年(1451)，才对“分户”作出明确规定，但这个规定严禁“人丁数少及有军、匠等项役占窒碍”的人户分析户籍，即使符合分户条件的，政府的态度也只是“自愿分户者听”，言下之意，不愿分户者亦听任之。①这种僵化的户籍政策，意味着在明代同一血统的多个家庭合为一户已是一种正常而合法的现象。但在民的方面，从理论上说，多个家庭合为一户却是弊多利少，因为前述明代差役制度的原则，决定了多个家庭合为一户则意味着增加一户内的丁口数，进而引来本户的差役负担加重。正如叶春及所论：

> 我朝征民，惟其丁不惟其户，户大丁米鳞碎，算事必重，无患离析，一身之徭，乃至当赋一石，有身为患，此其趋避不亦宜宁。②

关于这一点，嘉靖年间广东南海人庞尚鹏的一份奏疏中把道理讲得非常清楚：

> 民间每遇编徭，辄蹙额相告。如或点充库子及斗级等役，即倾覆之期可计日而待。中间占民籍而例许分户，犹能为侥幸苟全计。惟军籍则举族同户，虽田至百余顷，粮至数十石，悉为禁例所限，不敢以析户为辞。有司不暇深察，往往举差役之最繁且重者而并归之，将安所避乎？③

可见户的规模，同赋役负担直接相关，虽然明朝政府对分丁析户采取谨慎以至限制的态度，但在民的立场上，则倾向于把户分小。在明代中叶，“花分子户”成为社会上逃避赋役的一种很普遍的途径，即证明了这一点。

---

① 参见万历《明会典》卷20，《户口二》。

② 万历《顺德县志》卷3，《赋役志》。

③ 庞尚鹏：《百可亭摘稿》卷1，参见《粤大记》卷27。

霍与瑕以下一段议论亦可以看出，站在应役者的立场上，是希望将户分小的：

> 请查造册分户之弊。凡分拆户籍，有印信下帖者，当官准拆者也。无印信下帖者，书手私自花分者也。岭外天高日远，造册之岁，正官应朝，署掌不才官吏，每开一户，取分例银六七两。贫民无措，书手因而为奸，诈银二三两，为之私立户籍。每县私开者多至二三千户。①

由此看来，在明初的差役制度下，一户包括多个家庭的现象在一般民户中并不会像后来那样成为通例。

然而，这一判断仅仅是从逻辑上推论而已，这一推论需有一个基本假设为前提，这就是，黄册中登记的内容，必须大体上同社会现实相符。而明中叶以后黄册的严重失实和流于形式，使这一推论大打折扣。既然黄册已不能如实进行登记，甚至失去了作为征收赋役依据的作用，人民也就没有必要一定要去分析户籍。因为家庭的自然繁衍所增加的人口已经不再登入黄册，甚至还可能通过“相冒合户”来隐瞒原来的人丁，就算多个家庭共享一个户籍也不会加重该户的赋役负担。这样，以黄册为依据的里甲制中的“户”就不等同于现实中的一个家庭了。由于这一变化首先是随着黄册的废坏而发生的，故在明代前期就很可能已经出现了②，到明代中期，更成为普遍现象。片山刚先生曾根据《(中山小榄)何氏九郎族谱》论证过这一点。③ 他所举的这个例证中的何氏家族是军户，该族谱中有这样一段记载：

> 六世祖汉溟……洪武十四年初造黄册，公承户，充大榄都第一

---

① 霍与瑕：《霍勉斋集》卷12，《上吴自湖公大司马》。

② 参见梁方仲：《明代一条鞭法年表》，载《岭南学报》，1952，12(1)。

③ 参见[日]片山刚：《清代广东省珠江デルタの图甲制について：税粮・户籍・同族》，载《东洋学报》，1982，63(3/4)。

团里长，十六年收集军，戍于南京镇南卫百户。

该家族不分户显然是“为禁例所限”，尚不能代表一般民户的情况。我在这里想提出另一个顺德县的例证，对了解明代里甲制中“户”的衍变过程也许会有一些帮助。

《(顺德)李氏族谱》中有该族从洪武十四年(1381)起历次大造黄册时的户名记录(有些年代略有出入，并缺了天启一届)，现列出如下：

年代	户名
洪武十四年(1381)至洪武二十年(1397)	李康福
永乐元年(1403)	李宣荫
永乐十年(1412)至天顺六年(1462)	李友亮
成化八年(1472)	李佛爱
成化十八年(1482)至嘉靖十一年(1532)	李　金
嘉靖二十一年(1542)至隆庆六年(1572)	李三安
万历十一年(1583)至万历三十一年(1603)	李天植
	李同芳
崇祯五年(1632)至崇祯十五年(1642)	李天植
	李自芳
顺治九年(1652)	李　麒
	李自芳

与上述户名有关的人名及其继嗣关系列出如下(同户名无联系的人名以△代替，同辈中长幼由左至右排列)：

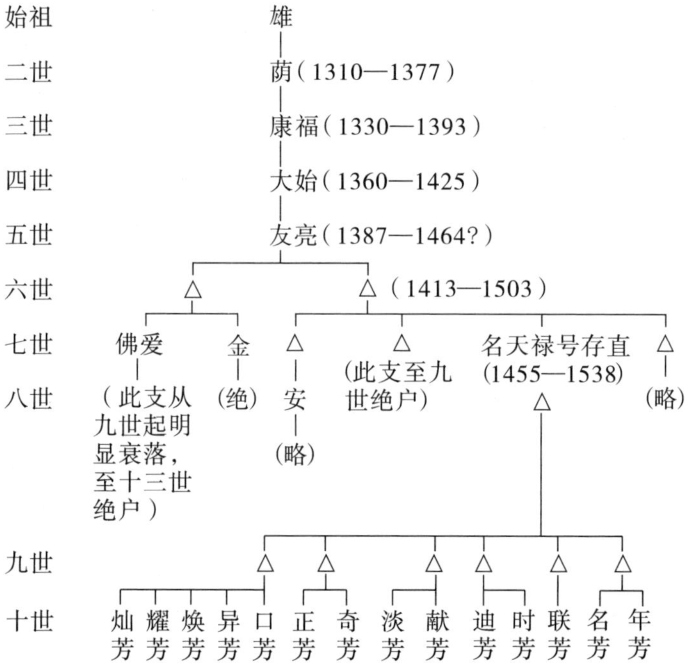

将户名与此世系图各人的名字作一对比,可以发现,洪武十四年(1381)初造黄册时,以家长李康福的真实姓名为户名,一户也就是一个家庭。永乐元年(1403)第三届造册时,李康福已去世,其子李大始仍在世,并已成年,但未用己名登记,户名李宣荫也许有纪念其祖父的意义。永乐十年(1412)造册改用李大始之子李友亮的真实姓名为户名,而李大始仍在世。1464 年(?)李友亮去世,成化八年(1472)造册即改用其长孙李佛爱之名为户名。这时,李佛爱之叔父(即李友亮之次子)59 岁,就一般情理推测,此时该户至少有两个家庭,到下一届造册,又改以李佛爱之弟李金之名为户名,也许是由于李佛爱已去世。嘉靖二十一年(1542)户名改为李三安,这时长房显然已经衰落,而第二房则明显繁盛起来,李三安之名估计同二房的长孙李安有关。如果这个估计不错,那么也就是说户籍由长房转到二房来继承了。从万历十一年(1583)开始,该族有两个户名,但可以肯定,这时不止两个家庭。李天植、李同芳也不是真实的人名,"天植"也许源于七世那位名天禄号存直的人的名号,"同芳"

则显然是这位天禄的十四位曾孙共同的户口之意。这一个案显示，至迟在明代成化年间，已经存在一个家庭分析为两个以上家庭后，户籍上仍登记为一户的现象，遗憾的是，这一家族在五世之前四代单传，在典型性上稍有欠缺，实际上这一现象的产生可能还要更早一些。① 不过，户名似乎一般还用在世的真实人名。也许有一种一般由长房优先继承户籍的惯例，但长房衰微的话，也可以转由二房承继。到嘉靖万历年间，不但一户已明显包括多个家庭，而且户名也不必是真实的人名了。

诚然，由单个个案反映出来的情况究竟具有多大程度的代表性，可能是有疑问的，但如果把这一个案置于前面所讨论的背景中看，它同明代黄册里甲制的废坏变质的过程是一致的，因而在显示明代里甲制中"户"的衍变趋向上应该有一定的典型意义。

二、"户"的内涵

上述讨论似乎表明，明代里甲制下"户"的衍变，表现为"户"由代表一个家庭变为包括两个以上的家庭以至整个家族。这一变化的原因，除了军户、匠户等是为法例所限不得分户外，对于一般民户来说，则是黄册制度的废弛。这种理解虽然不错，但没有揭示出里甲制衍变中最本质的内容。因为，首先，由明代里甲制到清代图甲制，"户"的衍变并不仅仅表现为由单个家庭到包括两个以上家庭。如果仅是这样一种变化，那只不过是"户"的社会实体规模的扩充(或者可以说是由家庭到家族)。而事实上，清代图甲制中的"户"在内容和性质上与明初里甲制中的"户"有更根本的差异。其次，如果仅从户籍本身的弊病来说明"户"的衍变，那么这种变动无论怎样大，都只是同隐匿户口、规避赋役以及吏治败坏之类非法行为相联系的。前引庞尚鹏语很清楚地表明，就正常情况而言，在差役按丁产佥定的制度下，人民为了避免重役加身，是倾向于分析户籍的。如果不是户籍的废坏失实，政府仍然根据户籍来佥点差役的话，

① 参见《南海甘蕉蒲氏族谱》。

不分户的现象就不会普遍化。清代图甲制下的“户”一般不代表一个家庭，而由多个家庭共同使用一个户口，甚至成为一种几乎是制度化的惯例，不能只从黄册里甲制本身的弊端来解释。事实上，对里甲制下“户”的意义的变质产生了更为深刻也更具决定性意义影响的，是从明中期到清初的一系列赋役改革。这些赋役改革既为适应里甲制的变质而展开，又意味着对里甲制变质的认可并使之制度化成为可能。以往不少学者都已指出过赋役改革与里甲制解体趋势的关系，这里不必详论。必须指出的是，所谓里甲制的解体，并不一定意味着里甲形式的取消，也可以表现为里甲制本身的变质，而其中最重要的变化之一，就是作为构成里甲的基本因子的“户”的性质的衍变。

那么，“户”的性质究竟发生了怎样一种变化呢？在回答这个问题之前，我想先指出有关清代珠江三角洲地区图甲制中的“户”的几种现象。

第一，“户”(不论是总户还是子户)一般不代表现实中作为生活单位的个别家庭，户名一般也不是现实的个人。① 关于这一点，片山刚先生已作了很有说服力的论证②，这里不再赘论。

第二，以图甲为基础编造的“户籍”(这里须同保甲册相区别)，已失去了人口登记的意义和功用。无论是官还是民，所关心的只是每“户”之内要承担多少纳税责任。我们所见到的有关“户”的记录，大多是同田产税粮相联系的，不涉及家庭与人口状况。③ 在所谓“户籍”之中，并没有关于人的资料，所登记的只是田产和税额。在文献中可以看到，新户的开立，一般是出于升科纳税的目的，而同家庭人口的变动无关。如南海黎村潘氏，“立永安堂名以买尝坦，现开黄角沙坦之户亦取名均安裕”；南海东头冼氏因“广购田宅，故多立户名以升科”；南海鹤园冼氏的宗规中有“置产立户，国课所在”的说法。这里将“立户”与“升科”“置产”相提

① 当然也有例外，如新入籍的户可能只是一个家庭，见《(顺德)施氏族谱》。

② 参见[日]片山刚：《清代广东省珠江デルタの图甲制について：税粮・户籍・同族》，载《东洋学报》，1982，63(3/4)。

③ 例如《(顺德江尾)碧湾梁氏家谱》。

并论，反映出田产税额在“户”之中具有更重要的意义。可以认为，图甲之中所谓“户”的真正内涵，并不是指一个特定的社会群体，而是指一定的田产税额的集合体。①

第三，以“户籍”中所登记的内容是田产税额这一事实为前提，我们看到在图甲制下，一个土地所有者的土地可能分别载入两个以上的“户”之中，或者说是在两个以上的“户”内承担纳税责任。从片山刚论文中所抄列的顺德北门罗氏本原堂的尝田记录看，本原堂的田产就分别载入了15个“户”内。类似的情况，从其他族谱中也可以找到。② 只是我们现在看到的资料，多是关于公产(族产、祠产之类)的记录，至于个人田产方面的资料则不易获得。个人田产是否也有分载入两个以上的“户”的情况呢？我想是完全可能的。在《(南海石湾)太原霍氏崇本堂族谱》卷5中有一个“合同”，显示该族有一个名叫兴甫的人同时须在霍永兴户和霍祚户中承担纳税责任。这就是说，至少在法理上可以认为他有田产载入这两个户内。有不少宗族规定子孙不要将田产载入“粮务废烂”之户③，也意味着个人向政府登记土地财产时可以在两个以上的户中作出选择。这显然是以“户”本身不是一定的社会群体为前提的。

第四，虽然“户”的内涵是一定的田产税额的登记单位，但有权支配和使用某个“户”的必须是特定的社会集团中的成员。一般地说，共同支配和使用同一个“户”的，多是一个宗族或其支派之内的成员。也就是说，拥有使用某个特定“户”权利的，是组织成血缘集团形式的社会群体。这种权利具有明确的排他性，清末时番禺县册金局的“定例”规定：“凡有借籍与人冒考，一经查出，该族印金永不支给。”④但这种社会群体也不一

---

①　明代由田产构成的户一般只限于寄庄户，但也是一种特殊情况。一条鞭法后，寄庄户与一般的户已无明显区别，而且按田粮编里甲盛行于东南各省，很能反映出这一变化趋势。

②　如南海深村蔡氏宗族的祀田，仅在番禺就立有3个户头。见《(南海深村)蔡氏家谱》。

③　参见《(顺德)龙氏族谱》卷2。

④　《番禺市桥房邓氏荫德堂家谱》。

定必是血缘集团，如康熙四十七年(1708)新会县知县顾嗣协令“有粮少不能自立户，附于别户之后”的畸零户实行“归户”，其办法是，“或归同姓之户，或数姓合立户籍”①。可见图甲制本身并不排除不是同一血缘集团的人共同使用一个户头。

第五，正因为每个户都是由特定的社会群体(一般是宗族或其支派)支配和使用，故我们经常可以看到用户名来指称某一宗族或族内的房系。最典型的材料大约是中山图书馆所藏的《南海氏族》一书，书内登记各个宗族的方式如下例：

> 石涌乡三图九甲黄志同户
>
> 黄世华祖合族男丁五十一名银一两五钱三分

官方文件也有以户名来指称宗族，如雍正四年(1726)南海县立的《优免圣裔碑记》中，就是用一系列户名来指称享有优免特权的各个孔氏宗族。② 民间似乎也有用户名来指称宗族的习惯，如《(顺德)黄氏梅月房谱》中关于族人婚配情况就有如“娶(蔡)必昌户蔡经三公之长女”之类的记载。这里所谓“必昌户”，显然是指一支姓蔡的家族。故此，我们在文献中时常可看到有“户族”之类的名称。

第六，许多宗族都拥有多个“户”。如《南海氏族》一书就显示出一个宗族拥有多个户名(甚至多个总户)的情况相当普遍。其中又有两种情况：一种情况是宗族拥有的多个“户”可由族人任意选择其中一个使用，如番禺市桥邓氏荫德堂就“开立户口二个”，“子孙酌用之可也”。前述第三种现象也证明了这一点。另一种情况是族内各房分别有各自的户籍，即顺德大良龙氏所谓“各立图籍而分支派”③，广州杜氏所谓“各分门户纳

---

① 乾隆《新会县志》卷2，《编年志》。

② 参见《南海罗格孔氏家谱》卷3。

③ 《顺德大良乡龙氏族谱》卷7。

粮”①。如中山南朗程氏：

> 宗明公裔：大字都二图一甲程位户民籍
>
> 教导公裔：大字都一图甲程宏谦户民籍
>
> 梅庄公裔：大字都一图八甲程效户民籍
>
> 元斗公裔、宗谓公裔：大字都一图十甲程元昭户民籍
>
> 赤坎美公裔：大字都二图九甲程泰户民籍②

值得注意的是，这种按房系分门别户并不完全依血缘关系为原则。中山南朗程氏的户籍中，用一图十甲的户口的有两个支派，这两个支派(元斗公裔、宗谓公裔)并不是同一房，而“元斗公”与“梅庄公”本是同一房，“宗谓公”与“宗明公”本是同一房。这种由房内的一支分出去与另一房分出去的一支共同拥有一个户籍的现象，表明户籍隶属的划分并非完全依据继嗣的原则，估计可以根据某种合约来共同设立和使用同一个“户”。图甲的结构与血缘组织的结构并不是一定要直接对应的。③

以上我们指出了图甲制下“户”的几个主要特征，那么具有这些特征的“户”在性质上又与里甲制的“户”有什么根本性的不同呢？对于这个问题，有必要从明中期以后的赋役改革与“户”的衍变的关系来进行考察。

正如我们在前面已经讨论过的，明代中期以后赋役制度改革的基本趋向是，将过去以户为单位，按人丁事产多寡的等级佥派轻重不等的差役的办法，改为将差役折算为货币(银)，制定出确定的比例税率，分别按丁田(粮)征派。随后，又逐渐将丁的负担转摊入田粮之中。从而实现了等级性的“户役”向土地税的转变。这一改革的直接动因，本是适应黄册里甲制的变质而展开的，而改革的结果，又无疑意味着对里甲制变质的认可，从而使这种变质制度化。

---

① 《(广州)城南杜氏家谱》。

② 《(中山南朗)程氏族谱》，参见《(新会张氏)清河族谱》。

③ 《岭南冼氏宗谱》中大朗房内各分支的户籍很清楚地显示出这种不对应关系。

赋役改革对里甲制中“户”的变质的影响，首先表现为“户”由一个计税单位变成一个单纯的税额登记单位。过去，“户”在财政中有着特别重要的地位。它不但作为纳税和承担差役的主体，而且也是一种课税客体，是课税对象的一种计量单位。“户”的规模，“户”的数量，都直接影响到赋役的数额。但在“户役”分解为“丁银”与“地银”之后，直接以丁地为课税对象，“户”便不再具有计税单位的意义和功用。因此，一条鞭法改革以后，“户”的数量就不再具有实际的财政意义①，“户”变为仅仅是征税环节上的一个登记缴纳的单位。清代的编审完全放弃了“户”的统计，就充分证明了这一点。随着“户”在税收制度中的地位和功用的改变，在户籍中作为一个登记单位的“户”的规模大小，就不再同赋役负担轻重相联系，不管是数十丁数百顷为一户，还是单丁数亩为一户，反正都是以丁田(粮)为计税单位，按固定的税率计征，每一课税单位的赋税负担都不受“户”的形式和规模的影响。这样一来，对于政府来说，重要的只是能否通过“户”有效地进行赋税征收，对于人民来说，重要的只是希望通过拥有户籍来确认自己的社会地位，通过在户之内承担一定的纳税责任来保障土地所有权的合法性。只要官民双方都能达到各自的目的，“户”由何种规模和形式的社会群体拥有和支配都是无关紧要的了。于是，“户”不代表一个现实生活中的家庭的现象，就获得了合法化的可能性，从而也就有可能在更广泛的范围内成为普遍的事实。

更为重要的是，赋役改革中逐渐取消人丁的赋税负担，改为单一的土地财产税的发展，改变了“户”的内部构成，使“户”的性质发生了根本的变化。本来，作为赋役征派依据的户籍中的“户”，主要由人和土地财产两大要素构成，所谓“户”之内部构成，也就是指“户”之中的“人—地”的关系。在明初的里甲制中，构成户的基本要素是人。在差役佥派时，人既作为课税主体，又作为课税客体，两者合二为一，由课税主体的身

---

① 雍正《揭阳县志》卷3《户口》：“至万历间编赋役全书，遂以丁口名，而户之称渐泯。”

份及财产状况来决定课税客体的等级。故户籍之中，是以人为主，以土地财产为辅。“户”的内容首先是一个相当确定的社会单位，土地只是作为这个社会单位的财产而处于从属的地位。作为差役和课税客体的“户”，体现了人与土地的紧密结合。但“户役”分解为丁税和地税之后，这种结合就分解了。随着丁税逐渐转变为地税，在课税客体中把人这个要素排除了出去。此后，人这个要素只是单纯地充当课税主体的角色。与此同时，随着“户籍”已成为一种税册，而不再具有户口登记的作用，“户籍”之中的一户，也就成为以土地为基本内容的课税客体的集合体，而人则只作为课税主体在户之下承担纳税责任，人与地的关系由此倒了过来。在“户”的内容中，具有决定性意义的是土地和税额，至于这一户内的税额由哪些纳税人，由一个还是多个纳税人来承担，都不会对“户”的内容范围起直接的决定作用。因此，我们在讨论图甲制中“户”与现实的人的关系时，与其问“户”包括了何种形式的社会群体，倒不如问共同拥有和支配“户”的是怎样一种社会群体。严格地说，在图甲制下，“人”(家庭)并不是构成“户”的内在要素，而是拥有和支配“户”的主体。由此看来，图甲制中的“户”实质就是一种类似于今日银行账户那样的登记单位(即“户头”)。只是由于一般地说，对于某一特定的“户”拥有支配权并在其中承担纳税责任的，是一定的社会群体及其成员，并由于“户”本来是指一定的社会群体这样一种渊源关系，才习惯地用户名来指称一定的社会群体。

三、“户”性质演变之意义

在清代的图甲制下，“户”不登记真实的纳税人，为什么仍可以据以向真实的土地所有者征收赋税？在户籍中大多数“户头”普遍地由多个不同的土地所有者共同使用的情况下，是什么纽带将这些土地所有者联结起来以保证税粮的完纳？这些问题都是我们理解“户”的变质的社会意义的关键问题，而其答案显然不能只从户籍赋役制度本身去寻找。自明中叶以后宗族组织的普及化及其职能的强化，是“户”的衍变的基本社会原因。可以说，黄册里甲制的废弛、赋役制度的改革以及宗族组织的强化，不但促成了“户”的衍变，而且决定了“户”的衍变方向及其内容。关于宗族组织的发展变化及其同里甲制变质的关系，涉及许多复杂的问题，这里不可能深入讨论，只想概略地提出一些想法，作为今后进一步研究的思路。

在传统的中国社会，有没有“户籍”，是确认一个社会成员身份地位的重要标志。有“户籍”就意味着在向政府履行一定义务的前提下，享有一定的社会地位和权利；而所谓“无籍之徒”，则一般被视为失去了合法身份的人，社会地位亦较为低下。明清之际里甲制中的“户”的登记内容由人变为一定的田产税额，意味着土地财产具有了更重要的意义。每个社会成员要成为有籍之人，从而确认自己的社会地位，就要以拥有一定的土地财产并向政府承担纳税责任为前提。但由于“户”一般是由某种民间社会集团共同使用和支配，这就意味着没有土地财产的社会成员要获得“户籍”，可以并一定要从属于某一拥有户籍的社会集团，成为其中的成员。同样道理，一个人如被取消了在某一社会集团中的成员资格(例如出族)，也就意味着变成“无籍之徒”，除非他拥有一定的财产，有能力重新立户，而这又是相当困难且需付出一定代价的。这样也就必然加强了民间社会集团(一般组织为宗族的形式)的统合力和支配权力。由此可见，明清里甲制下“户”的性质的衍变，意味着社会成员的身份地位建立在土地财产和对民间社会组织的从属关系的基础之上，而不像过去的传统那样建立在编户齐民对王朝的直接人身隶属关系之上。

在这样一种与以往的传统不同的社会秩序下，民间社会必然与国家权力在政治上和利益上趋于一致，处在民间社会与国家权力之间的中介的作用具有了更重要的意义。“户籍”上不直接登记真实的纳税人仍可以有效地征税，就是这种中介的作用得到加强的结果。既然“户”本身并不是一定的社会实体，而是一定的课税客体或税额的登记单位，那么共同支配和使用同一“户头”的社会成员之间，必然形成某种形式的利益集团，这种利益集团就成为单个社会成员与官府之间最为基本的中介。在相当普遍的场合，它们是某种形式的血缘群体，但其构成的原则并不单纯依赖血缘关系，地缘关系和合约关系亦交织其中。在清代珠江三角洲地区的图甲制中，我们既可以看到不同的社会成员凭依着这些关系共同建立和使用同一“户头”，又可以看到析甲分户之类的现象。因此，图甲制下“户”的构成及其变动，实际上是清代宗族组织分化和重组的一种折光，反映着清代社会的分化和整合的复杂变动过程，我们可以从中窥见清代社会基层组织的动态及某种特质。不过，要进行这样一种考察，只局限于“户”的层面显然是不够的；图甲的构成，各户之间(特别是总户与子户)的关系，都值得进一步讨论。从这些关系中我们将可以看到胥吏及士绅作为中介亦发挥着重要的作用。围绕着图甲制的种种变动，体现了各种社会组织与各种中介势力和国家权力之间如何在矛盾冲突中达到某种均衡的复杂关系。这些都是我们要进一步深入研究的课题。

第三节　“总户”“子户”与赋税征收

虽然清代的图甲制是从明代里甲制演变而来的，但在外观的结构上也有明显的变化。明代里甲制的结构是，一里有十甲，每甲由一户里长和十户甲首组成；而清代广东各州县通行的图甲制，则是“以图统甲，每图分为十甲……以甲统户，户多少不等。有总户，有子户，子户多少更不等”①。在形式上，似乎在一图十甲这一点上仍循明代里甲制旧规，但实际上，这时一图已并不限于十甲，只是为了保留一图十甲的形式，把十甲以外的甲称为“另甲”。更大的差异表现在甲的构成上，与明代里甲制完全不同，除了一甲户数不等外，更重要的是，一甲之内的“里长—甲首”关系转变为“总户—子户”关系，这不仅仅是一种名称的改变，实际反映了清代图甲制的结构与明代里甲制相比，已经发生了一些根本性的变化。

---

① 同治《南海县志》卷6，《经政略》，宣统重刊本。

一、"总户—子户"结构的形成

明初建立的里甲制，一般将居址相邻近的若干个家庭编为一甲，其中丁田多者充里长，其余为甲首，维系不同个体家庭共编在一甲之中的主要是地缘的纽带。但明中期以后，这种里甲体制逐渐解体。在广东地区，这一解体过程的社会背景和主要动因之一，是在社会不断分化的同时，出现了宗族组织逐渐普遍化及其职能逐渐强化的趋势。在这种趋势下，原被编在同一甲中的个体家庭，有的破产逃亡，有的人故丁绝，也有一些则逐渐扩大为聚居的大族。由于明代里甲制对户籍变动有严格的限制，制度本身也越来越流于因循僵化，里甲编制与变动不居的社会现实之间就出现了越来越大的距离。结果，登记在黄册之中的里甲户口就会分别朝着两个相反的方向变化：一些户口之下的社会单位扩展为强宗大族，而另一些则逐渐亡失，即使户名仍存，亦已原主无稽。

我们从清代一些图甲的构成中，仍可以找到这一变动留下的痕迹。

以南海县三十四图一甲为例，该甲的总户名是"关升"，这一总户及甲内多数子户是九江乡关氏宗族的户口，甲内还有五个子户分别以黄、冯、胡、叶等姓为户名①，其中黄流、冯应元两户的税粮由关升户及该甲内各子户分摊②。这表明，该甲内原有黄姓、冯姓的家庭(族)，后因某种原因，这两家或迁移逃亡，或绝户，户名仍挂在册上。由于明代里甲制规定一甲之中各户之间负有连带的纳税责任，一户逃亡，税粮由其他户赔补，所以黄、冯二户名下的税粮也由同甲各户承担下来。

类似情况我们在《南海甘蕉蒲氏族谱》中也看到，南海县蒲氏家族亦承担着本户所在甲中的三个异姓子户的纳税责任。在《南海学正黄氏家谱》中，列出本族户籍后加一段按语曰："右表间有异姓之人，皆是我乡子户，盖初附于总户而日久亡失者也。"这句话的意思是，在该族所在的

---

① 参见《南海九江关树德堂家谱》。

② 参见《横矶关敦睦堂墓志》。

甲内，有若干个异姓子户，原是异姓人开立的户名，后来这些户口的主人逐渐亡失了，户名仍存在甲内。① 由上列现象我们可以看到，明清时期里(图)甲制构成的变化，表现出原来一甲由多个家族组成到一甲户口由一个大族垄断的倾向。

这一变化趋势的出现，除了因一些较弱小的家族因破产、逃亡或绝户而亡失外，还因为在赋役征派或其他方面，不同社会群体之间不可避免地产生的种种矛盾和冲突。尤其是在一甲之内强宗大姓对弱小家族的欺凌，使得不同血缘或利益互相冲突的群体之间倾向将他们原来编在同一甲中的户口分拆开来。

一种情况是，有些较弱小的家族，若能获得某种机会，往往为避开大族的欺压，而将户籍从原来所在图甲中割出。如顺治十二年(1655)，居住在南海县云津堡的一些家族，原来在不同的图甲中开立户口，因“每恨旧图妄立父子名色为凌猎之计”，分别将各自的户口从原来图甲中割出，重新组合成一个新图。我们还知道，在他们之前，同县的登云、丹桂、简村等堡亦已有成例。②

还有一种情况是，一些较弱小的家族也可能会被同一甲中更有势力的家族以种种方式排挤出去。如南海县大通堡六图三甲中有冯苍环、冯茂山两个户名，是一个冯姓家族的户口，乾隆年间被同甲的梁姓家族强行从该图甲中拆出，另寄到本县捕属作为客籍户口。③ 由此可见，一个甲的社会构成的变化，与各个血缘群体之间的矛盾冲突有密切的联系，一甲内的户口越来越趋向于由同一血缘群体独占，很可能是这种矛盾长期作用的结果。

在一甲户口逐渐趋于由同一血缘群体独占的同时，宗族组织内部也发生着另一种变化，即由世代的繁衍分支而形成了利益不同甚至互相冲

---

① 片山刚先生对这段话有不同的解释，参见[日]片山刚:《清代广东省珠江デルタの图甲制について：税粮・户籍・同族》，载《东洋学报》，1982，63(3/4)。

② 参见《(南海)太原崇本堂霍氏族谱》卷5，《创籍图说》。

③ 参见《(南海)冯氏族谱》。

突的房派，或其他形式的利益团体。它们之间的分化和矛盾，又导致了在原来共同使用的户口之下划分出若干个子户。即光绪《新会县乡土志》中所说的："大户丁口既多，或于本甲下别开子户。"这种户籍分析的情况可举程乡县一个姓杨的宗族为例，该族原来只有杨复旺一个户名，"从前各户钱粮统归始、二世祖复旺户一户代纳，因户口日众，未免有少欠之弊，而里排遂有受累者。经咸丰四年合族呈请文州宪，拆立子眼数十眼，各立户名"①。

在清代广东各州县的图甲中，拥有总户的宗族在本甲内开立了越来越多的子户，其中一个重要原因，就是为了避免不同房派或其他形式的利益团体之间为拖欠税粮而互相牵累，我们从中可以窥见宗族内部的分化和利益冲突关系。随着一甲之内的异姓户口逐渐趋向于分拆出去，拥有一甲总户的群体又不断分析出子户，明代里甲制下的"里长—甲首"关系便渐渐被"总户—子户"关系所取代了。即使原来的里长、甲首也会随之改变名称为总户或子户，于是，"总户—子户"的结构便成了清代图甲制的基本结构。

二、"总户—子户"结构的不同类型

作为上述转变过程的结果，以及从"总户""子户"两词的字面意义看，一甲之中的"总户—子户"关系，应该是一种"包含"的关系，也就是总体与部分的关系。或者可以进一步推定说，如果拥有总户的社会单位是一个宗族的话，那么拥有子户的就是这一宗族内的支派以至家庭。但实际上，清代广东图甲制中一甲的构成并不是如此简单划一的，总户与子户的关系常常表现得更为多样化和复杂化。要深入讨论造成这种复杂性的社会背景，非本书所能胜任，这里只打算从清初一些地区整顿图甲的措施入手，考察一下这些措施如何在制度方面影响着甲的构成，并与现实中复杂的社会关系相互作用，形成了不同形式的"总户—子户"结构。

---

① 《(程乡)杨氏族谱》。

我们知道，作为一种赋役征派的系统，图甲的编制常常要根据征派赋役的需要来调整。在清代康熙年间，因差役繁重，一些地方官针对不同图甲之间负担能力不均的状况，曾进行过以“均田粮里甲”为内容的改革。改革的具体办法各地不一，对图甲构成影响较直接的，是一些地区采用的按一定税粮额重新编排图甲的做法。如仁化县，就曾以每五十三石零的税粮额编为一甲。① 虽然不一定每个县都曾按如此整齐的标准来编排图甲，但使各图各甲之间的税额不至于相差过分悬殊，应是州县政府整顿图甲的一个目标。这样一来，就难免会对图甲的编制作较大调整，一些税粮多的甲被拆分为几个甲，而另一些税粮少的甲则可能被合并。一个很典型的例证是，东莞县南社有一支谢姓宗族，原开立了一个户名为“谢昭德”的总户，同甲内还有邝、卫、谢、麦等姓的“爪户”（原抄本作“仁户”，疑“仁”字为“爪”字的误抄，“爪户”是子户的另一种名称）。康熙三十三年（1694），东莞县结合清丈土地整理图甲时，该甲内“爪户”被拆出并入其他甲，而总户谢昭德亦被分拆为三个甲。② 可见这种整顿不但可能导致一些原由两个以上姓氏的户口组成的甲变为由一姓开立的户口组成，还可能使一些税粮额较多的大族的户口分拆到两个以上的甲中。

与此同时，出于同样的目的，把一些分属于不同群体的税粮较少的户口合编为一甲也是可能的。如顺德县古楼堡五图十甲，由“合仙洞乡李万兴、关维孟，硕岗乡胡业，背冈乡卢世选（等）姓合为一甲”，就是“因凑粮米故”而编为一甲的。③ 也就是说，一些粮额太少的族姓，政府往往会将他们的户口合编在一甲。因为图甲制的主要功用，是要把众多大小不一的纳粮户编制起来，组成一个可以逐级稽查的系统，作为追征钱粮的依据，把粮额少的户口合编为一甲，显然更有利于对这些户口进行管理。

---

① 参见康熙《仁化县志》卷 2，《赋役》；《（仁化）明宣七郎文渊公家谱》。

② 参见《（东莞）南社谢氏族谱》。

③ 参见《（顺德）卢氏族谱》。《（南海）太原崇本堂霍氏族谱》也有类似记载。

康熙四十七年(1708)，新会县知县顾嗣协曾令“有粮少不能自立户，附于别户之后”的畸零户实行“归户”，“或归同姓之户，或数姓合立户籍”①。这里所谓“户”，似乎是指总户。② 这样“归户”就意味着或并入同姓之甲，或数姓共组一甲。在清代广东的图甲制中，由两个以上姓氏的户口组成的甲并不是偶然的现象。当然，像南海县云津堡三十五图五甲中的户口那样，分属于十多个乡中的十几个族姓③，则是一种较极端的例子。

上引新会县知县顾嗣协令“归同姓之户”的措施也很值得注意，这种措施与当时宗族的发展似乎有一定联系。康熙五十七年(1718)，广东巡抚法海也曾“令粮户归宗，附图又甲，听从民便”④，反映出清初广东地方政府整顿图甲制时很可能有意识地顺应了当时宗族组织的整合趋势。在南海县九江乡有一支关姓宗族，原来有一支迁居到横矶乡后，已另行开了关尚、关岳明两个户口。据称，他们“久欲援例归宗”，所以在上述政令颁布后，即“历情呈明南海县印太爷，准令拨归原宗关升户内办纳(钱粮)”⑤。然后，横矶关姓宗族就与九江关氏宗族订立了一个合同。很显然，这实际是两个早已分支的血缘组织重新整合起来的一个重要契机。地方政府整顿图甲制时采取的政策，适应了当时宗族组织的这种发展趋势，同时，也使清代广东图甲制的血缘色彩显著地浓厚起来。

从地方政府整顿图甲的措施中我们可以看出，由于在图甲中开立户口的社会群体的多样性，加上它们之间关系的复杂性，图甲户口的编制及其与社会实体的对应关系会表现为多种形式，总户与子户的关系也相应地复杂起来。根据我初步的考察，清代广东图甲制中的“总户—子户”

① 乾隆《新会县志》卷2，《编年志》。

② 光绪《新会乡土志》：“每甲一户，丁粮少者，或合二三姓为一户，谓之奇零。”

③ 参见《南海氏族》，广东省立中山图书馆藏本。

④ 《横矶关敦睦堂墓志》。

⑤ 《横矶关敦睦堂墓志》。

关系大致有以下三种类型。

第一种类型是，一甲之内的户口全部或大部分属于同一血缘群体，其典型如南海县沙丸堡十图十甲，甲内七十八个“户”，全部属于该堡甘蕉乡的蒲氏宗族。① 在这种场合，“总户”往往是该族最早开设的户口，故又称为“老户”“祖户”，并很常见用该族始祖或开户祖先的名、字、号以至官爵为户名，一般属于全族共同使用。而子户则一般是随着宗族的繁衍分支而从总户分析出来的户口，有些也属全族支配，但更多的是由族内一个分支或其他形式的利益团体开立的户口。在这种类型下，总户与子户的关系较接近于整体与部分的关系，但总户在政府实征册上与子户一样，也是一个独立的登记单位，总户名下的税额并不包括子户的税额(参见下文)。

第二种类型是，当一甲由两个以上的社会单位开立的户口组合而成时，以其中一个群体开立的户口为总户(该群体同时也可能在甲内开设有子户，这些子户与总户的关系又属于第一种类型)，其他群体开设的户口则处在子户的位置。如南海县云津堡二十二图三甲总户为罗信②，这是该堡碧云乡罗氏宗族开立的户名，在这一甲内的子户，除了罗氏宗族还拥有罗丰、罗昌两个子户外，其他子户则分别属于分散在七个乡的另外七个家族③。在这种情况下，总户与子户的关系就表现为为首与隶属的关系。

第三种类型是，一甲内的户口也属于两个以上社会单位，但各个户名均是子户，总户名则由两个以上子户的姓氏联称构成。如在南海县二十二图中，有五个甲属于这种类型。④ 第一甲总户钟邓刘，就是由该甲

① 参见《南海甘蕉氏族谱》。

② 参见同治《南海县志》卷 6，《经政略·图甲表》。

③ 参见《南海氏族》。

④ 参见《(南海)太原崇本堂霍氏族谱》。

内钟廷锡等钟姓子户和邓恩忠、刘冠南等子户的姓氏连称而成的。① 在《南海县志》《顺德县志》的图甲表，以及《新会县都图则例》等有关图甲的资料中，可以看到有许多“某某某”“某某同”“某和某”之类的总户名，可见由两个以上家族开立的甲中，很多是以这种形式构成一个总户名的。这时，总户名就可能只是一甲的代称，其本身不必是一个实体性的税额登记单位。

事实上，上述不同形式的“总户—子户”关系，常常是并存于同一甲内的，由此使甲的构成显得十分复杂，在同一甲中，总户与不同的子户之间的关系往往不相同。如果要再进一步考察血缘组织系统与图甲体系之间的联系，情况就更为复杂了。譬如，一个宗族可能在多个图甲开立户口，而同时又与其他宗族的户口同编在一甲。一个典型的例证是，南海县大桐堡有一个人丁达 1000 多人的邝氏宗族，在二十六图的三、五、八、六甲和四十一图的五甲都开了户口，而同在这些甲中开立户口的还有程、胡、冼、谭、郭、戴、陈等姓氏的家族，其中程、胡、冼等姓又同时在其他甲中开立户口。② 这反映出尽管图甲的构成越来越倾向于以血缘联系为基础，但图甲的体系与血缘组织的系统并不一定是直接对应的，图甲编成的根据，交织着包括血缘关系在内的多种复杂的社会关系。

三、总户与子户在赋税征收过程中的关系

由于图甲制本身并不是一种社会组织系统，而是赋税征收系统，所以讨论总户与子户的关系，最应该注意的，是它们在赋税征收过程中的关系。片山刚先生在他的研究中，曾提出了一个税粮征缴流程的模式：“子户→总户→甲→图→官”③，也就是说，子户税粮要由总户统一征收

---

① 参见《南海氏族》，又《(新会)卢鞭卢氏族谱・杂录谱》中有“因人稀弱，是以联姓作名，充当第三甲卢麦关”之语，可证这种总户名是以姓氏联称而成的。

② 参见《南海氏族》。

③ 参见[日]片山刚：《清代广东省珠江デルタの图甲制について：税粮・户籍・同族》，载《东洋学报》，1982，63(3/4)。

汇纳到图，再由图中值年之甲汇总向官府交纳。我认为，这一纳税程序虽然可能存在，但很难认为是清代广东图甲制下纳税程序的标准化和制度化模式。

关于清代广东地区的税粮征收制度，清末编纂的《广东财政说明书》有很明确的记载："凡民间完纳钱粮，自封投柜，此定例也。"具体方式是，"于四乡繁盛之区设立粮站，派员友书差驻站征收。"作为这种税粮征收方式的一个具体实例，可以举出《(南海)梁氏族谱》的一段记载：

> 尝田每年纳粮，由值年总理在公箱支出应纳粮银若干，会同值年协理，亲赴管辖族田公署收粮处缴纳毕，即将收粮执照存贮公箱以备查核。

这段话反映出两点事实，一是官府设立收粮处直接向土地所有者征收粮银；二是纳税人自行赴收粮处交纳，无须经由图甲系统逐级汇总上纳，整个交纳过程并不牵涉到同一图甲的其他纳税人。

那么，这种"自封投柜"的方式与图甲制度在赋税征收中的职能是否相矛盾呢？我认为，所谓"自封投柜"，是对明代里甲制下那种由值年里甲统一征解制度的否定，意味着纳税户直接向官府承担纳税责任，但并不否定图甲作为官府据以逐级稽查纳税责任的职能，也不排除里长、图差一类职务在征税过程中负有催促、稽核、追欠等责任。嘉庆年间发生在仁化县的一件案例就很清楚地反映出这一关系。

在嘉庆二十年(1815)，广东仁化县有一个名叫陈遇安的人，因多年逋欠税粮，被粮差和里排拘拿，陈便以"征收钱粮，设立银运包收，派充里排，粮归各里排户名上纳"为由，到京城向都察院控告仁化县知县。都察院将案发回广州知府，查明情形是：

> 该县征收钱粮，向系粮差催令各花户自封投柜，嗣各户内人丁众多，粮田星散，以臻粮差不能遍识，每有抗欠影射情弊。康熙二十四年内，经各花户自行议定，每甲设立里排一名，按年轮充，协

同粮差逐户催纳。仍令各花户自封投柜，将完过数报知里排，以免欺隐诡寄。……至各里排，原系民间自行设立，不特非县役私派，且非官为设充，不过协同查确，仍由各花户本色上纳，自封投柜，并无归入里排户名完纳。①

由这段话可以看出，在存在图甲制的地区，自封投柜仍是法定的纳税方式。不管这件案件的是非曲直真相如何，至少可以肯定的是，不实行自封投柜属于非法行为。是否实行自封投柜的一个重要标志，不在于有没有里排这类职务，而在于有没有“归入里排户名完纳”。各花户自行上纳时，里排的职责主要是协助粮差稽查各户内的真实纳税人并催促其按时完纳。图甲制的存在及其在税粮征纳过程中的作用与自封投柜制度并无矛盾。至于在现实中存在的包揽之弊和一些宗族统一汇纳税粮的做法，那又是另一回事，而且，包揽和宗族统一汇纳的现象，实际上只有在“自封投柜”制度的基础上才会出现。

上述仁化县的案例显示出，在图甲制下，作为官府派出下乡征收税粮的粮差，是直接向花户甚至户下的具体纳税人征收的。换句话说，直接向官府承担纳税责任的，至少是子户，而不限于总户。关于这一点，我们还可以进一步指出以下几点事实。

第一，州县户房、粮房掌握的户籍册和实征册，至少是以子户为单位进行登记的。《南海深村蔡氏族谱》和《南海甘蕉蒲氏族谱》中有关子户的资料，就是直接从官府实征册上抄出来的。如果子户之下再进一步分为“爪”或“柱”的话，在官府册籍中也同样会有具体记录。②

第二，一甲之中，即使设有专司催纳之责的人员，如要了解本甲内各子户的田产税额，亦须每年前往县衙门中抄查实征册。宣统年间重刊同治《南海县志》时补写的《图甲表补序》中讲得很清楚：

---

① 《粤东成案初编》卷28，《控讦》，

② 参见《(香山)义门郑氏宗谱》《(新会)南门莫氏族谱》。

各县之册籍存之官，乡老甲长无从而见。他所知者，自己户内有田若干，应纳米若干而已，而同甲内若干户他不知，甲内银米若干他亦不知。

《南海鹤园陈氏族谱》列出了本甲子户户名后亦云：

各户钱粮多寡无定式，必须每年往南海县册房抄实征，随上年完粮之实征互对知确。

第三，由州县粮房、仓房发出的由单串票，至少是以子户为单位发给的。《(顺德)龙氏族谱》中的《思成堂纳粮条规》明确规定：

各子孙已清纳粮务者，至迟限冬祭日要携粮由到祠交值事验过，注明实征簿内。

可见对各子户税粮完欠情况，拥有总户的宗族亦须通过查验各子户的由单串票才能了解，很明显，这些子户的税粮并不经过总户汇总上纳。

第四，原来使用一个户名的宗族之所以要分拆出若干个子户，最基本的动机之一，就是为了各负其责，避免在同一户内互相牵累。南海县九江乡关氏宗族在前面提到那份关于将不同房派的户口编在同一甲的合同中就特别写明："各房子孙幸冀早完公课，各输各额。"顺德大良龙氏宗族的《纳粮条规》也规定"同甲异户买卖田产，尤须上紧收入本户，以免牵累"，还规定不许族内子孙将税粮额收入总户名下。这些规定显示，总户与子户之间，不同的子户之间，彼此的纳税责任是明确区分开来的，子户的税粮，直接向官府完纳，如有逋欠，官府也直接向子户追究，并不需像明代里甲制下那样，由里长和同一里甲中全体编户代赔。

此外，还有迹象显示，在纳税的程序上，不但子户的税粮不一定必经总户汇纳，而且子户名下的每一个具体的土地所有者也可以自行直接向官府缴纳。前引《(南海)梁氏族谱》的记载就是一例。另外，在康熙二十一年(1682)，顺德县一支孔姓宗族将祭田七十五亩的税额寄到同姓另一支宗族开立的户名之下，在合同中订明，这些田产的税粮“或赴县亲输，或到上冲交卿代纳”①，说明土地所有者是可以直接到官府交纳的。原中山大学历史系的谭彼岸先生藏有几份清代的“纳户执照”，即“串票”，其中一份的内容如下：

署肇庆府开平县正堂□　为征收□□□□□行都廿五图十甲谭承祖户丁阮记投纳同治六年分钱粮壹钱肆分肆厘

自封投柜填给串票

同治六年十一月廿三日给

县　　如有舛错即达缴换

这一串票很明显地表明，在赋税交纳中直接与官府发生关系的是“丁”。另有一份“纳户执照”是同一个“丁”买田时的“推收过户单”，文曰：

开平县正堂为税割事，据行都廿五图十甲谭承祖柱丁阮芳买到平都二图九甲司徒权徒櫂柱丁安宅

土名炎洞门口　高田门口　陈冲口潮田　等处中税三亩五分五厘五毛三丝四忽投纳税契，眼同卖主推收过户，办纳粮差，如无此票，自是诡飞

上一执照的“阮记”，即谭阮芳，生于1824年，卒于1897年②，据此可知执照中的“丁”是一个在世的土地所有者。当然，我们不知道实际上是否真的是由这一个“丁”亲自到官府“自封投柜”，也可能由别人代交，但由官府发出的“串票”是直接以“丁”为对象发出的，至少说明制度上的确是由土地所有者“自封投柜”，图甲系统的存在，并不表示纳粮的流程仍要经由这一系统逐级上纳。

值得一提的是，清代中期以后，特别是在珠江三角洲地区，一些宗

① 《(南海)罗格房孔氏家谱》。

② 据梁方仲教授的手抄件释文。

族组织加强了它们在保障国家税收方面的职能，其中一个很重要的方式是由宗族组织统一汇收交纳。① 这是否显示图甲制下子户的税粮需经由总户汇纳呢？事实恰恰相反，宗族汇纳方式的出现，其实正是以原来各子户自行交纳为前提的。如南海县甘蕉乡蒲氏宗族的税粮，“旧由各(子)户备纳，或先或后，总难划一。同治甲子，绅耆酌议拟由本立堂汇收……用蒲镜兴总户完纳”。这里与其说是由总户完汇，不如说是由宗族组织汇纳，只是由于蒲氏宗族开立的户口恰好只在一甲内，两者才统一起来。又如南海深村蔡氏，在不同的图甲开立了十个以上的总户，虽然在族规中也规定“至于各户自行完纳，或各户携银到祠汇纳，则随时变通可也”，但很显然，无论何种方式，都不是按图甲系统来逐级上纳的。可以认为，清代后期珠江三角洲地区的宗族组织强化其在纳税程序上的职能，正是在“自封投柜”的制度下，以各户自行交纳的纳税方式为前提的，这恰恰是图甲制下税粮征纳程序是由子户自行交纳到官府的最有力证明。

图甲制下纳税程序与明代里甲制的不同，决定了图甲制中的“总户—子户”关系，也与明代“里长—甲首”关系完全不同。税粮征纳程序不是经由图甲系统逐层上纳，意味着在同一图甲内开立户口的不同社会群体之间的关系，并不与它们的户籍在图甲中的位置直接对应，而只取决于他们在现实中的社会地位和势力。诚然，清代广东社会普遍存在小姓“遇事惟大姓是听”②的现实。在同一甲中有力宗族会对较弱小宗族“妄立父子名色，为凌猎之计”。但我们很难看出，一些宗族如在另一宗族拥有总户的甲内开立子户，就一定意味着对拥有总户的宗族构成依附关系。事实上，即使一些在多个图甲开立了多个总户的大族，也会在其他宗族拥有总户的甲内开立子户。《南海氏族》记载南海县叠滘堡二十七图的户籍构成就是一个典型的事例。该图一、三、四甲的总户属于一个有 425 名男

---

① 参见叶显恩、谭棣华：《关于清中叶后珠江三角洲亲族的赋税征收问题》，载《清史研究通讯》，1985(2)。

② 《雍正朱批奏折》，第 5 册，鄂弥达奏折。

丁的黄姓宗族，同乡另一个有 1023 名男丁的庞姓宗族虽然拥有五、六、七、八甲四个总户，但同时也在以黄姓为总户的甲中开立子户，而黄姓也同时在同乡其他族姓开立总户的甲中开立有子户。

总之，图甲系统与现实的社会组织系统之间的关系是相当复杂而混乱的。因为清代的图甲制，实质上早已不是一种社会组织系统，图甲的构成与现实社会关系有密切联系，但又不是与现实的社会组织直接对应。这一事实使我们有可能进一步深入地考察，不同的社会成员或群体根据什么原则共同在一个户名下承担纳税责任，什么情况会促使他们分析户籍，把不同主体开立的“户”组合为一甲又依赖怎样的纽带维系。这样的考察也许会有助于我们进一步了解清代基层社会中的血缘、地缘、市场、政治、合约等方面的关系如何缠绕在一起，通过复杂的互动作用，构成了清代社会结构的种种特质及其动态过程。更深入地考察清代广东的图甲制与基层社会结构的关系是我的下一个研究课题。

附录一　地域社会与文化的结构过程

——珠江三角洲研究的历史学与人类学对话

本文标题所用“结构过程”一词，是从耶鲁大学人类学系萧凤霞(Helen Siu)教授的一篇英文文章中借来的，她在这篇文章中写道：

> 我们一直以来往往不必要地把“结构”和“变迁”这两个概念截然二分。实际上，我们要明白“个人”在分析研究中所发挥的“作用”，要了解的不是“结构”(structure)，而是“结构过程”(structuring)。个人透过他们有目的的行动，织造了关系和意义(结构)的网络，这网络又进一步帮助或限制他们作出某些行动；这是一个永无止境的过程。①

萧凤霞教授多年与我合作在珠江三角洲从事社会文化历史研究，这篇文章概略地回顾了她在珠江三角洲从事人类学研究的历程，文中用到的 structuring 一词，很难用一合适的中文词汇表达，译为“结构过程”，似乎有点儿勉强，意思也不如英文那样贴切。我之所以特别把这个也许不是很贴切的词用在标题上，是因为 structuring 这个词可以表达在人类学影响下社会经济史研究的追求，也比较简单地表达了以往十多年间我与科大卫(David Faure)、萧凤霞等历史学、人类学学者一起，在珠江三角洲进行乡村社会文化研究的主要议题。不久前在北京举行的纪念梁启超《新史学》发表 100 周年的学术讨论会上，我向会议提交的论文，本来是萧凤霞和我合写的一篇关于“疍民”研究的文章，我们希望通过一个特

① 萧凤霞：《廿载华南研究之旅》，载《清华社会学评论》，2001(1)。

定课题的研究，展开历史学与人类学关于结构过程的对话。在会上发言时，我简单提到了我与人类学学者的合作。有朋友在评论时问道："是什么动机、什么理由促使您去做这个合作？在这个合作当中得出来的这样一些研究上的收获，哪部分有可能对历史学开放？或者说反弹回历史学，给历史学提供新的动力和能源?"这个问题问得非常好，促使我想到应该另写一篇文章放在论文集中作为回应。

20 世纪 80 年代中期我开始与萧凤霞、科大卫等朋友合作开展珠江三角洲研究的时候，正值人类学学者和历史学学者都努力反省既有的研究范式之时，我们也很自然地从各自学科的角度重新思考，并在研究实践中探索珠江三角洲乡村社会研究的方法。萧凤霞教授在 20 世纪 70 年代后期已经在珠江三角洲进行田野调查，她在社会科学理论和方法方面的造诣也是我不能企及的。因此，与她多年的合作和对话，对我思考研究珠江三角洲社会历史的视角和方法，有着深刻的影响。这篇短文很难在理论上系统地讨论方法论问题，只想以我们在珠江三角洲乡村社会研究的经验，谈谈社会经济史研究在与人类学对话中关注的一些问题和研究取向，我相信这样的漫谈虽不能很深入地回答那位朋友在会上所提问题，但也算有一个初步的交代。

一、沙田：垦殖的文化权力格局

在珠江三角洲，所谓"沙田"，一般是指明清以后开垦成为耕地的冲积平原。作为一个在宋明以后发育起来的典型的河口三角洲，珠江三角洲的历史首先是广袤的冲积平原的形成，以及土地开垦和地区开发的历史。如果我们用社会经济史惯用的叙述方式去写这段历史，一般可以作这样的表述：

从新石器时代一直到唐宋时期的几千年间，由于珠江流域自然植被丰茂，江河含沙量比后来少，三角洲发育缓慢。在顺德、新会等地出土的距今两千多年的鳄鱼遗骨和唐宋时代人类生活遗物并存的现象，说明唐宋以前的一两千年间，这一区域仍是山丘沼泽相错分布，基本上仍属于海陆相错的地区。随着该地区逐渐成陆，在汉唐之间，这个地区已经有了初步的开发。① 但其中相当多的地方仍是水草茂盛的沼泽地。② 宋代以后，这一地区渐渐淤积形成大片的陆地，开发明显加快，逐渐出现不少居民点，甚至形成了一些市场中心，也出现了多间寺院。③ 明代以后，珠江三角洲沙田垦殖规模进一步扩大，开发速度明显加快。④ 明代初年，明朝政府在从市桥台地以南、顺德桂洲、香山小榄到新会江门一带屯田⑤，开始了珠江三角洲新沙田区大规模开垦的过程，经过从明到清数百年间的发展，形成了今天珠江三角洲的基本格局。

对于这样一个历史过程，社会经济史学家一直以来关注的重点，是土地垦殖过程和开发方式，以及开发过程中形成的土地占有形态和生产方式，也讨论土地开发的历史地位和社会影响等。⑥ 这种研究框架与传统历史学不同，其出发点和分析的工具，是一套基于古典经济学传统的概念体系，由资源的开发到资源的控制，在逻辑上不言而喻是形成社会经济结构的基础，一系列描述经济关系和社会结构的概念被凝固化之后，成为不证自明的研究起点，活生生的历史活动成为这些概念的逻辑展开过程。

我在与人类学家合作开始进行珠江三角洲乡村社会研究的时候，作为一个社会经济史的研究者，很自然地从社会经济史传统的关怀入手。

---

① 参见佛山地区革命委员会珠江三角洲农业志编写组：《珠江三角洲农业志(初稿)一·珠江三角洲形成发育和开发史》，46～70页，1976。

② 参见赵焕庭：《珠江河口演变》，87～98页，北京，海洋出版社，1990。

③ 如在后来的顺德县境内，有宝林寺、兴福寺、隆福寺、化乐寺等，见万历《顺德县志》卷10，《杂志》。在南海的桑园围内，有沙头的崇胜寺，见《(南海沙头莫氏)鹿显承堂重修族谱》。

④ 嘉庆《龙山乡志》卷首《龙山图说》：“考元宋以前，山外皆海，潦水岁为患，民依高阜而居，未盛也。明代修筑诸堤，于是海变桑田，烟户始众。”

⑤ 参见嘉靖《广东通志》卷26，《民物志七》；万历《广东通志》卷6，《藩省志六·事纪五》。

⑥ 例如，谭棣华《清代珠江三角洲的沙田》就是一本非常好的研究珠江三角洲沙田开发史的专著。

我选择的几个研究地点，基本上都是在明代以后珠江三角洲沙田开发的起点，同时是控制着大片沙田的大宗族聚居地。我最初关注的重点，是沙田开发手段、宗族土地占有方式、沙田租佃形态、大土地占有对宗族形态的影响，等等。但是，当我在这些特定的地点展开研究时，很快就发现，现实的社会生活和历史活动，比起我头脑里那些固定化的概念要生动复杂得多。

无论是通过文献，还是通过实地考察，进入珠江三角洲乡村社会，都会被一组组对立的概念抓住：沙田与民田、地主与佃户、大族与下户、耕家与耕仔、汉人与疍家。从概念上定义这些词语的意义以及他们的关系并不困难，我们也很习惯从这些概念出发去阐明土地开发和社会经济变迁。但我们深入到乡村中去，首先能够直接体会到的，是这些概念的不确定性和流动性。历史学学者很自然会从这种流动性去追寻这些概念所表达的社会关系的历史，会关注到这些概念在历史中如何形成和演变；而人类学的传统会引导我们注意这些概念体现的权力关系和社会文化结构，人们如何在特定的结构中形成这些概念，从概念的流动性去解释社会和文化的复杂结构。把两方面的视角结合起来看，珠江三角洲地区土地开垦史中形成的“沙田—民田”的空间格局，呈现了一个复杂的社会与文化结构的形成过程。①

从字面意义来说，珠江三角洲的所谓“沙田”，指的是在沿海地带由江河带来的泥沙冲积而成的土地，所谓“民田”，则指按照民田科则征纳田赋的土地。这两个字面意义看起来并非相对称的术语②，被用作两类

---

① 参见拙文《地域空间中的国家秩序——珠江三角洲沙田—民田格局的形成》，载《清史研究》，1999(2)。

② “沙田”的字面意思，是由江河带来的泥沙淤积形成的田地，但珠江三角洲地区的“沙田”作为一个与“民田”相对称的概念，都是从政府征收赋税的角度来定义的。光绪十二年(1886)定《清查沿海沙田升科给照拟定章程》(见加拿大英属哥伦比亚大学藏手抄本《广东清代档案录·沙坦》)规定：“然沙坦与民田，历年既久，壤土相连，即各业户，食业有年，自问亦未能辨别。现拟就税论田，如系升税，即属沙田，如系常税，即系民田，如有田无税，则显系溢坦。”

田地以至两种不同的地理区域的分类概念，这一事实本身已表明，这两个概念其实包含了比它们字面意思更丰富、更复杂的内涵。珠江三角洲的所谓“民田区”，大部分的田地其实也是淤积平原。沙田区和民田区的区分，并不只是土地自然形态的差别，更是在地方社会历史发展过程中形成的一种经济关系，一种地方政治格局，一种身份区分，一种“族群”认同标记。两个区域之间，除了自然形态差异外，更存在一种独特的控制与被控制的关系。

所有这些，都透过“沙田—民田”这种界限分明的地域空间格局呈现出来，是一种交织着生态、政治、经济和社会文化诸因素的空间关系。明清时期在珠江三角洲地区参与沙田开发的人们，不但用人工的力量把滩涂开发成耕地，也在特定的制度与社会环境下创造了他们的社会文化关系。那些明代初年在老三角洲定居下来，并拥有新三角洲开发霸权的地方势力，在他们揭开沙田开发历史新一页的时候，利用种种国家制度和文化象征，把自己在地方上的权力和王朝正统性联系起来，在控制地方经济资源，运用政治权力，重新定义地方文化等方面，都拥有一种特殊的垄断地位，明清时期新开发的沙田，几乎全部控制在拥有这种文化权力的势力手上。其他势力，即使经济实力上升了，也必须用同一套文化手段，改变自己的社会身份和文化认同，在同一秩序下掌控王朝正统性象征，获得和稳固自己的政治经济权力。

所以说，“民田—沙田”格局体现的是一种文化权力的结构。在明清时代，尽管曾经有挑战这种秩序的尝试(例如明末清初的“社贼”)，但经历过动乱之后，社会的重建还是延续了这种秩序。到民国以后，当我们看到这种秩序开始动摇的时候，王朝的权力及基于这种权力的文化规范已经在改变中了。① 在这样一种思路下，下面将讨论到一些具体的社会

① 参见 Helen Siu，“Subverting Lineage Power：Local Bosses and Territorial Control in the 1940s”，in Helen Siu & David Faure eds.，*Down to Earth*：*The Territorial Bond in South China*。

文化范畴，展现了这种结构的动态过程。

二、宗族：血缘群体的文化系谱

在中国社会史研究的传统中，宗族问题历来是作为宗法制度下血缘组织的历史来讨论的，人类学功能学派的中国宗族研究，对社会史领域的宗族研究有深刻影响。① 我在关注珠江三角洲地区宗族历史研究的过程中，开始也主要是从弗里德曼(Maurice Freedman)的研究中学习分析性研究方法。自 20 世纪 80 年代中期以来，我与萧凤霞、科大卫一起在珠江三角洲从事乡村研究的过程中，深感功能学派对于宗族问题的观点不足以解释明清宗族与地域社会发展中的许多问题。我们一直就宗族问题展开研究和讨论，努力寻找宗族研究的新取向。

在历史学的视野里，明清宗族一般被视为古老制度的延续和残余，而我们在珠江三角洲遇到的宗族，却是在明清时期兴起和发展出来的新制度，这一事实成为促使我们重新思考珠江三角洲宗族发展与地方社会历史关系的出发点。萧凤霞教授对于珠江三角洲社会和文化的人类学研究，强调个人总是在特定的权力与文化结构的多层关系网络中，运用这个结构中的文化象征和语言，去确立自己的位置，也就创造了自己所处的社会与文化结构。② 科大卫通过历史文献的分析，讨论了宗族是明清

---

① 人类学在中国宗族研究领域的功能主义取向，早期有林耀华的《从人类学的观点考察中国宗族乡村》，载《社会学界》，1936(9)；但最有影响的当然是 Maurice Freedman 的 *Lineage Organization in Southeastern China* (London，Athlone Press，1958)及 *Chinese Lineage and Society*：*Fukien and Kwangtung* (London，Athlone Press，1966)。中国社会史的宗族研究，有些不一定直接受这些人类学研究的影响，但通过其他间接的途径，社会史的宗族研究仍然有很明显的功能主义色彩，近年来郑振满的《明清福建家族组织与社会变迁》仍可见功能主义方法的影响。

② 参见 Helen Siu，“Recycling Tradition：Culture，History and Political Economy in the Chrysanthemum Festival of South China”，in *Comparative Studies in Society and History*，vol. 32，no. 4(1990)：765-794。

社会变迁过程的一种文化创造。① 他们的研究启发我在研究番禺沙湾宗族的历史时，把着眼点放在宗族在沙田开发过程中的文化意义上。

珠江三角洲地区宗族组织与沙田经营的关系，早已引起了研究者注意。② 由于沙田开发和经营需要大量资金和劳动力，人们也就很自然地多从沙田开发、经营和防卫需要以及沙田的丰厚收入来解释珠江三角洲地区宗族组织特别发达的原因。不过，以番禺沙湾的情况来看，在沙田控制上，宗族的意义其实主要不是一种经营组织，而更多是一种文化资源，这种文化资源我们不妨称为祖先的权力。

所谓祖先的权力，是在特定社会结构下文化权力运用的方式。在沙湾，宗族成员是一种社会身份的标志。在社区内有权参与社区事务的所谓“五大姓”的资格，既不是根据人数多少，也不是根据财产状况，而是根据他们是否在社区中建有祖先祠堂。与此形成鲜明对比的是，居住在沙湾边缘和远离宗族聚居社区的沙田区居民，既无祠堂，也没有宗族的组织，对于祖先的来历，基本上一无所知，很少能说出四代以前祖先的名字。他们虽然世代在沙田区谋生，但对那些从海上浮生出来，甚至是他们亲手开发出来的沙坦，根本不可能拥有任何权利，连在堤围上搭盖茅寮居住，都必须以租种像沙湾何族这类大族的沙田为前提。在这一地区，建有祠堂，有一套关于祖先出自名门望族或家世显赫的历史传说，有被正统规范所认可的定居历史的宗族，与那些没有组成宗族的，讲不出祖先来历的“水流柴”之间，有着被视为天然的社会区分。居住在珠江三角洲的民田区与沙田区交接地带的大乡镇中的大族，就是依靠着这种文化上的优势，确立对沙田的控制权，使这一地区形成了一种“埋面”统治“开面”(“面”字读音如“便”)的地域性的社会政治格局。

这种祖先的权力，来自国家与地方社会互动的历史中形成的政治与

---

① 参见 David Faure, “The Lineage as a Cultural Invention: The Case of the Pearl River Delta”, in *Modern China*, vol. 15, no. 1(1989): 2-36。

② 参见陈翰笙:《解放前的地主与农民——华南农村危机研究》，北京，中国社会科学出版社，1984。

文化议程，并且需要运用这个议程的文化象征，通过具体的行动来产生和维护。在地域社会中的各种势力争夺沙田开发权和地方控制权的明争暗斗日趋激烈时，尽可能"培养"出祖先与士大夫文化传统的联系，无疑可以使宗族占据一种更有利的位置。根据正统的礼仪规范组成宗族也就成了一种最有效的手段和途径。

了解这一点，就不难明白沙湾何族关于祖先来历和定居沙湾的传说的基本意义所在。要组成一个宗族，需要一个能被正统的文化传统所认同的历史，这是一个社会成员具有某种社会身份和社会权利的证明和价值来源。沙湾何族的历史传说，不管真实与否，我们都可以把它看成一个确认传统，昭示今日的"神话"。关于何人鉴定居沙湾的传说，特别强调了始迁祖所买下的沙田是通过李昴英的关系，向政府承买下来的。这就使他们定居和开发沙田的权利的合法性与合理性更能得到认可。于是，宗族实际上意味着由祖宗的恩泽衍生出来的一系列权利，而这种被及子孙的恩泽又来自士大夫文化的价值体系。①

大多数珠江三角洲宗族声称他们的血统来自中原，这种"历史记忆"是将自己转化为帝国秩序中具有"合法"身份的成员的文化手段。他们通过认同国家文化的方式，强调自己行为合乎礼法，炫耀功名以及宗族门第。编写族谱，建立祠堂，是他们加强这种形象的有效方式。通过确认自己的"汉人"身份，他们划清了自己同当地原居民之间的界限。在明清时期这样一个自我区分的过程中，单姓的社区在珠江三角洲出现了。他们获取了广袤的沙田，控制墟市和庙宇，炫耀自己与士大夫的联系，这些向上提升自己社会地位的人演示一些被认为是中国文化认同的正统命题以及身份标志，创造了一套最后为官方和地方权势共同使用的排他的语言。

在这样的认识下，我把明清宗族的血缘性更多地理解为一种文化的

---

① 参见 Liu Zhiwei, "Lineage on the Sands: The Case of Shawan", in David Faure & Helen Siu eds., *Down to Earth: The Territorial Bond in South China*。

表达。在我的研究视野里，在明清族谱中众所周知的虚构世系和攀附贵胄的现象，就不应只视为地方势力炫耀其社会身份和权力的手法，而可以放在特定的地方社会历史过程中去讨论，并从中读出其历史和文化意义。① 而作为历史学学者，我们更有专长去发挥，也更有责任去探讨的，是所谓"祖先的权力"，如何在本地特定政治、经济和文化演变背景下，通过什么样的文化机制，以什么样的方式在地方社会建立起来。②

三、神明：地方社会的国家秩序

在神明崇拜与祭祀仪式的研究上，人类学研究与历史学研究本来可以说是各异其趣的。历史学研究很少会关注到神明崇拜在乡村中展现的实态，也罕有从神明祭祀去考察乡村社会结构与变迁的。武雅士(Arthur Wolf)、华琛(James Watson)、王斯福(Stephan Feuchtwang)等人类学家对汉人社会神明崇拜和祭祀仪式的研究③，揭示了乡村中神明信仰与仪式如何体现了王朝秩序，及其在建立和维系乡村社会秩序方面的功能。他们的研究提供了一个把民间信仰放进乡村社会史研究视野的接合点，在他们的启发下，我们把乡村中的神明崇拜理解为乡村秩序的表达，信

---

① 参见拙文《传说、附会与历史真实：珠江三角洲族谱中宗族历史的叙事结构及其意义》，见《中国谱牒研究》，上海，上海古籍出版社，1999；《族谱与文化认同——广东族谱中的口述传统》，见《中华谱牒研究》，上海，上海科学技术文献出版社，2000。

② 参见[美]科大卫、刘志伟：《宗族与地方社会的国家认同——明清华南地区宗族发展的意识形态基础》，载《历史研究》，2000(3)。

③ 参见 Arthur Wolf，"Gods，ghosts，and ancestors"，in Arthur Wolf ed.，*Religion and Ritual in Chinese Society*，Standford，Standford University Press，1974；James Watson，"Standardizing the Gods：The Promotion of T'ien Hou('Empress of Heaven') along the South China Coast，960-1960"，in David Johnson，Andrew Nathan，Evelyn Rawski eds.，*Popular Culture in Late Imperial China*，Berkeley，University of California Press，1985，pp. 255-291；Stephan Feuchtwang，*The Imperial Metaphor*：*Popular Religion in China*，London，Routledge，1992。

仰与仪式不但反映了社会的象征意义，更在具体的实践过程中创造新的意义，神明信仰的形成和仪式行为，也是改变社会文化网络的历史过程的动力。

华琛关于天后的研究，揭示了地方化神明经过一个“统一化”的过程，被提升成王朝权力的象征，再在建立地方社会秩序过程中发挥作用。受他的研究启发，我试图考察在珠江三角洲地域社会建构过程中扮演重要角色的北帝崇拜的历史。

无论在历史文献中，还是从对乡村庙宇的实地考察中，我们都可以发现北帝崇拜在珠江三角洲有着特殊的地位，是一个强烈地表达了地域社会权力秩序的意象。在历史文献中，我们看到明清时期地方士人如何在理论上论证北帝崇拜的正统性①，也了解到民间传说与明王朝历史的联系，以及具有正统地位的神明崇拜与地方性民间信仰如何在现实中统一共存②。但我更重视的，是北帝崇拜的正统性如何在特定的地方社会和文化的结构变迁中被确立起来，并在地域社会秩序的建构中发挥影响的历史过程。番禺沙湾独特的北帝崇拜传统，提供了一个很好的例子。在考察沙湾宗族发展形态与地域社会文化结构的历史过程的基础上，我进一步考察了在大族霸权的社会环境下，地方社会中各种人如何通过信仰的建立和神明祭祀安排，编织地方社会的文化与权力网络的过程。③

在我十多年前做过田野调查的沙湾，现在是一个由何、李、王、黎、赵等姓氏聚居的大乡镇，但各姓的祖先在沙湾定居初期，是分别居住的，后来随着人口繁衍，各姓聚居地逐渐连成一片，各姓之间的联系也日渐密切。关于北帝来历的传说，暗示北帝本来是某个姓氏的神，后来演变为属于全乡的神，而北帝祭祀制度的逐渐形成，很可能就是沙湾各姓村

---

① 参见屈大均：《广东新语》卷6，《神语》。

② 参见拙文《神明的正统性与地方化——关于珠江三角洲地区北帝崇拜的一个解释》，见《中山大学史学集刊》，第2辑，广州，广东人民出版社，1994。

③ 以下关于沙湾北帝崇拜的讨论，参见拙文《大族阴影下的民间神祭祀：沙湾的北帝崇拜》，见《寺庙与民间文化研讨会论文集》。

落被整合为统一的社区的过程。然而，社区整合并不仅仅是各个血缘群体结成地域联盟，其中必然包含了不同群体的兴衰隆替，甚至彼此之间的矛盾冲突。地方神祭祀仪式的安排，其实是不同的社会群体利用其作为调整和确认他们之间社会关系的一种手段，这从北帝祭祀的轮值制度的形成和演变可以体现出来。

在珠江三角洲沙田开发过程中，不同地方势力之间的争夺异常尖锐。新沙田区的开发和经营，一般都由老开发区的大族所垄断，这些大族依靠在社会地位和人身关系上的优势，控制和奴役新沙田区的农民。沙湾北帝祭祀传统的形成和演变，与沙湾逐渐变成地域中心的过程有着内在的联系。除了培养子弟猎取功名，建立宗族这些最常见的手段外，崇祀像北帝一类被标为正统性的神明，也是社会群体表达自己身份认同的一种重要方式。

这一假设可以从一个相关的事实上得到支持。在沙湾的旁边，有一个小村落，村里的居民被沙湾镇里人称为“疍家仔”“水流柴”。虽然这个村子与沙湾几乎紧连在一起，但村子过去却被沙湾镇的居民认为属于沙田区，村里人过去也被视为“开面人”。和其他沙田区的疍民一样，这个村子本来既没有祠堂，也没有神庙，村民也无资格参与沙湾的北帝祭祀活动。1989 年我们在沙湾调查时，在这个村子看见一座非常简陋狭小的北帝庙，这座小庙大约建于 20 世纪 40 年代。当我们向沙湾人问到这座北帝庙的情况时，人们以一种不屑的态度说他们只是学镇里人拜北帝。这个村的北帝崇拜显然是一种新传统形成的开始。同其他沙田区的正在形成中的聚落相比，这个村子可能已经有比较固定的居民，这种新发展起来的村落在文化上的模仿，反映出某种具有正统性象征的神明崇拜，可能被利用作为改变社会地位的文化手段。民间神明祭祀传统的形成和变化，是地域社会变迁的一种文化机制。

人类学家关于神明崇拜的正统性如何在地方社会中发挥影响的研究视角，启发我们在历史研究中把正统性问题置于一个地方历史过程中去认识。在这一点上，我对赤湾天后庙的历史资料的解读，既受到人类学的影响，又提出了在人类学视野里相对模糊的历史视角。①

位于珠江口的赤湾天后庙，是一座在三角洲地区天后崇拜中居于中心地位的庙宇，历次修建都由朝廷和地方官员捐资，人们一般相信这是一座标准的官方庙宇。然而，该庙重修碑记显示，在明清时期，这座庙宇的“官方”性质随着历史环境的不同而有不同的意义。这从赤湾天后庙自明代以来的修建历史可见一斑。当明初朝廷与东南亚各国朝贡关系密切之时，一群朝廷使节建立赤湾天后庙，以其为航海安全之庇护神②；明代后期朝贡贸易衰落后，赤湾天后庙的重建对于地方官员来说，则是平定地方动乱的象征③，与此同时，在当地兴起的地方势力也通过实际上把持这座庙宇，表达了他们对王朝统治的认同，强化其在地方上的控制权；清初，平南王尚可喜割据广东，则通过重修赤湾天后庙，在强调对朝廷的忠诚的背后，为其违背朝廷政策而进行的海上商业活动寻求合理性和神明的荫护④；清中叶以后，由于朝廷对天后崇拜的重视，赤湾天后庙被地方政府列入祀典，保护包括洋商在内的海上商业活动成为官方赋予该庙的意义之一。⑤ 由此可见，作为“官方”庙宇所具有的所谓“正统性”，并不是一个可以清晰地界定的抽象范畴，而是在不同的语境中，用不同的话语表达出来的象征。地方社会中的“正统性”，并不必就是由王朝礼制所规范的标准。皇帝的封赠，朝廷和地方官员的捐建，海上救难的灵验，地方盗乱的平定，直到纳入官方祀典等，都可以被用来证明其神明“正统性”。尤其是尽量把地方神庙和这些官方的象征联系起来，对于控制庙宇的势力而言，是重要的资源。而王朝和地方历史的变迁，包括地方政治和经济环境的变化，王朝制度的演变，民间与士人的信仰

---

① 参见拙文《“官方”庙宇的意义转变——赤湾天后庙碑铭解析》，见郑振满主编：《碑铭研究》，北京，社会科学文献出版社，2014。

② 参见嘉庆《新安县志》卷23，《艺文二》之黄谏《新建赤湾天妃庙后殿记》。

③ 参见康熙《新安县志》卷12，《艺文志》之吴国光《重修赤湾天后庙记》。

④ 参见康熙《东莞县志》卷9，《祠庙》之王应华《赤湾天妃庙记》。

⑤ 参见嘉庆《新安县志》卷23，《艺文二》之孙海观《重修赤湾天后庙引》。

和世界观的变化等，往往都可能改变这种资源的运用方式。官府和民间也都可能从自己的需要出发，找到可以利用的表达模式。

在这个问题上，萧凤霞以中山小榄镇菊花会为对象的研究，从人类学的角度阐释了社会与文化现象演变的历史过程，揭示了这些节日活动中的文化表现的性质、意涵和动力如何与地域的政治经济的演变相互交错，并探讨了研究者如何利用丰富的历史材料重新思考既有的分析工具。这对我们用历史的方法去研究信仰和仪式行为与地方社会文化演变的历史过程的关系有极大的启发。①

四、户籍：王朝制度的文化议程

户籍制度研究，在中国历史学传统下，是社会史研究的主要领域之一。在明清珠江三角洲地域社会发展的过程中，国家的户籍制度与地方教化以及社会秩序的建立有密切的联系，户籍制度可以被理解为地域社会建构过程的一种国家话语。当我们的研究深入到宗族和祭祀仪式等地方制度的建立机制时，可以体会到，国家的编户齐民政策不仅是一个政治和行政的议程，更是一个文化的议程。② 有关这个问题，本文不可能作详细说明，仅以如下一个简单的事实为例：明清时期珠江三角洲的族谱，有一类相当常见的记载，就是关于本族的户籍及其来历的记事。③此种记事在许多族谱中被郑重其事地记录下来，这一事实本身已经说明户籍与本地宗族社会的历史有着某种特别的因缘。

---

① 参见 Helen Siu，"Recycling Tradition：Culture，History and Political Economy in the Chrysanthemum Festival of South China"，in *Comparative Studies in Society and History*，vol. 32，no. 4(1990)：765-794。

② 参见拙著《在国家与社会之间：明清广东里甲赋役制度研究》，广州，中山大学出版社，1997。

③ 从陈支平《近500年来福建的家族社会与文化》(上海，生活·读书·新知三联书店上海分店，1991)和郑振满《明清福建家族组织与社会变迁》两书，可见在福建的族谱中，关于宗族之户籍的记载也是很常见的。

首先，作为宗族发展的出发点的定居史，与政府的户籍登记就是直接相联系的。根据科大卫的见解，为人熟知的南雄珠玑巷南迁传说，本质上是一个关于宗族肇基的传说，它强调的是祖先定居的历史，这个故事的结构显示了定居史与户籍登记的关系。① 结构完整的珠玑巷故事的核心内容是，那批一起南迁的人，是从原籍取得政府的迁移文引，合法地迁到珠江三角洲地区定居，他们一来到珠江三角洲地区，就已经到当地政府办理了户籍登记。

珠玑巷传说中特别强调的入籍问题，反映了一种当时共同接受的观念，即一个在当地有居住权并得到合法身份的人，应该有来历清楚的户籍登记。这种观念的形成是明初严格推行户籍登记制度的产物。事实上，珠江三角洲很多宗族，都是明代初年在政府的户籍登记政策下，定居下来并成为王朝编户齐民的。这在珠江三角洲开发与地方社会整合的历史中是非常重要的事件。

仔细研读本地区的族谱，我们发现，由于入籍意味着定居，入籍祖先在宗族追祀的祖先中也就常常有着特殊的地位。有的宗族就是以入籍祖作为开基祖。有些宗族虽然以入籍前数代的祖先为始祖，但往往是为了与祖先来自宋代的说法不矛盾，才在入籍祖之前再往前推若干代，另立一个始祖，而入籍祖仍然具有开基祖的地位。明清宗族有一个很重要的特点，就是以始迁祖为宗族祭祀的主要对象，尽管由于种种原因，不同的宗族可能会按照不同的标准选择追奉始祖，但不管始迁祖是否被奉为始祖，其地位都是比较特殊的。既然入籍与宗族的定居历史相联系，入籍祖即使没有被列为始祖，在族谱或家族的历史上中也常常会被给予特别的关注。②

广东地区许多宗族的历史实际上是从明初入籍开始这一事实，反映

① 参见 David Faure，“The Lineage as a Cultural Invention：The Case of the Pearl River Delta”，in *Modern China*，vol. 15，no. 1(1989)：2-36.

② 参见拙文《传说、附会与历史真实：珠江三角洲族谱中宗族历史的叙事结构及其意义》，见《中国谱牒研究》。

了在广东社会发展的历史上，明代初年是一个相当重要的时期。这时，许多原来分布在各处山林之中的无籍土著和流移人口，或由于王朝实行户籍登记政策而定居下来，登记成为明王朝的编户齐民，这种户籍登记后来成为广东地区宗族发展的一个重要前提。许多明清时期在地方上有影响的大族有比较清楚文字记录的历史，就是从明初的户籍登记开始的。随着明朝政府将更多的人编入户籍，许多原来流动不定的人由此定居下来，成为国家的编户齐民。一个能够获得正统性认同的宗族历史无疑是以得到权利定居在一个村子开始，入籍就是这种定居合法化的最有力证明。登记为王朝的编户齐民，之所以成为宗族正统性的一种标志，是因为在中国传统社会，“无籍之徒”历来被视为“化外之民”，并不具有正统性的身份。有明一代，广东地区频繁发生社会动乱，很大程度上与基于这一区分的矛盾激化有关。[①] 而且，明代初年推行黄册里甲制的过程，尤其是将无籍之人收编为军户的做法，使许多过去不受政府户籍束缚的社会成员，切身体会到了有籍和无籍之间的社会意义。“编户齐民”和“无籍之徒”作为一种重要的社会分类，直接地与正统性、合法性的认同联系起来。在明清时期地区开发的过程中，土地控制方面的矛盾和争夺越来越尖锐，这也使得这种正统性身份越来越成为土地控制的一种潜在资源，户籍问题因此变得更为敏感。

明代里甲制的演变，导致了本来只是以家庭为登记单位的户籍，在明中叶以后成为所有宗族成员可以共同享有的一种身份资格证明。于是，宗族不但成了可以向其他人炫耀家族历史，提高家族声望，在地域性的竞争中取得优势的一种象征，而且，每一个社会的成员，只要能够证明自己是有合法户籍的宗族成员，就可以使用祖先(或以祖先名义)开立的户籍购置土地，登记纳税，参加科举考试，以及享有其他需要编户齐民身份才能合法享有的权利。到了明代一条鞭法改革之后，在新的户籍赋

---

① 参见拙文《明代广东地区的“盗乱”与里甲制度》，见《中山大学史学集刊》，第3辑，广州，广东人民出版社，1995。

役制度下，许多社会成员还可以在不需要承担赋役责任(这时的赋役责任来自土地占有，而不是户籍)的情况下，以编户齐民的身份得到某种正统性认同。户籍制度与宗族社会的这种结合，使户籍自然就被视为宗族的一种重要文化和制度性资源，甚至成为一种社会身份的标签。由于合法地占有土地和参加科举考试，是传统中国社会流动机制下两个最重要的上升途径，而这两种资格都必须以户籍为根据，所以户籍成为把“编户齐民”与“无籍之徒”“化外之民”之间社会身份区分固定下来的制度性因素。这一关系还可以进而与族群认同的形成联系起来讨论。

五、族群：身份认同的社会文化过程

在珠江三角洲，族群认同问题突出表现在“疍民”与“汉人”的身份上，“汉”与“疍”认同的社会文化与历史意涵，展现了珠江三角洲地方社会与文化结构演变的动态过程。①

在历史文献中，珠江三角洲的“疍民”总是作为一个文化或者族群的范畴出现，与那些自称来自中原的“汉人”区别开来。雍正皇帝在1729年发出的一个上谕曰：“粤东地方，四民之外，另有一种，名曰疍户，即瑶蛮之类。”②许多研究华南的历史学家都假设珠江三角洲上的汉人与疍家是从职业、文化和血统上区分开来的。但是不少历史资料显示，在珠江三角洲，人口的构成和职业的区分并不是僵化的。在过去很多世纪，不少水上居民变成了农民，反之亦然。在珠江三角洲开发成熟的明清时期，当被称为“疍民”的人们参与沙田的开发，最终成为农业耕作者的时候，这个过程尤其明显。

---

① 本节讨论根据萧凤霞教授和我合作的论文“Lineage, Market, Pirate, and Dan: Ethnicity in the Pearl River Delta of South China”，该文收入 Pamela Kyle Crossley, Helen Siu, Donald Sutton 合编的 *Empire at the Margins: Culture, Ethnicity and Frontier in Early Modern China* 一书。

② 《清世宗实录》卷81，雍正七年五月壬申。

我们在珠江三角洲的田野经验让我们意识到，疍民的身份并非一个僵化的标记。正如华德英(Barbara E. Ward)指出的，在疍民身份认同问题上，他者加诸的标签同局内人的自我认同之间存在着明显的差别。①从历史的角度来看，我们的兴趣在于考察“汉”或“疍”的标签如何在具体的社会文化历史过程中被制造出来，并在人们头脑里凝固起来。地方权势以什么手段把不同群体之间本来模糊的社会界线用僵化的身份特征去清晰地划分出来，并最终设定了这些僵化的社会身份的原旨？另一方面，被歧视的群体又用什么文化手段绕过障碍去改变自己的身份？王朝制度的运作有没有提供讨价还价的空间？还有，沙田生态的历史发展如何为本地的居民提供改变自己身份的环境？

中国的历史学著作一再强化一种观念，这种观念认为，边疆地区开发的历史，是以北方向南方移民的方式实现的。北方的移民带来“先进”的生产方式和“先进”的文化，通过移民开发的历史过程，向南方疆域渗透，并通过人口迁移从政治中心扩散出来实现“王化”。对这样一种观念，人类学学者显然比起历史学学者更敏感。人类学学者会更着重分析本地人如何运用文化策略把自己与真实的或想象的“中心”联系起来，经过一个提升自己社会地位的过程，最终取得一个被认为是主流文化的标记，并且各就各位地去确认自己的身份。人类学学者的这一视角，可以启发历史学学者反省：在历史著作中一再被强化的观念，很可能只是本地人利用教化的语言而采取的文化策略，有关移民的历史叙述，应该是被研究的对象，而不是研究所得的结论。

从这些问题出发，我们认为，明清王朝及其在地方上推行教化的议程，是合理化社会位置并强化其权威的重要因素。如果说，“汉人”的认同可以通过证明自己的中原血统，建立地域性宗族，合法地占有土地，

---

① 参见Barbara E. Ward，“Varieties of the Conscious Model：The Fishermen of South China”，in Barbara E. Ward，*Through Other Eyes：An Anthropologist's View of Hong Kong*，Hong Kong，The Chinese University Press，1985。

通过科举获取功名来建立的话，那么这个过程是地方权势以及王朝权威运作互动的结果。历史学家习惯用“汉化”模式去说明汉民族和帝国形成过程，在这个模式下，朝廷是积极和有目的地通过教化或军事征服从中央向周边扩张。我们如果尝试摆脱这一模式的框框，提出另一个视角，就不妨把帝国视为一个文化的观念，教化的过程，不是通过自上而下强令推行的，而是本地人自下而上利用国家秩序的语言，在地方社会中运用其以提升自己的地位。

由这个角度去看，族群标签的制造，是一个复杂的历史过程的结果。在这个过程中，疍和汉的身份区分是用士大夫与宗族的语言去表达的，从而形成具体化的范畴去定义并区分本地的人群。某些声音在历史文献中得以凸显，某些声音则消失得无影无踪。来自政治中心的直接行政影响可以是微不足道和支离破碎的，值得关注的是，行政的议程如何同地方社会的历史在某些时候互相配合，形成具有永恒意义的身份特征。在这个定义身份的政治议程背后，有一个关于国家建造的更为宏观的分析课题。如果国家建造的过程是包含着本地人如何用自己的办法去将自己同中心联系起来，我们与其将“边疆”视为一个承受国家制度扩张的开放空间，不如更多地关注地方上的人们如何运用他们的创意和能量建立自己的身份认同。

这样一种思路和眼光，对历史学固有研究框架带来的冲击也许具有一定的颠覆性。移民、开发、教化和文化传播的历史，不仅仅是文明扩张的历史，更被理解为基于本地社会的动力去建立国家秩序的表述语言。原来假设在汉化过程之前已经存在，由于汉化而得以逐渐改变的族群标签，变成在汉化过程中形成的身份认同。这就为历史学带来了新的课题，从史料利用范围到史料解读方法，从问题意识到历史观念，历史研究都需要根本的改变。

六、结语

我不期望这样一篇根据个人点滴的研究经验写成的短文，能够全面反省社会经济史区域研究的取向，更不可能把我最近十多年研究珠江三角洲地区社会历史的所有课题囊括在内。即使在以上提及的几个问题上，一些关键性的讨论仍没有展开，更谈不上系统化地提出有关珠江三角洲社会历史的解释。罗列了几个议题，只希望举例说明自己在与人类学学者合作过程的学科对话中，逐步形成的一些社会经济史研究的旨趣所在。

在以上讨论的五个议题中，沙田(土地开垦与地区开发)、宗族、户籍，一直以来是中国社会经济史研究的主要课题，神明崇拜与族群问题虽然过去一般不在社会经济史研究的视野中，但近年来越来越受关注。在这些课题上，社会经济史学家与人类学家的出发点、问题视角和研究方法可能有诸多差异，但基本的关怀却是一致的。而且，中国的社会经济史研究采用的分析概念和方法，本来就来自社会科学各个学科，从来都是在与包括人类学在内的社会科学对话中发展的。早期的人类学研究所建立的一套比较规范的、普遍的研究话语，曾经为历史学提供了审视社会现象的框架和结构，近年的人类学家注意到社会和文化结构的形成本身是一个历史过程，为历史学与人类学之间展开对话开辟了更宽广的舞台。如果说人类学家已经把社会文化结构理解为一个历史过程的话，那么，历史学家应该清楚，一旦用一些固定化的概念去表述变动中的结构，就会影响人们对历史事实的了解和历史的陈述。今天的历史学家与人类学家对话时提供的历史解释，就不会仅仅是一种“历史背景”，而应该是一种理解“结构”的历史方法。如果说，在对话中，人类学已经在结构(structure)这个字后面加了过程(-ing)，我们历史学家就不得不重新反省对“过程”的结构作历史阐释的角度和方法。

数年前，我与陈春声写过一篇题为《历史学本位的传统中国乡村社会研究》①的笔谈，近年来受到一些年轻朋友的批评，指责我们坚持历史学本位是抗拒跨学科研究。以上拉拉杂杂写下的东西，也可以说是对这种批评的回答。我以为，无论历史学如何与人类学对话，我们的研究仍然是历史学本位的，无论是问题的意识，资料的选择与解读，分析的方法，我们都不会脱离社会经济史的取向。我并不懂，也没有能力从事人类学的研究，但是，也许应该不厌其烦地强调的是，当人类学学者越来越关注结构的过程的时候，历史学学者当然应该相应地重视过程的结构，但这个结构，不应该只限于其他社会科学研究已经解释过的结构，而是用历史方法去阐释的结构过程。在与人类学研究对话中，社会经济史研究不但可以扩大研究的课题，更应该改变研究的范式。然而，在跨学科的对话中，历史学学者不应该放弃历史学的视角，历史学的取向，以及历史分析的方法。我始终认为，社会经济史研究者只有坚守历史学本位，才有资格与包括人类学在内的所有社会科学进行对话。我们从社会科学研究得到启发的同时，更应该通过本学科的研究，为社会科学的理论体系做出贡献。

原载《历史研究》，2003(1)

① 见《中国历史学年鉴1997》，北京，生活·读书·新知三联书店，1998。

附录二　历史叙述与社会事实

——珠江三角洲族谱的历史解读

利用族谱作为研究历史的文献资料，是中国近代史学的一个重要的发展，早在80年前，大力倡导新史学的梁启超已经提出：

> 欲考族制组织法，欲考各时代各地方婚姻平均年龄、平均寿数，欲考父母两系遗传，欲考男女产生比例，欲考出生率与死亡率比较……等等无数问题，恐除族谱家谱外，更无他途可以得资料。我国乡乡家家皆有谱，实可谓史界瑰宝，将来有国立大图书馆，能尽集天下之家谱，俾学者分科研究，实不朽之盛业也。①

不过，在梁启超提出此见后的相当长一段时间里，同其他新史料的利用和研究相比，历史学学者利用家谱族谱开展研究进展甚微，唯罗香林先生于20世纪30年代以后在广东、香港地区大力搜集家谱族谱，并利用族谱资料进行民族问题研究，成绩斐然，堪称开风气之先。直到20世纪80年代以后，随着社会史研究风气的兴起，许多学者以族谱为主要史料，在乡村社会研究中取得了令人瞩目的成果。② 近年来，在历史研究领域，族谱资料的利用越来越受到重视，族谱的搜集与研究蔚然成风。

---

① 梁启超：《中国近三百年学术史》，见《饮冰室合集》，第10册，《饮冰室专集》之七十五，336页，上海，中华书局，1939。

② 例如郑振满：《明清福建家族组织与社会变迁》；陈支平：《近500年来福建的家族社会与文化》；陈支平：《福建族谱》，福州，福建人民出版社，1996。

本文以个人在利用珠江三角洲地区族谱资料的点滴经验为依据，讨论族谱作为历史资料的特性，并就如何通过族谱的历史叙述去解读其背后的社会历史事实，谈一点体会。

一、史书与史料

在很多族谱的序文中，常常可以看到这样的话，“家之有谱，犹国之有史，郡邑有志”，近年来，在中国学界，甚至有“族谱与国史、方志并列为中国史学的三大支柱”的说法。把族谱与正史、方志并提，不但表达了对族谱作为史料价值的高度评估，更表达了把族谱视为史书的倾向。从形式上看，族谱确实在很多方面，跟史书有相似的地方，但是如果把族谱作为史书来读，其史学价值，是十分令人怀疑的。梁启超就曾经说过，如果把族谱作史书来读，“各家之族谱家谱，又宁非天下最无用之物”①。梁氏如此说，是因为他把史书与史料的价值作了清楚的区分。他认为：

> 以旧史作史读，则现存数万卷之史部书，皆可谓非史；以旧史作史料读，则岂惟此数万卷者皆史料，举凡以文字形诸记录者，盖无一而不可于此中得史料也。②

梁氏从新史学的立场出发，视正史为非史，确是富于革命性的见解，今天看来，未免过激。实际上，历代正史即使“作史读”，仍有其作为史书之价值，但梁启超把“作史读”的史书与作为研究历史取材之史料区分开来的意见，对我们评价族谱的价值却是很有启发的。梁氏指出族谱对于研究历史上某些问题，是非常重要的史料，这是从他把“作史读”之史书与作为研究取材的史料的价值区分开来的角度上说的。不过，梁启超

① 梁启超:《中国历史研究法》，66页，石家庄，河北教育出版社，2000。
② 梁启超:《中国历史研究法》，64页。

所重视的族谱的史料价值，还只是局限在如何利用族谱记录的事实来研究现代学术关怀的问题。其实，我们如果把族谱作为一种史书来读，从族谱作为一种历史述说的性质出发，去解读其中隐含的历史真相，对于社会史研究来说，也不失有另一种特殊的史料价值。

在中国古代，如果要归类的话，谱牒之学的确归为史学，所谓“周家小史定系世，辨昭穆，则亦史之职也”。《隋书·经籍志》史部之下列有“谱系篇”。但古代谱牒，为帝王贵族之史，后世谱牒之学消亡，谱牒亦不见于史部文献著录。明清以后泛滥之私家谱牒，并没有入史家法眼，《四库全书》的史部中，就完全没有谱牒类，更没有收入私家谱牒。可见在明清学者眼中，族谱与史书还是有明显区分的。

但是，随着明清宗族的发展，族谱编修为士庶之家争相效法，修谱亦渐成士人玩弄之学，以谱牒入史学之观念再行滥觞。在清代后期被奉为范本的《南海九江朱氏家谱》的序文中写道：

> 谱牒之学，史学也……盖先王谱学之设，实与宗法相维，而表里乎国史。宗法立，而士大夫家收族合食。至于百世不迁，而奠其系世，辨其昭穆，朝廷且为之庀，官司藏册府。是故黄农虞夏之胄，阅数千祀而可知也。世禄废，宗法亡，谱学乃旷绝不可考。汉兴，天子奋于草茅，将相出于屠牧，率罔知本系所由来。魏晋至唐，仕宦重门阀，百家之谱，上于吏部。维时官之选举，必稽簿状；家之婚姻，必等门第，而谱学复兴。欧阳氏修《唐书》，有宰相世系之表，隐示国史家牒，相为表里……五季丧乱，图牒尽湮，一二儒生，乃欲掇拾补苴，冀存古宗法一线。及夸者为之扳坿，华腴虚张勋伐，或至不可究诘，谱录一家，遂为识者厌薄，而去史益远矣。

这篇序文出自该族谱编撰者朱次琦手笔。朱次琦为清末岭南著名学者，他指出当时社会上出现的族谱，大多“去史益远”，表达了19世纪后期那些即使在族谱编撰已经成为士庶上下普遍的风气下仍要固守正统学术价值的士大夫的看法。在他看来。谱牒之学与史学之共同点，在于两者均以维系宗法秩序为宗旨。而在古代中国，所谓宗法，亦即政治与社会秩序之根本。在这样一种文化传统的范式下，族谱须与传统正史一致，并相为表里，方能体现出其作为史籍之价值。但是，在当代史家眼中，史学已经与过去有完全不同的意义。在近代科学主义的影响下，很多人都相信，史学应该是对过去发生的历史真实的一种记录、一种书写和一种解释，历史学的作用，是要把过去的真实用客观的不偏不倚的事实写下来告诉后人。于是，族谱作为史书的价值，不但由于其与宗法传统不合而受到传统士大夫的厌薄，也由于其纪事多虚妄不实、附会攀援而受到当代史学家质疑。

不过，任何历史文献都有两方面的意义，一是作为历史著作，是对过去发生的历史过程的叙述；二是作为史料，是我们赖以了解过去的资料来源。然而，从研究者的角度看，如果把史籍当作史书来读，如果要了解的是史书撰写人的价值观，他的政治立场，他对世界的看法，以及他通过历史叙述所要表达的政治议程的话，那么，我们已经是在把史书当作史料来研究了。因此，既然族谱也是一种历史叙述的话，它就同时具有两方面的意义，一个是对过去的记忆，一个是面对现在的一种表达。如果说族谱的叙事太多虚妄之言，那么我们是否应该把族谱更多地视为表达编撰时的政治议程和社会状态的史料而进行分析，而不要过多纠缠在族谱中的叙事有多少真实性上面?

在无论是传统还是近代的学者对历史的理解和信念下，人们对族谱作为史书的价值的质疑，往往表现在对族谱所记录历史事实的真实性和可信性纠缠不清上。学界讨论族谱的史料价值，或者在利用族谱资料的实践中，常常把注意力聚焦在族谱资料的叙事层面，把族谱中的历史叙述视为历史事实(无论是真还是伪)本身来研究。其实，既然在中国传统上，史学与谱学都是以确立宗法秩序为宗旨，我们在利用和解读族谱文献时，更应该重视的是族谱编撰本来的意义，把族谱中的历史叙述视为一种秩序、一种观念以至一种规范的表达，从族谱的历史叙述中找寻社会事实。在这个意义上，我们才可以把族谱当作史书来读。由此，视族谱为史书，对于今天的社会史研究，就可能有超越梁启超所提及的几个方面的史料价值。

还值得考虑的是，即使我们把族谱当作史料来利用，它究竟是一种有意识史料还是无意识史料呢？族谱的编修人之所以要把自己祖先的世系关系用谱牒的形式写下来甚至印刷出来，当然是为了处理现实的需要。研究者往往多以为族谱对历史事实之编造附会，是一种有意识的行为，因而质疑族谱作为史料的价值。这一见解当然有相当道理，但换个角度去看，难道不正是族谱这种有意识的编造行为本身，使得族谱可以成为一种无意识史料而被我们用作分析解读这些有意识行为的社会文化意义的资料吗？如果我们把族谱看成一种无意识史料的话，那么族谱对于我们的研究来说，它的意义就在于它体现了一种秩序，体现了一种历史过程的结构，而不仅仅是修谱者个人的观念和对历史的编造。因为修谱者这样做，是基于当时人持有的某种共同的观念，表现了当时的社会和文化的规范。这也是我们利用族谱来研究社会历史时，应该选取的一个很重要的角度。为了进一步说明这一点，我想以个人对珠江三角洲族谱的分析作为例子。

二、族谱中记述的宗族历史

在明清以后的族谱中，相当常见的一项内容，就是有关宗族历史的记事，包括祖先的来历，迁移和定居经过，兴衰隆替，事迹功业以及宗族建设，等等。这些历史叙述大多是通过讲述历代祖先事迹来表达的，有些是以传记、行状、墓志铭等方式出现的专文，有些则只是附在世系图(表)的个人生平资料中，有些则在族谱的序跋中叙述，或详或简，或真或伪，或出于口碑相传，或妄抄公私史籍，或为信史实录，或属荒诞不经。不过，值得注意的是，在珠江三角洲地区，许多大族的族谱记叙其祖先的历史时，在叙事结构上有相当明显的相似性。其中最具共同点的宗族历史叙述，就是著名的珠玑巷南迁的故事。这个故事在不同的族谱中，有不同的版本，细节千差万别，这里不一一稽考。① 很多宗族有关宋明间祖先历史的叙述，都是以这个故事为中心来构筑的，因而这些宗族的历史也就有着非常明显的同构性。要一一引述各种族谱的记载来铺排分析，未免累赘，这里只以上海图书馆所藏的《(广东)顺德竹园冯氏族谱》为例，从这个世居广东顺德县的家族对他们祖先历史的记述，看当地族谱中有关祖先来历的历史叙事结构。该谱《例说》云：

我祖浙江钱塘人也，宦寓南雄，籍焉。自宋开禧元年南迁，止于新会古朗甲朗底村，再迁南海之南畔，至五世迁居桂洲，六世再迁大良，七世因之。明景泰三年辛未分县顺德，隶焉，遂为顺德大良竹园冯氏。缘先世无谱，是以失传，但以南来之祖为一世祖云。

这个宗族的祖先来历故事大致是：他们的祖先原居住在广东以外的地区，宋代移居到粤北南雄，再南迁到珠江三角洲。来到珠江三角洲地区的最早几代，经过数次迁居，大致在明代初年定居下来。从南迁到定居之间相隔数代。关于最早几代祖先的事迹，上引《(广东)顺德竹园冯氏族谱》卷10《碑志》中收录的历代祖先的墓志，有比较详细的记录。其中关于“始迁祖”的记录，《始祖墓碑志》云：

我一世文泽祖，浙江钱塘人也，仕宋为雄州学正，宦寓南雄，因籍焉，遂为南雄始兴县人。生二世福垣，宋乾道间浙江乡贡进士，绍禧初官大理评事，宁宗登极，告养归里。开禧元年，因乡人之祸，二世祖奉祖由南雄珠玑巷南迁，止于广州新会古朗甲朗底村，嘉定二年编图定籍。

在这里，被奉为始祖的，是由珠玑巷南迁者的父亲一代，南迁到珠

① 各种地方文献中有关珠玑巷南迁故事的传说的记载，见黄慈博：《珠玑巷民族南迁记》，广州，广东省立中山图书馆。油印本；从史学的角度对该故事的讨论，见陈乐素：《珠玑巷史事》，载《学术研究》，1982(6)。

江三角洲一代就成了二世，然后经过几次迁居，到第六世才定居下来。同卷《竹园房九世中庵祖配享昭嗣堂碑记》云：

> (一至五世)累世单传，转徙靡定，六世始有宣义、处士两公，爱凤城山水明秀，定居大良。宣义公居西为西厅，处士公居东为东厅。

珠江三角洲地区不少宗族的历史，在由珠玑巷南迁的祖先到定居下来的祖先之间，常常都会有这种几代人“转徙靡定”的经历，虽然细节各不相同，但流动不定往往是宋元之间几代祖先的共同特点。在这里有必要指出的是，对于这几代最早的祖先来说，迁移不定也好，定居下来也好，都不意味着这些宗族的建立。宗族的建立，首先是要有同一祖先子孙组成的多个家庭聚居一处的事实，然后更重要的是一系列仪式性和制度性建设的结果。现代人读族谱资料，常常会产生一个错觉，就是把迁移和定居的祖先作为宗族历史的开创者，其实宗族的历史是由后来把始祖以下历代祖先供祀起来的人们创造的。所以，在宗族的历史上，还有一类常常被特别记录下来的祖先事迹，就是在诸如设立祀田、修建祠堂、编修族谱等方面做出了特殊贡献的人。在《(广东)顺德竹园冯氏族谱》中有关于这类祖先的事迹记载，在上引碑记中有云：

> 盖宣义公之曾孙也，藉先人之绪，拓土开疆于南门外，置地一段，方广五亩，为堂构之诒，名其里门曰竹园，不忘本也。念宣义公为西厅之祖，未有专祠，慨然曰，君子将营官室，宗庙为先，遂捐自置地以为倡。由是子姓鸠工庀材，建昭嗣堂于里之北，以祀宣义公。前池后铺，归其僦于昭嗣堂，以丰祀事。

类似的事迹，该族谱中还有很多记载，这些记载是宗族历史中相当重要的内容。由于该家族在清代中期，由始祖以下的五代一直都没有祠堂，所以，这座六世祖祠堂的建立，实际上是该宗族开始整合的一个重要手段。有关这一点，涉及其他许多需要讨论的问题，本文不拟展开，只想指出，我们这里选摘的几段记载，展现出这个宗族最早几代祖先历史的基本脉络。类似的故事结构，见于珠江三角洲地区许多宗族的历史陈述。① 简单概括这一故事的结构，大致是这样的：在宋代(或者更早一点的时期)，来自“北方”的祖先先是在南雄珠玑巷落户。到宋代，他们从珠玑巷南迁到珠江三角洲地区。经过几代的流动迁居，大致在元明之间选定基址，定居下来。再过了若干代之后，遂有人出来或倡建祠堂，或设立祭产，或编修族谱，宗族因得以维系和发展。在这种有关宗族祖先的历史叙述中，最重要的角色有三类：一是宋代由南雄迁移到珠江三角洲的祖先，我们姑且称之为“始迁祖”(很多宗族也会把迁居祖或者迁移之人的上一两代作为宗族的“始祖”)；二是在明初定居下来的祖先，我们姑且称之为“定居祖”或“入籍祖”(这样称呼的理由下面将会讨论到)；三就是在明代中期之后，开始编族谱、建祠堂、置族田的祖先。我们不妨再以前面提过的南海九江朱氏宗族为例，在被近世学者誉为“真为一家之信史”的《南海九江朱氏家谱》卷1《宗支谱·族姓源流》中记载本族祖先的历史云：

> 度宗咸淳末，保昌民因事移徙，有讳元龙者，与弟元凤、元虎浮桴南下，散居九江上沙及清远琶江铁头冈、新会水尾等处，而九江上沙乃元龙公之族也……是为上沙始迁之祖。代远存经，世难齿历，行实多弗详……生二子，长讳子志，次讳子议……子议字献谋，守庐墓，遂定着为广州府南海县九江乡上沙里人。次子别宗，不敢嗣初祖，后世以献谋府君为始祖云。

又同书卷11《家传谱》：

---

① 比较集中把这类宗族历史故事编集在一起的资料，可以参见南雄县政协文史资料研究委员会、南雄珠玑巷人南迁后裔联谊会筹委会合编：《南雄珠玑巷人南迁氏族谱、志选集》，见《南雄文史资料》，第15辑，1994。

> 始祖讳子议，字献谋，迁祖讳元龙公次子也。宋度宗咸淳十年正月，迁祖初抵南海九江……逮公始着籍……公长于元，老于明，凭基造家，克承先志，绪业隆起，丰饶振里中。

同前一个例子不同的是，九江朱氏的“迁祖”和“定居祖”只相差一代，而且奉定居祖为“始祖”。虽然与前面的例子相比，有一些差别，但很明显，其故事结构其实仍然是相当近似的。

最后也许有必要一提的是，除了上述几种祖先的故事外，还有一类角色是族谱中极常见的，就是在族谱中攀附宋代以前的帝王将相名人，有的甚至一直追溯到殷周甚至更早乃至黄帝时代，以标榜本族是有着簪缨世胄血统的名门望族。关于宗族历史叙述中这部分内容，学术界历来都知其妄攀附会之悖谬，例如钱大昕早已指出这些内容“徒为有识者喷饭之助矣”①。尽管这类叙事也有其社会、文化和心理的意义，但以往学者已经很多评论，无须笔者置喙。因此下面的讨论，只着重在宗族历史中有关宋代以后祖先故事的叙事结构上。

三、族谱所见的地区开发史

宋元时期，珠江三角洲还处在开发初期，这一地区的乡村社会，可以说仍处在一个“传说”时代。② 无论在三角洲周边的丘陵地区，还是在新淤积的平原，都还在“披荆斩棘，辟地垦荒”③的阶段。尽管珠江三角

① 钱大昕：《潜揅堂文集》卷26，《巨野姚氏族谱序》，448页，上海，上海古籍出版社，1989。

② 嘉庆《（顺德）龙山乡志》卷首《龙山总论》：“龙山旧属南海，向未有志，各家谱乘，亦多缺而不全。故邑志所载，宋唐以上，传者寥寥，至有元一代，事迹全阙。考古者实不无数典忘祖之讥。要之，苦于无志，非无人也，自入明以来，人文奋兴，后先接踵。”又顺治《南海九江乡志・序》：“南海乡落，九江实称最，唐宋以上，其时尚在岛屿，无论也。”

③ 《新会潮连芦鞭卢氏族谱》卷26，《杂录谱》。

洲地区现存的族谱记载，常常将宗族的历史追溯到宋代甚至更早的时代，但事实上，在明代以前的史料中，我们几乎看不到这个地区有什么“宗族”存在。无论是本地的土著，还是传说中所谓北方移民，大部分都还是筚路蓝缕的拓荒者。许多后来编撰的族谱，在记载宋明之间的祖先时，尽管有刻意炫耀的成分，但仍会透露出他们的祖先在定居下来之前在这一带艰难创业的历史事实。下面这类记载在一些后来成为本地区著名大族的族谱中是很常见的。《(中山小榄)麦氏族谱》云：

逮四传至元俊公，又思山谷有限，子孙无穷，乃遍览他乡，适兹榄土，见五峰拱向，九水潆徊，山川秀丽。既归，即奉必达公妣唐氏太夫人葬于葫芦园，奉庆宗公莫氏太孺人柩葬于太平岭，尽以田园周诸族中贫乏者，罄其盈余，移家榄溪凤岭之南，遂为小榄一世祖，时元至治三年也。

把这段记载中的虚饰夸张成分去掉，不难读出这里的记述显然就是当时的移民开垦者拓荒的经历。前面已经提到，在许多族谱的记载中，生活在宋元到明初的几代祖先，常常是一再迁徙，直到明代初年才定居下来。这一事实是珠江三角洲开发在明代初年经历了一个重要转折的历史的反映。

我们知道，明朝军队征服广东之后，为建立王朝统治秩序，把地方势力收编为明朝的臣民，所采取的最重要一项措施，就是把原来本地豪强控制的人口收编为军户。从洪武初年开始，明朝政府在广东有多次收集军士的专门行动。洪武四年(1371)，朱元璋派何真回广东，“收集头目军士”。何真儿子何崇祖撰《庐江郡何氏家记》载：

洪武四年，钦赐同韩国公李善长，学士宋景濂宴东板房，钦差回广收集头目军士……父至广，移文广州等府州县，榜谕里长供报，定限赴官。有南海旧头目黄子敬、欧吉，番禺郭顺等自赴领批招军。①

与此同时，明王朝还将大力收集的本地无籍之人编入军队②，许多当地土著居民由此登记成为明王朝的编户齐民③。在珠江三角洲地区，很多后来成为有相当势力大族的祖先，如顺德大良罗氏，香山小榄何氏和李氏，新会外海陈氏、三江赵氏等，在明初时的先人，都有被编入军伍从戍的经历。④ 根据明代史籍的记载，这些被收编进军队的人户，有很多就是原来被称为“疍户”的本地土著。《明太祖实录》卷143载：“洪武十五年三月癸亥，命南雄侯赵庸籍广州疍户万人为水军，时疍人附海岛，无定居，或为寇盗，故籍而用之。”明朝政府将他们编集成为军队之后，还利用卫所军队在这一带屯田。万历《广东通志》卷6《藩省志六·事纪五》载：

洪武二十四年夏五月，指挥同知花茂……上言：‘广州地□，若东莞、香山等县，逋逃疍户，附居海岛，遇官军则称捕鱼，遇番贼则同为寇，不时出没，劫掠人民，殊难管辖，请徙其人为兵，庶革前患。又奏添设沿海依山碉石神电等二十四卫所城池，收集海民隐

① 参见《明太祖实录》卷189，洪武二十一年三月己卯。又据万历《广东通志》卷6《藩省志六·事纪五》载，仅洪武十六年(1383)，何真就在广东为明朝”收集土豪一万六百二十三人”。参见黄佐《广州人物传》卷11，《区禹民传》；卷173，《关敏传》《张仲贤传》《梁曾甫传》。

② 焦竑《国朝献征录》卷99：“王溥……时兵起无粮无籍军，都司咨取甚亟。溥曰：‘国以民为本，今一概起取，赋税从何出耶?’遂奏闻。上是之，只起无籍，余皆获免。”

③ 参见拙著《在国家与社会之间：明清广东里甲赋役制度研究》。

④ 分别参见《顺德北门罗氏族谱·恩荣谱》，《(香山小榄)何舄环堂重修族谱》卷1，《(香山小榄)泰宁李氏族谱》卷2，《(新会)外海乡陈氏族谱稿》，《(新会)三江赵氏族谱》卷2。类似事例太多，恕不一一列举。

料无籍等军守御，仍于要害山口海汊立堡，拨军屯守，诏皆从之。①

这一措施不但加速了珠江三角洲的开发，而且是当地人口大量定居下来的重要契机。《中山榄镇刘氏族谱》载：

乡在宋元时无屯田。至国朝洪武间，兵火残破之余，人民凋谢，田野蓁芜，居者不能固藩篱，耕者不能尽陇亩，遂分拨附近卫所官军屯耕戍守。所于小榄者十一，隶治广州后卫也；所于大榄者五，隶治广海卫也。屯军比至，举全榄之地与土著之民共之。籍产之没入官者为屯田，择地之不彷者为营舍。官司复遴选乡人之老成正直者签督其事以屯田，俟事上报签督者例得附名于公移。我祖斋公讳孟富者与焉。刘所适屯于吾宅之前，延袤缭绕，又迫于其右。吾祖时方有事，签督不能自庇，白状于提督府，都御史萧公与之司平，移檄所司体勘，凡无刘氏屋宇影占者，悉属诸所。

相信许多当地的土著或新定居者在当时都有类似的经历。从明代初年开始，国家的权力通过户籍登记、赋税征收、收集军伍、经营屯田等途径，介入珠江三角洲的开发。② 明王朝在这里广设屯田的一个直接的结果，就是使很多垦殖者因此定居下来，他们在拓殖的沙田附近，以一些山边或高地为依托，定居聚集并形成了早期的村落，香山县的小榄就是一个典型的例子。《(香山小榄)泰宁李氏族谱》卷2有以下记载：

---

① 《明太祖实录》卷223系前一事在洪武二十五年(1392)十二月，云："广东都指挥使花茂奏：东莞、香山等县大溪山、横琴山逋逃疍户、拳人，凡一千余户，附居海岛，不习耕稼，止以操舟为业，会官军则称捕鱼，遇番贼则同为寇盗，隔绝海洋，殊难管辖，其守御官军冒山岚海瘴，多疾疫而死，请徙其人为兵，庶革前患。从之。"(3262页，台北，"中央研究院"历史语言研究所影印本)

② 松田吉郎曾经指出明初存在着"义民"在"知县"指导下进行开发的事实，见[日]松田吉郎：《明末清初广东珠江デルタの沙田开发と乡绅支配の形成过程》，载《社会经济史学》，第46卷第6号。

> 三世祖讳光祖……大明洪武二十七年甲戌，召民垛集军伍……遂为军籍焉……公之为人赋性刚直，立心正大，礼敬贤良，周恤贫乏，乡人因信服之，官长亦倚任之。始徙广州后卫军人一十一屯，以榄镇地偏方，有司取公正居民，熟于土宜者，经画屯营处所，公遂以舆情推服，贤劳其事，措置规设，一一得宜，而屯居卒赖以安。

这个故事说的是该宗族三世祖的事，而族谱中说他们始迁祖先在宋代已经在小榄定居了，无论真相如何，我们从这个记载可以看到小榄其实是在明初由于军屯才形成聚落的，后来在珠江三角洲地区兴起的许多所谓地域性宗族，就是在这些定居点的基础上发展起来的。

讨论至此，我们基本上还是在用族谱中记录的历史事实本身去寻求复原历史，要透过族谱有关祖先故事的叙事结构去解读地方社会的历史过程，再从这个历史过程去解释宗族历史的结构，我们需要在下一节进一步探讨伴随这一地区开发历史的制度性因素。

四、祖先的定居与入籍

前述珠玑巷传说虽然讲的是迁徙的故事，不过故事的重点，其实不在于移民与拓垦，而在于定居与户籍登记。① 这个故事比较完整的结构，包含着一项最重要的内容，就是这批一起南迁的人，是从原籍取得政府的迁移文引，合法地迁到珠江三角洲地区定居，并且他们一来到珠江三角洲地区，就已经到当地政府办理户籍登记。如顺德龙江《黄氏梅月房谱》载当时迁移者赴县缴引时呈上的《立籍词》曰：

> （卢）远等历祖僻住珠玑村，各姓户籍，有丁应差，有田赋税，别无亏缺。外无违法，向恶背良。为天灾人祸，民不堪命，十存四

---

① 参见 David Faure，“The Lineage as a Cultural Invention：The Case of the Pearl River Delta”，in *Modern China*，vol. 15，no. 1(1989)：2-36。

五，犹虑难周。及今奉旨颁行，取土筑设寨所，严限此引，下民莫敢不尊。以远等切思近地无处堪迁，传闻南方土广人稀，堪辟住址，未敢擅自迁移。本年正月初十日，赴府立案批引，限十日起程，沿途经关津陆岸，比照通行。至于四月十二日，到邑属太艮都古莨甲莨底村，费用殆乏，难以迁行。借投土人龚应达草庐寄歇。未敢擅自作寓，兜百口相告，签名团词粘引，到老爷台前，俯乞立案增图定籍。

根据陈乐素先生的意见①，我们相信珠玑巷传说是在明代前期出现的，或者说在明代才形成用文字记录下来的比较固定的结构，那么关于入籍这一情节，显然与明代初年推行的户籍制度有密切的关系。

众所周知，明朝开国皇帝朱元璋是一位十分重视对编户齐民进行严格管束控制的君主，就在他登上皇位的当年，即下令各路指挥征服全国战争的总兵官，每征服一地，即收拾“户口版籍、应用典故文字”，“其或迷失散在军民之间者，许赴官送纳”②。朱明王朝强化户籍管理的第一个重大措施是，洪武三年(1370)十一月，朱元璋下令“籍天下户口，置户帖户籍”③。这一制度在广东地区具体推行的情形，史料记载不详。据梁方仲先生研究，户帖奉诏设置虽在洪武三年冬月，其颁发于民则在洪武四年(1371)。④ 广东的地方志中有“洪武五年定民籍”⑤的记载，大概即户帖制度在当地推行的记录。

朱元璋推行户帖制度的目的，是要尽可能多地将百姓编入政府的户籍控制之下，因此，他也特别强调了要将原来没有户籍的人户登记到明朝政府的户籍之中。就在朱元璋那一道著名的关于颁发户帖的诏令中，

---

① 参见陈乐素：《珠玑巷史事》，载《学术研究》，1982(6)。

② 《明太祖实录》卷35，洪武元年十月戊寅，634页。

③ 《明史》卷77，《食货志一》。

④ 参见梁方仲：《明代的户帖》，见《梁方仲经济史论文集》，225页。

⑤ 康熙《信宜县志》卷6，《赋役志》。

他就说道：

> 我这大军如今不出征了，都教去各州县里下着绕地里去点户比勘合。比着的，便是好百姓，比不着的，便拿来做军。①

这几句话绝不是一时戏言，洪武二十六年(1393)编定的《诸司职掌》中亦明确规定“无籍户”“游食”等应该充军。前面已经提到，从洪武初年开始，明王朝就在广州有多次收集军士的行动。这些军户，有的是当地土豪的部属，还有很多为原来未登记户籍之人。在珠江三角洲地区的族谱中，可以看到许多家族由于这一政策而在明初被编入了户籍，这在一些后来编撰的族谱中仍可找到线索，《番禺市桥房邓氏荫德堂家谱》载其祖先入籍的缘由云：

> 洪武十八年，为无籍事发，充广州府后卫守城当军伍……贯籍番禺县沙湾司榄山堡十三图五甲役。

这些记载均没有提到他们的祖先是否以疍户身份被编入户籍，这或者是族谱的编者有意隐瞒，或者在后来编族谱的时候，关于祖先的身份，早已在流传中迷失了。一些宗族中关于祖先入籍的故事，之所以流传下来，本来只是一种关于户籍的获得以确认其身份的记忆，至于入籍以前的身份的“迷失”是完全可以理解的，我们似乎没有必要深究。但由这些记忆可以推见，不少后来的宗族，其实是在明初编制里甲时才登入户籍之中，从此成为王朝直接控制下的编户齐民，这一过程与前面所提到的明初籍疍户为军的做法有密切的联系。事实上，在珠江三角洲地区的里甲编户中，军户占了相当大比重，就连不少著名的大族在明代的户籍也是军籍，如香山小榄何氏，据《香山小榄何氏九郎族谱》载：

> 六世祖汉溟……洪武十四年，初造黄册，公承户，充大榄都第

---

① 转引自梁方仲：《明代的户帖》，见《梁方仲经济史论文集》，222页。

一团里长，十六年收集军，戎于南京镇南卫百户，年老，长子泽远代行，后改水军左卫。

虽然我们不能判定有多少明代以后的宗族的祖先是在洪武年间由于明初籍亖民为军而获得户籍(因为军户的来历，除了籍亖户为军以外，还有其他不同的途径，如随何真降明的地方武装，被编入明朝军队后，其成员也就可能自然编入军户)，但可以肯定，许多原来不在政府控制下的人群，是在明初编制里甲户籍以及籍亖户为军的政策下，由“化外之民”转变成为明王朝的“编户齐民”，归化到明王朝的统治体系之中，构成明王朝统治的社会基础。①

明初编里甲户籍和收集军兵的关系，还有许多细节我们不是太清楚，但以上几条记载似乎可以显示出，当时的户籍编制与收集军兵虽然可能是两件不同的事，但实际执行时似乎是结合起来进行的。因为里甲户籍编制时需要做的重要一环，就是确定每一户是民籍还是军籍(还有其他种类)。由于军户的差役负担沉重，而且社会地位相对低下，明代人一般都以脱离军籍为幸，后来更有逃脱军籍的种种办法。《(东莞)圆沙王氏家谱》记载其四世祖在明初入籍的故事云：

公讳里宝……洪武二十七年甲戌，都督刘公恭至邑，编垛集军，而公亦以淳善见免，里排佥举，乡训得练(?)，隶民籍。是以优游田里，克终其天年。

显然此人本来也是垛集为军户的对象，他得到幸免，真正的原因我

① 我在以往的讨论中，比较强调明初在珠江三角洲收集无籍土著为军的事实，在本文修改过程中承蒙对明代军户制度研究深有造诣的于志嘉教授指教，她在给本人的信件中指出，“明初广东垛集充军的事例绝不少于无籍之徒充军，族谱中很多例子都是在承充里甲役后才又被充军的”。由此看来，明初珠江三角洲军户的来历除归附和谪发外，亦有由民户垛集一途。虽然我对族谱中自称“垛集”的事例之实情仍心存怀疑，但在史料不足征的情况下，于教授之提醒，令我多了一分审慎，谨致谢意！

们不知道。但这一例子至少反映出，能够逃避被编为军户，被看成一种幸运。珠玑巷传说的出现，是否与这种目的有关，目前没有发现直接的证据，但我想姑且可以作为一种可能性加以注意。成化十五年(1479)南京都察院广东道监察御史李纪列举明代军户逃脱军籍的办法，就有“军籍全家合族逃往别府州县，置买田屋，捏作民户，于所在官司报告，随产附籍当差”，“父□从军，子孙畏继军役，不于本户附籍，却于别州县过继作赘于人，或籍寄异姓户内”，“买嘱里书人等，各另开作民户，或顶死绝影射，捏作户绝”①种种。这些手法与广东族谱中记载的种种入籍途径极为相似。我们当然不能随意推定族谱中的入籍记事就是这些逃脱军籍的办法，但我们不能不想到，族谱中种种入籍记事，不管是真实的还是虚构的，与明代户籍编制中发生的一切是有密切关系的。

珠玑巷传说至多只能笼统地证明这些家族的户籍有来历，各个家族在明清时期实际登记的户籍的来历，常常另有各自的故事。如前引《番禺市桥房邓氏荫德堂家谱》明确记载本族的户籍是从明初开始登记的，但同时也说他们的祖先是南宋嘉泰年间，因苏妃事由珠玑巷迁来番禺。这本家谱的编者发现旧谱中关于明初入籍的记事与珠玑巷传说有矛盾，就加一个注云：

> “为无籍事”四字初不解何故。后见谢氏族谱载路引云：“方到此处，合应赴该处府县属立案定籍，缴报文印”数语，始知我祖由南雄出走慌忙，未领路引，故不能缴报文引，立案定籍。至洪武年间，被官查出无籍，至改为军籍，要当差也。

这一解释之牵强是显而易见的，但不管事实如何，都颇值得玩味。首先，我们从这个例子可以看到，在洪武年间，有无户籍是一件重要的事，无籍之人要被编入军户。虽然后来许多家族辗转抄袭珠玑巷传说时，已经不一定知道开始编出这一传说的用意何在，以致后来也常常可能省

---

① 《后湖志》卷4，李纪《为陈言时政以图资治事题本》。

略了有关户籍登记的内容，但这个传说在明代前期被编造出来时，一个重要的功能，是要显示(不管这种显示是一种现实的需要，还是一种心理的需要)祖先的户籍由来已久。实际上，广东地区的许多家族，在明代初年才开始有户籍登记。以下是一个例子，《香山翠微韦氏族谱》：

> 里正慕皋公……幼娉翠微梁氏，既长，家于梁，遂居翠微，置产业二顷余，明洪武〔十〕四年，初造黄册，随田立灶籍。……公始立籍，立籍多称里正。

《香山翠微韦氏族谱》的编者认为洪武四年(1371)应该是洪武十四年(1381)之误，理由是明代初造黄册是在洪武十四年，但由于洪武四年颁发户帖时已经开始整顿户籍，即使说韦氏入籍是洪武四年也是可以成立的。不过，究竟是洪武四年还是洪武十四年，都并不影响我们确认一个事实，在明代初年由于推行比较严格的户籍登记制度，把许多人编入政府的户籍之中，而这些人原来不少是“流移”或“无籍”之类。

了解这一背景，我们可以知道，珠玑巷传说中特别强调的入籍问题，所反映的显然是明初编制里甲登记户籍时的历史。虽然传说的编造者(当然不必是一个人一次编造出来的)将此事假托于宋代，但珠玑巷传说及其所附的几份文件，明显是模仿明代黄册里甲制度下的文件做出来的。如所谓罗贵等人的《单开供状》中有这样一段文字：

> 蒙准批以曾图立甲，以定户籍，开辟新图，接草为屋，种蔬为日食，随时度活，今蒙上司明文行勘攒黄册等事，罗贵户充新图第一甲里长。今将本家新收丁产逐一开报，中间不敢隐瞒，如虚甘罪，所供是实。①

如果了解明代的黄册里甲制度，就不难看出，这显然就是明代编造

---

① 黄慈博：《珠玑巷民族南迁记》。

黄册时由各户填写的《清册供单》。① 而所谓知县李丛芳的批文，如果略去开头的年份，简直就是一份明代地方政府实行黄册里甲制度的文件。

在珠江三角洲地区许多宗族的历史叙述中留下了明初入籍的记录，反映了明初在广东社会发展的历史上是一个相当重要的时期。许多原来分布在各处山林之中的无籍土著和流移人口，或由于明初大规模户籍登记的政策而定居下来，或登记成为明王朝的编户齐民。这种户籍登记后来成为广东地区宗族发展的一个重要前提。许多在明清时期在地方上有影响的大族有比较清楚的文字记录的历史，常常就是从明初的户籍登记开始的。在一些族谱记载中，“开户”有时候就是“开族”的同义语，或者混称为“开户族”。《（香山）许氏长房家族谱》中关于三代开立户籍的祖先的记载，就是一个典型的例子：

第一代是“始太祖士良”，他“移徙广东广州府香山县寨，地广民稀，随田立籍大字都一图南庄村居住”，“遂开户族”，“是为南庄上涌乡各房始祖”。

第二代是士良的儿子“始祖泮溪公”，他“置买田产，立籍建祠”，“洪武二十六年，逆胡叛乱，榜示收军镇守，垛集大鹏所东营青号，二十七年造册，铜板镛贴户本图七甲”，“是为上涌乌沙村各房始祖”。

第三代是“一世祖讳大奴”，兄弟三人，“大奴、二奴、三奴名字开户分析立籍”，大奴“世居上涌村，遂开户族，是为本支始祖”。

该族谱原来的记载比较混乱，而且又有明显的附会。不管这些记载的真实性如何，都反映出“开户”的祖先在宗族历史上的特殊地位，表明户籍登记与宗族历史之间有着重要的联系。

由于明朝政府将大量的居民编入户籍登记，许多原来流动不定的人口由此定居下来，成为国家的编户齐民。一个能够获得正统性认同的宗族的历史无疑是从得到权利定居在一个村子开始的，入籍就是这种定居

---

① 参见梁方仲：《明代黄册考》，载《岭南学报》，1956，10(2)；韦庆远：《明代黄册制度》，23～26页，北京，中华书局，1961。

合法化的最有力证明。是否登记在政府户籍里面之所以是宗族具有正统性的一种标志，是因为在中国传统社会，“无籍之徒”历来被视为“化外之民”，不具有正统性的身份。有明一代广东地区频繁发生的社会动乱，很大程度上与基于这一区分的矛盾激化有关。① 而且在明代推行黄册里甲制的过程中，尤其是明初将无籍之人收编为军户的做法，使许多过去不受政府户籍束缚的社会成员，真切地体会到了有籍和无籍之间的社会意义。“编户齐民”和“无籍之徒”作为一种重要的社会分类，直接地与正统性、合法性的认同联系起来；而在明清时期地区开发的过程中，在土地控制方面的矛盾和争夺越来越尖锐，使得这种正统性的身份越来越成为土地控制的一种潜在的资源，户籍问题因此变得更为敏感。

要了解户籍登记与宗族的关系，还需要明白的是，里甲户籍本来只是一个家庭的登记单位，何以会成为所有宗族成员共同享有的一种资源呢？简单说，这是明代里甲制度演变的结果。由于明代户籍制度对里甲户籍的分户有着严格的限制，普通民户虽可以分户，但在实践中常常是一件相当麻烦的事，而在广东占很大比例的军户，在法律上更是明文禁止其分户。随着家族的繁衍，开始入籍时还是一个家庭，后来大多分化出多个家庭，在这些家庭中共同负担赋役责任的需要，使他们需要保持更为密切的联系。但事实上，在亲役制度下，家族中不同成员的赋役责任常常是纠缠不清的。正如正统初年广东巡按御史朱鉴所说：

> 今体得所属，父子有得失之望，兄弟有紾臂之叹；服劳之道不闻，议让之礼未见。甚至父子当差，则一日不让，兄弟应役，则移时不甘。②

然而，随着正统至天顺年间发生的一系列赋役改革，甲首不需要到

---

① 参见拙文《明代广东地区的“盗乱”与里甲制度》，见《中山大学史学集刊》，第3辑。

② 朱鉴：《朱简斋公奏议》下卷，《出巡条约》。

衙门服役，改为交纳银(钱)，这样同一户籍之下不同家庭的赋役责任的分摊就变得比较容易解决了。不但这样，由于户籍登记与到官府服役的义务脱离开来，尤其是一户之中的“事产”多寡，不再按照等级累进的方式分摊，更多的土地所有者在同一户中登记与财政负担的轻重不再发生联系，一个户籍为多个社会成员共同使用，而“户”的内涵也由以人为对象的登记单位变成以土地税额为对象的登记单位。①

这样一来，宗族就不但成了可以向其他人炫耀家族的历史，从而提高本家族的声望，以及在地域性的竞争中取得优势的一种符号，而且，每一个社会的成员，他只要能够证明他是宗族的成员，就可以使用祖先(或以祖先名义)开立的户籍购置土地，登记纳税，参加科举考试，以及享有其他需要编户齐民的身份才能合法享有的权利。在这样的制度下，许多社会成员可以在不需要承担赋役责任(这时的赋役责任来自土地的占有，而不是户籍)的情况下，以“编户齐民”的身份得到某种“正统性”的认同。由于户籍登记对于宗族有如此意义，结果是我们看到的，在明代中期以后，宗族在珠江三角洲地区逐渐普及开来。

五、珠江三角洲宗族的建立

尽管如前所述，珠江三角洲的族谱，大多将本宗族的历史追溯到宋代甚至更早，但事实上，在明代以前的珠江三角洲地区，我们几乎看不到有根据宋明理学的理念和规范建立起来的宗族组织。② 在明代初年，广东地方豪强何真设义祠义田，得到明代著名士大夫宋濂称赞。但宋濂

---

① 参见拙文《明清珠江三角洲地区里甲制中“户”的衍变》，载《中山大学学报》，1988(3)。

② 需要特别说明的是，我并不认为在明代以前没有以血缘关系为基础而建立的社会群体，但这里讨论的宗族，并不是指根据血缘关系自然形成的继嗣群体，而是指在明清时期通过一系列文化手段建立起来的“宗族”。参见[美]科大卫、刘志伟：《宗族与地方社会的国家认同——明清华南地区宗族发展的意识形态基础》，载《历史研究》，2000(3)。

在《何氏义田遗训序》中曰：

> 呜呼！先王所以亲民善俗之道远矣，贤人志士，欲推之于世，而世有所不能；欲退而惠一族，化一乡，而力有所不逮者有矣；至于势足以为而不为，力可以至而不至者有之，此所以越数十世而事曾不一二见也。惟公奋自韦布，夷盗保民，辑宁南服，至位尊显，卒能识机效顺，戢敛干戈，为民请命，使岭南之民，不易市肆，又能推本及始，孝于祖宗，惠及族人，所践所言，允可为法。其于富贵可谓不苟处矣。视彼恃险而贼民，私厥身而忘所自者，其贤岂不多哉。

由此可见，当时何真这种设立宗族组织基础的做法，在中国还是十分罕见，在广东地区显然也是特例。而且，就是何真所设置的义祠义田，与后来的宗族形式仍有很大不同。尽管这样，我们至少可以看到，在何真这样做之前，他的宗部，并不是以后来那种宗族的形式出现的，何真以及他同时代的人，也没有后来那种宗族的背景。但当何真从一个地方土豪进入了贵族社会之后，他为了得到士大夫(尤其是高层士大夫)的认同，按照宋代理学家的设计去建立一种新的宗族形式，是一种很有效的手段。

然而，进入明代以后，何真所做的事情，就不是个别的例外了。从明代初年开始，随着这个地区更紧密地整合到中央王朝控制下的社会之中，一些家族陆续开始按照宋儒设计的模式，在乡村中从事宗族的创造。除了何真的例子外，在明王朝首次开科取士就考上进士的番禺沙湾的何子海也是一个很突出的例子。

沙湾何氏在明清时期是珠江三角洲地区的著名大族。① 该族的始迁祖是后来被列为四世祖的何人鉴，何人鉴定居在沙湾以后，到第五代是

① 参见拙文《祖先谱系的重构及其意义——珠江三角洲一个宗族的个案分析》，载《中国社会经济史研究》，1992(4)。

何子海。何子海作为新朝首科进士，当然是当时地方上很有声望的士大夫，就是他开始了族谱的编修。在后来的何氏族谱中收录了他编《谱图》时所写的一篇序文，其中说道：

> 余观诗礼之家，文献之后，莫不有族谱存焉。然或舍其祖而宗人之祖，或求其前代名贤以祖者，皆妄也。吾家自府判公积德百余年，迨于中叶，诸孙数十人，诗礼士宦，他族莫及焉……今祠宇荒基，祭祀缺典，未知振作而光大者谁欤。凡我子孙，观是图者，各宜勉之。①

从这段话可以看出，即使像沙湾何族这样的"诗礼之家"，在明初也没有建立起所谓"宗族"。所以像何子海这样的士大夫，才会把创建"宗族"作为自己的责任。他除了修《谱图》以外，还设置了"书田"，这种学田性质的产业形式，与后来的尝田不尽相同，但同样是一种设立宗族共有财产的努力。

当时，这种按照理学家的理想建立宗族的活动，主要盛行在士大夫中，是士大夫将理学正统的理想付诸实践的行为。② 随着士大夫越来越积极去从事这一类创建宗族的活动，在乡村社会上就出现了一种为所有社会成员追慕的叫作"宗族"的东西，这是一种可以向周围的人显示自己具有高贵血统和社会地位的象征。一些稍为低层的读书人也开始追仿，一个典型的事例，是《(香山)容氏谱牒》中有一篇洪武十九年(1386)的《创立蒸尝记》，比较详细地记载了香山容姓家族在明代初年创建宗族的经过：

> 悌与少孤，幼居乡里，无名族蒸尝之礼，止问诸亲戚故旧之家，时节讳诞之辰，随家丰俭以奉祀。此吾香山之风俗，随时奉先礼也。

---

① 《(沙湾)何氏家谱》，手抄本。

② 在明初的文集中我们常常看到许多家谱的序文，从中可以看到当时士大夫的圈子中修谱风气已经逐渐兴盛。

吾家自高、曾二祖，旧有灶田三十余亩，租百余石，各房轮流掌管奉祀。嗣后失其诚，高、曾讳诞，几至缺略。时悌与犹少，未能继志述事，时时独念于心。年十八，忝为庠生，每于窗灯之下，见春露濡而心怀怵惕，见秋露降而心常凄怆……洪武十九年春正月朔日，长幼咸聚于宗舍，悌与以情相告，诸昆弟一闻是语，各皆惊愕，无以自容。遂相以创立春、秋二祀，八房之祖考皆与焉……惜乎未立宗子。遂将应祀祖者编定，书于版册，轮流奉祀，其余弟侄未及，以俟后编。嗟乎！人生唯仁义礼乐四事而已……虽寒族贫家，而仁义礼乐不可以不兴，否则不可谓之人也！

这种建立宗族的取向，正如前面已经指出的，与明初实行的户籍登记制度配合起来，对后来乡村社会整合方式的选择有着深远的影响。大致到了明代中期，设立族田、编修族谱、修建祠堂的风气逐渐兴盛起来。

由于资料的限制，我们对明代中期珠江三角洲地区族谱修撰的情况知之甚少。不过，在明代广东地区著名学者陈白沙先生的文集中，收录了几篇他为本地一些大族编撰的族谱所作的序文，可以帮助我们了解到一些情况。以下是其中两篇序文的摘录。

《汤氏族谱序》曰：

汤氏，邑之著姓也。自言先汴人，随宋南渡，居岭南南雄。世远失传，今以始自南雄迁古冈曰统者为一世祖。统以上无考。谱亡于元季之乱，续之者唐府伴读八世孙有容也，退庵邓先生序之。予惟世家之谱可观，不援不附，如汤氏，亦良谱也。内则贤妇女，外则贤丈夫，相与修缉维持，既亡而复存。汤之子孙念之，亦允蹈之。

《绿围伍氏族谱序》曰：

伍氏系出汴梁，先世有仕宋为岭南第十三将，卒于官，遗其二子，新会遂有绿围之伍，日朝佐，日朝恺，今为绿围始迁之祖。而

> 氓又始迁之祖师自出，所谓第十三将者是也。氓以上世次莫详，今断自可知以氓为第一世。自氓而下，或隐或仕，垂三四百年。

陈白沙为之作序的这两个家族，都是明代新会县的大族，但当时他们编撰族谱时，所能记述下来的世系，都只能追溯到宋代的入粤祖，汤氏声称他们原来有谱，但亡于元季之乱，伍氏则未提及原来是否有谱。但无论如何，这些大族在明代前中期编撰族谱时，所能追溯的祖先只到宋代，再往前往往就无法考查了。正因为如此，陈白沙对于当时一些人攀附家世的做法是很不以为然的。他在《周氏族谱序》中这样写道：

> 公以弘治己酉始至白沙。未几，公复来，与言家世缨簪，以其族之谱请序，以付梓。予以不敏弗许。数载之内，屡致书嘱邦伯东山刘先生、按察使陶公，交致其恳。既而，公复以书来，曰："吾周氏自昭信以上居洛阳，世次无考。令谱断自可知，以昭信府君为第一世祖，其不可知者阙之，不敢妄有攀附，以诬先代而诳后人。先生幸为某序之，将无负于先生之言。"某于是不敢复以不敏辞于我少参公，而嘉周氏之谱不务穷于远，为信谱也。

陈白沙这样说，显然是在表明一种态度，如果有人在当时编撰的家谱中追溯到很久远的世系，他是绝不相信的。他一再强调只有不援不附的，才是"良谱"。他痛诋当时攀援附会的风气，认为，"务远之详孰信，好大之同自诬"，他说：

> 家之谱，国之史也。本始必正，远近必明，同异必审，卑而不援高，微而不附彰，不以贵易亲，不以文覆愆，良谱也……修谱者不知世之重也，援焉以为重，无实而借之词，吾不欲观也。

所以，当《周氏族谱》请他作序时，开始他并不答应，直到后来周氏申明了早期世次无考，"其不可知者阙之，不敢妄有攀附"，他才应允。很明显，生活在明代前中期的陈白沙很清楚当时一般的家族编撰家谱时，不太可能把远代的世系记录下来。当时能够“不务穷于远”的家谱，才被陈白沙这样的士大夫接受为“信谱”，这也许暗示着一点事实：在明代前期，人们都很清楚，一般家族编撰族谱的时候，所能追溯到的世代不可能比宋代更早。所以，在明代中期以前编撰的家谱，其世系一般都只能追溯到入粤祖或始迁祖，更早的祖先，多不能知悉。

由这些片断的事实我们知道，一直到明代中期以前，像我们在近世可见的到处都是可以把祖先追溯二十多世甚至数十世的宗族，在珠江三角洲地区应该还不是很普遍。不过，由上引陈白沙序文中讲到的情况我们知道，这时已经有人建立了上溯十数世的谱系记录，而妄附之风也开始滥觞。当时最重要的转折，是嘉靖初年朝廷礼制改革。这次礼制改革的一个直接后果，就是社会上士庶之家，纷纷建立家庙祠堂，编撰族谱，并一步一步把祖先的系谱建构起来。明白这个转变和发展的历史背景，对本文讨论的题目至关重要，有关这个转变，科大卫已经有非常精彩的讨论，本文不再展开。①

六、小结

上面几节，我们已经交代了一些最重要的历史背景，现在也许可以进一步解读珠江三角洲族谱中有关祖先系谱和历史叙述，究竟记录着怎样的宗族历史了。为了方便讨论，我们不妨先回到第二节所举的例子，把顺德竹园冯氏的祖先世系简化为如下所示，并根据以上各节的讨论把与这个宗族的祖先系谱相关的历史背景也简单标示出来。

---

① 参见[美]科大卫：《祠堂与家庙——从宋末到明中叶宗族礼仪的演变》，载《历史人类学学刊》，2003，1(2)，1～20页。

世次	系　谱	族谱记载	历史背景
一世	文泽	由钱塘迁南雄	宋以前：传说时代
二世	福垣	由南雄迁新会	
三世	△		
四世	△		宋元前：珠江三角洲开发初期
五世	△		
六世	处士　宣义	定居顺德大良	明初：编户入籍，以屯田为基本方式的垦殖开发
九世	中庵	始建祠堂	明中叶：士大夫化、建立宗族

我们已经指出，这样的宗族历史叙事的结构，大致上是珠江三角洲地区的族谱中有关宋明间祖先历史的基本结构，如果我们把这一历史叙述的结构，置于明代珠江三角洲土地拓殖、定居、入籍以及建立宗族的历史背景下，不难发现，这样的历史叙述讲的是宋明之间的历史，投射出来的却是明代中期的社会历史现实。同样以顺德冯氏宗族为例，简单地说，这个宗族的历史，其实是从九世开始的，在九世建立制度化宗族的时候，他们对定居祖(在这个宗族是六世)有清晰的记忆，这不仅因为定居祖只相差了四代，更因为他们在政府登记的户籍是六世开始登记的，即使他们亡失了，也可以从政府户籍中查出来。① 至于定居祖以前的世系，很可能主要根据他们在开始编写用文字书写的族谱之前的口述传统，因此在大多数族谱中，最早几代祖先的名字往往较为简陋、混乱，甚至亡失，而且很多情况是几代单传，一般也只能上溯三五代。传说中的南雄珠玑巷南迁的祖先，大致就是这种口述传统流传下来的记忆。不过，这个时候，珠江三角洲的大族已经广泛流传着祖先来自珠玑巷的传说，所以，这种口述传统的历史记忆附会到珠玑巷南迁传说就是很自然的了。

---

① 《(顺德沙滘)陈氏族谱》中有一个很好的例子：弘治六年(1493)，该乡的乡民因为经历了黄萧养之乱之后，祖先名字亡失了，于是，“排年三十余人，在县陈告，取文送布政司，开库揭查洪武至正统(黄册)”。

这些宗族要重构他们宋明间祖先的历史，常常都会以附会珠玑巷传说为中心，以重新整理祖先的谱系和迁移与定居的历史。当时人们建构祖先谱系的共同目的是：第一，宗族的系谱和历史能证明他们的祖先来自中原，并非土著；第二，证明祖先从来生活在陆上，并非疍民；第三，他们是有合法的户籍来历的；第四，部分宗族还可能用来证明自己是民籍，以脱离军籍。由于本文目的只是提出一个尝试从叙事文本去解读社会历史事实的例子，就不在这些专门的课题上展开了。

原载《东吴历史学报》，2005(14)

附录三　边缘的中心

——“沙田—民田”格局下的沙湾社区

传统中国是一个多元而又高度整合的社会，中国传统乡村社会的社区研究，总是会把研究者的视野引到超越该社区范围的社会空间，研究者虽然以小社区为研究对象，但目光总是从小社区出发，投向从国家模式到市场体系，从权力架构到文化网络的视野。研究者相信，社区历史必须置于广阔的社会脉络中，才能够解读；而没有小社区的研究，也很难对传统中国的国家整合机制和社会变迁模式有深入的理解。但在传统中国中央集权政治体制和国家观念支配下，研究者不管是否采用“中心—边缘”的分析架构，均难以摆脱这种模式的思维逻辑，并很自然地从地理空间和政治行政体系的角度，由既是地理中心又是政治中心的京城出发，循着行政权力的层级和地理空间的层次，去理解中心和边缘的关系。本文考察的广东番禺县沙湾镇①，位于珠江三角洲的腹地，以地理位置而言，无论是相对国家政治中心，还是相对从省到县的行政中心，都处在非常边缘的位置。而且，在珠江三角洲“沙田—民田”格局下，沙田区一直被民田区的人们视为“边缘”，而沙湾则正处在沙田区与民田区交界的“边缘”，正是这种“边缘”的地位，形成了沙湾社区的“中心”特性。本文试图从珠江三角洲地域社会格局去解释沙湾社区的特性，以期说明，如

---

① 本文的讨论主要以20世纪80年代末90年代初，我们在广东省番禺县沙湾镇进行的一次以传统乡村社会历史为主题的田野调查的资料为基础，组织和参与这次调查的有科大卫、萧凤霞、叶显恩、戴和、陈春声等先生，本文许多想法也得益于和他们的多次讨论，但所有的事实和观点的错误均应由笔者自己负责。

果我们把“中心—边缘”模式理解为一种权力关系的话，那么，在地理上的边缘地区，中心的权力如何得以建立，通过这种权力的表达建立起来的“中心”，如何在地方社会建构起“中心—边缘”关系，这对我们认识传统中国国家整合的基本模式具有重要的意义。

一、珠江三角洲的“沙田—民田”格局

清代以来，珠江三角洲地区有“沙田区”和“民田区”之分，我们今天要凭直接的观感去了解这种区分，不妨选择三条不同的路线，驱车从北到南穿过珠江三角洲的腹地，这种空间格局的外部景观可以让人留下深刻的印象。这三条路线，一是从广州经佛山、鹤山到新会；二是从广州经番禺，走广(州)珠(海)东线到中山；三是从广州经番禺，然后转向西南，经顺德大良、中山小榄转往江门、新会。

第一条路线，在错落起伏的低矮丘陵和一条条河道之间的平原穿越。在丘陵地区，分布着一块块大小不齐的稻田，而在平衍之地，则是成片成片鱼塘。沿途经过密集的村落，每个村落的村头总是有一棵大榕树，似乎在向过客炫耀这些村落久远的历史，黑瓦屋顶、青砖墙，透露出这里乡村的古朴，村中总有几间规模不算大的庙宇和祠堂。这就是珠江三角洲最早开发的地区，人们把这些地区称为民田区(又称“围田区”)。

而在第二条路线，即广珠东线经过的大部分地区，我们看见的是一望无边的冲积平原，在广袤的稻田或甘蔗田中间，栽种在纵横绵亘的堤围上的树木或竹子形成了一条条似乎没有尽头的绿色长带，一间间低小简陋的房子(在 20 世纪 70 年代以前主要是茅屋)沿堤围而建，形成了所谓线状聚落的乡村，这些村没有祠堂，也没有庙宇。堤围下面一条条纵横的河涌，构成了这一地区的主要交通线和排灌系统。这就是珠江三角洲的大沙田区。

在以上两条路线中间，是一条由东北向西南斜穿的路线，在沿线我们可以在丘陵台地和广袤的沙田之间，看到不少颇具规模的大村落，有

些规模几乎相当于一个城镇。这些大村镇里面，不但有数量众多的祠堂庙宇，而且往往有数间规模宏大的祠堂，向人们炫耀着这些村镇的富有。但一走出这些村镇，又见广袤的沙田和在沙田上那些只有低矮房子的新村落，这些地区大多属于民田区与沙田区的接合部。

这种特色鲜明的自然与人文景观差异，呈现了珠江三角洲一种很独特的地理空间：大致以上述第三条路线为界，东南部是"沙田区"，西北部是"民田区"。这两个区域不但土地的自然形貌显著不同，而且在生态环境、聚落形态、产业结构、经济关系、社会结构和文化面貌等各个方面都有明显的区分。

在字面意义上，珠江三角洲的所谓"沙田"，指的是由江河带来的泥沙冲积而成的土地①，所谓"民田"，则指按照民田科则征纳田赋的土地。这两个字面意义看起来并不对称的术语②，被用作两类田地以至两个不同地理区域的分类概念。说明这两个概念具有比它们字面意思更丰富、更复杂的内涵③。而且，在珠江三角洲的所谓"民田区"，大部分的田地其实也是淤积平原。沙田区和民田区的区分，并不简单地只是土地自然

---

① 关于什么是"沙田"以及沙田形成的过程，参见谭棣华：《清代珠江三角洲的沙田》，5～9页。

② 其实，作为一个与"民田"相对称的概念，"沙田"并不是从它的自然属性来定义的。如果我们考察这两个词成为一对用来指称不同土地和区域的概念的来历，可以知道，它们其实都是从政府征收赋税的角度来定义的。光绪十二年(1886)定《清查沿海沙田升科给照拟定章程》规定："然沙坦与民田，历年既久，壤土相连，即各业户，食业有年，自问亦未能辨别。现拟就税论田，如系升税，即属沙田，如系常税，即系民田，如有田无税，则显系溢坦。"如果要详细了解这两个概念如何形成，需要专门就明清时期的赋役制度和清中叶至民国时期清理整顿沙田租佃和赋役的一系列政策作详细考察。这个问题的讨论，本文篇幅不能容纳，只能先作说明，日后当另作专题讨论。

③ 刘稚良《沙田志初稿》(载《中山文献》，第2辑)有一段专门讨论沙田与民田的区别。他所论主要是中山在民国时期的情况，认为沙田、民田的区别"具有地质的、区域的、历史的意义"。并且指出当时地方政府只是根据土地的自然性质去区分沙田、民田，是"偏于理论，忽于实际，更昧乎本县历史习惯，未足以言划分，且有治丝益乱之感"。

形态的差别，而是在地方社会的历史过程中形成的一种经济关系，一种地方政治格局，一种身份的区分，甚至是一种“族群”认同的标记。两个区域之间，除了自然形态的差异外，更存在一种独特的控制与被控制的关系。所有这些，都透过一种界限分明的地理空间格局明显地呈现出来。这是一种交织着生态、政治、经济和社会文化因素的空间关系。透过形成这种空间格局的社会文化历史过程，才能够对这种空间格局及其所包含的复杂的社会文化意义有比较深刻的了解。

在珠江三角洲的乡村，人们常常用“埋面”和“开面”两词来指称“民田区”和“沙田区”的村落，这两个词在广州方言里的字面意义接近于书面语中的“里面”和“外面”，在一定意义上表达了当地人心目中的“中心”和“边缘”的观念。同时，人们还会用“埋面人”和“开面人”的称谓来区别那些住在民田区拥有控制沙田资源权利的人们和在沙田区耕种沙田的农民，含有基于社会身份差别的社会歧视含义。当然，“埋面”“开面”作为一组相对的概念，并不是一种僵化的标签，有很强的不确定性和相对性。关于这一对概念的社会和文化意义，这里只作简单的讨论。

虽然沙田本来是指由江河淤积形成的土地，但明清时期沙田的开发实际上多以人工加速淤积的方式进行，这种人工造田的方式导致了两个重要的发展。

首先是明代以后沙田的形成速度大大加快，使沙田很快向外延伸到距离原有的村落比较遥远的地方。清代顺德人龙廷槐描述了这种沙田远离村落的状况：

> (沙田)地濒大海，去乡村远者，数日之程，近者亦有一日。耕者既费舟楫之力，若遇飓风及旱，而潮卤不熟矣。①

其次是随着沙田的开发向外延伸，居住在这些村落中的居民要到逐渐远离村落的沙田耕作，就不能像耕种那些在村落附近的田地那样日出

---

① 龙廷槐：《敬学轩文集》卷1，《与瑚中丞言粤东沙坦屯田利弊书》。

而作，日落而息。屈大均曾经描述过他的家乡耕种沙田的方式：

> 广州边海诸县，皆有沙田，顺德、新会、香山尤多，农以二月下旬，偕出沙田上结墩。墩各有墙栅二重以为固。其田高者牛犁，低者以人秧莳，至五月而毕，名曰田了，始相率还家。……七八月时耕者复往沙田塞水，或塞簄箔，腊其鱼虾蟮蛤螺蜆之属以归。①

这种季节性的出外耕种沙田的方式，显然是小农的耕作方式。明代中期以后，人工开发沙田和沙田增长速度加快，开发规模扩大，导致了另一个重要的发展，就是沙田越来越被豪强大族控制和垄断。本来，沙田是"以地力涨生无主之业"，根据明清时期的土地开垦政策，经人力开垦出来的沙田，应该为开垦者所有。但正如陈翰笙先生调查结果显示的那样，直到民国年间，"在沙区这个最肥沃的农业区里，八万五千余户几乎没有一家自有土地"②。可见，沙田在地理上不断向外扩展，远离村落的同时，新开发沙田的控制权却一直掌握在那些居住在大村落的居民手上。明代中期以后，占有沙田的主角，多是所谓的"豪右"。而"豪右"所霸占的，不只限于已开发成熟的沙田，更重要的是，他们通过霸占沙骨、鸭埠、罾门等正在形成中的浅海滩涂，直接从原来依赖这些自然资源的疍民手上剥夺了他们的生计，从而垄断了潜在的沙田开发权和占有权。③这样一来，新开发出来的沙田，不管后来实际投资者或者开垦者是谁，其所有权从一开始就被势豪所垄断。

这些沙田的占有者，绝大部分都属于聚居在山丘边上或明初以前成陆的老三角洲地区村落的大族。如顺德香山之间的西海十八沙和东海十

---

① 屈大均：《广东新语》卷2，《地语》。

② 陈翰笙：《解放前的地主与农民——华南农村危机研究》，25页。

③ 嘉靖《香山县志》卷3《政事志》："本县沿海一带腴田，各系别县寄庄，田归势豪，则田畔之水埠，海面之罾门，亦将并而有之矣。"又参见[日]西川喜久子：《关于珠江三角洲沙田的"沙骨"和"鸭埠"》，见叶显恩主编：《清代区域社会经济研究》下册。

六沙，基本上属顺德、南海、番禺、香山的大族和地主占有；番禺三角洲的大沙田，也大多是番禺、顺德、东莞的公尝或大地主的产业。这些霸占着大量沙田的地主，居住在距离沙田相当遥远的村落，甚至连自己的沙田所在位置也不清楚。① 他们绝不会像上引屈大均所言，一年用好几个月时间，到远离村落的沙田上去结墩耕种，而大多是依赖承佃沙田的佃户，雇募沙田区的贫困农民作为耕种沙田的主要劳动力。② 事实上，在远离村落的大沙田区，沙田的直接耕种者绝大部分都不是那些大村落中的居民，而是原来在这一带依赖浅海资源为生的所谓“疍民”。在沙田形成的过程中，原来在水上以舟楫为家，在浅海滩涂和大小岛屿上以捕捞海产为生计的疍民们，因海面的淤积成陆而生存空间日渐缩小，故随着沙田的开发而逐渐转为从事农业耕种。如龙廷槐所描述：

迩年，农疍十室九空，海利既并于豪强，鱼虾亦匮于网罟，止有耕种一途，藉支旦夕。有赀本者，尚可赁田力作，无赀本者，唯凭佣耕糊口。③

这样一来，沙田越来越多为豪右大族控制，而直接生产者又越来越多是原来在水上漂泊的疍民，这就逐渐形成了沙田的开发和占有权属于居住在老三角洲地区的居民，而沙田的直接耕种者则是在沙田地区流动的贫民的格局。正如道光《南海县志》卷16《江防略二》中所论：

海坦围圈，或以庐墓为辞，乃饰说耳。粤人安葬，最讲堪舆，淤积之地，全无气脉，掘及尺余，即见咸水，曷敢埋骨。且离村庄

---

① 屈大均《广东新语》卷2《地语·沙田》：“田主不知其田之所在，惟田客是问。”

② 在沙田业主与直接生产者之间，还有多重的租佃和雇佣关系，由于本文非讨论沙田的经营方式，故在此不赘，请参见谭棣华：《清代珠江三角洲的沙田》，103～122页。

③ 龙廷槐：《敬学轩文集》卷12，《拟照旧雇募守沙议》。

邈远，种禾尚有海盗之虑，讵敢筑室而居。业者固居乡中大厦，即家人佃户，亦不出乡，其于田者，止受雇疍户贫民，佃户计工给足米薪，驾船而往，出入饮食皆在船中，无须庐舍。其或有者，则系厌谷利薄，而筑基种果，数顷之广，止敝庐一二间耳。卖果已毕，则席卷而归。

在这种格局下，居住在大村落里的居民，很自然把在村落外面的沙田区视为“开面”（外面），而他们聚居的村落就成了“埋面”（里面）。在“开面”耕种沙田的疍户与雇工和“埋面”的占有沙田的居民与为他们经营沙田的佃户①在身份上有明显的区分。这种区分的一个重要基础，就是在明代以后豪强大族在沙田开发过程中所拥有的社会身份和文化上的优势。

豪门大族沙田开发垄断权的形成，与明代中期以后在以下几方面的发展相联系②：一是在老三角洲地区的村落和乡民，逐渐形成了一定的财富积累，经济实力不断增强。③ 二是在这个地区，出现了一批获得功名的士大夫，这些士大夫及其家族，在明中叶的时候，成为一种在地方社会最有影响的势力。④ 三是很多本来身份低下的军户，通过种种政治的和文化的手段，发展成为当地的大族。⑤ 四是很多在明初开始开发的

① 这里所谓“佃户”，是指从沙田业主手上佃出土地后，再分租出去或者雇工耕种的土地经营者，参见屈大均：《广东新语》卷 2，《地语·沙田》。

② 反映这几方面发展的一个很典型的例子，是曾经成功地推动顺德县设立的顺德北门罗氏宗族的历史，见[日]西川喜久子：《〈顺德北门罗氏族谱〉考》，载《北陆史学》，1983(32)、1984(33)。

③ 中山小榄的何仰镐先生根据他年青时候所见文献和见闻，在 1964—1965 年撰写过一份题为《据我所知中山小榄镇何族历代的发家史及其他有关资料》，20 世纪 80 年代笔者访问何老先生时，他把这份手稿提供给笔者复印，手稿中关于小榄何氏财富积聚的过程，有很详细的记录，其中明代部分参见该手稿第 36～44 页。

④ 参见罗一星：《明清佛山经济发展与社会变迁》，81～96 页，广州，广东人民出版社，1994。

⑤ 参见《（香山小榄）何舄环堂重修族谱》卷 1。

屯田落到了“豪右”之手①，或者原来的屯田军户成为“豪右”②。五是基于上述变化，在沙田开发和商业化的经济基础上，在老三角洲地区，乡村中发展起来的宗族组织，成为控制土地的主要形式。③

明中期以后，占有沙田的豪门大族与元明之间那些地方豪强的身份不同，他们霸占和垄断沙田占有权所依凭的，是一种与国家的正统性相联系的身份或资格。在南明政权官至兵科给事中的顺德人陈邦彦曾经对珠江三角洲沙田开发过程中的资源争夺有如下论述：

> 臣乡田多近海，或数十年辄有浮生，势豪之家，以承饷为名，而影占他人已成之税田，认为己物，业户畏之而不敢争，官司闻之而不能直，此所谓“占沙”也。及至秋稼将登，豪家募召打手，驾驶大船，列刃张旗，以争新占之业。其后转相摹仿。虽夙昔无因者，皆席卷而有之。耕者之少，不敌抢者之多，甚或杀越折伤而不能问，此所谓“抢割”也。斯二者，小民积怨深怒，皆归咎于乡绅。乡绅读书知义理，受国深恩，其身为不肖者，固无几耳。乃其间或有子弟仆从之蒙蔽而不及知，或戚属奸徒之诈冒而不可诘，小民赴诉其门，则主人如帝，门者如鬼，未尝为之深察其颠末。当去冬寇犯郴桂，民言无嘉，至有愿寇之来与乡绅俱毙者。④

按照一般的逻辑，沙田本来是由海中浮生出来的土地，沙田的直接

① 黄佐《香山县志》卷3《政事志》：“……军殁。田遗代种转佃，为豪右暨更泯所夺者有之。”

② 黄佐《香山县志》卷5《官师志》：“缘海诸屯，卫帅横暴为民害，往往择民膏腴田，诬以荒废，据占自利。”又，《岭南冼氏宗谱》卷3之6《分房谱·大朗房》载该族户籍之一是：“一百一十九户八甲冼永兴户，屯田军籍。”又云：“本房一世至三世皆单传，四世生三子，五世而科名崛起，六世家业益隆，田连阡陌，富甲一镇。既广购田宅，故多立户籍以升科。”

③ 参见 David Faure, “The Lineage as a Cultural Invention: The Case of the Pearl River Delta”, in *Modern China*, vol. 15, no. 1, 1989。

④ 陈邦彦：《陈岩野先生集》卷1，《中兴政要书》。

开发者理应就是沙田的业主，文中所谓“业户”可能指的就是这类人。但实际上，“势豪之家”往往会以“占沙”和“抢割”的形式将沙田占为己有。而这些势豪之家所依赖的，一是暴力，二是乡绅的身份或背景，三是“承饷”。暴力虽然可以是达到目的的直接手段，但并不会使目的合法化和稳固化，要获得沙田的控制权，似乎最重要是具有“乡绅”的身份和“承饷”的责任，即以向国家承担纳税义务为前提，从而使沙田控制权合法化。明代中期家中拥有大量沙田的南海士大夫霍韬曾针对沙田争讼建议：

> 如遇沙田之讼，按其值曰：若田何年报税，果真报税，按籍给之；无籍没官召买。若曰，吾所承业，从某户某田崩陷代补者也，则奸民之尤也，勿听，仍没之官，则奸难售，讼可省矣。是听沙田之讼之策也。①

虽然这只是霍韬的意见，不是实际执行的情况，但霍韬提出这一建议，是基于一个当时大家认同的前提，即没有报税的无籍土地，其占有权的合法性是不能得到承认的。值得注意的是，有人可能会以“吾所承业，从某户某田崩陷代补者也”为由，证明自己占有的合法性，更说明开立用于登记田地的户籍，是土地占有合法化的依据。这样一来，在明初被收集为军户，被编入里甲以及由于屯田而定居下来的村落和家族，自然有着特别的优势，而他们在明代中叶以后努力按照士大夫的文化价值去改造乡村，建立宗族的文化行为，更使他们获得维护和强化这种控制土地资源的资格。

因此，珠江三角洲的历史过程中形成的“沙田—民田”空间格局，实际上是一种体现在资源控制上的政治权力和文化认同的格局，在这种格局下，聚居在明代初年以前形成聚落的民田区的大族对沙田的控制权日趋稳定，在沙田区的直接耕种者无法挑战这种控制权。如清代后期有地方官员所言：

---

① 霍韬：《渭厓文集》卷10，《两广事宜》。

> 臣风闻粤东濒海州县，每于海潮退后，水涸成滩，名曰沙地。东塌西长，历年已久，数逾巨万，向经当地绅衿侵占，据为私产。附近小民平日畏其声势，沾其余惠，匪特不敢与争，而且为其所使。①

这种控制权与其说是基于暴力或政治权力，不如说是基于文化上的霸权，这种文化霸权当然也同时以经济上的实力和政治上的威势为依据。但是，如果我们能够进一步考察在沙田民田这种看似凝固的空间格局下面，隐藏着很活跃的社会流动的暗流，就可以看到，在当时的社会经济环境下，任何社会成员在经济上的实力和政治上的威势都是可以变动的，而在经济和政治地位上升了的社会成员，也必须用同一套文化符号，利用同样的文化象征来获得和稳固自己政治经济的权力。“民田—沙田”的空间格局，体现的不过是这样一种文化权力结构罢了。我们透过沙湾的社会历史，可以更多地了解这种空间格局和权力结构的内在性质。

二、沙湾的社区

沙湾，位于广东省番禺县(新近改为广州市番禺区，但为讨论方便起见，本文仍沿用过去的建制，称番禺县)的西南部，北距广州市区(亦即古代的番禺县治)约30千米，与今天的番禺县城市桥镇相隔只有5千米，西面与顺德县接壤，其地理位置正处在珠江三角洲沙田区与民田区的分界线上。在民国以前，沙湾以控制大量沙田，富甲一方而成为珠江三角洲远近闻名的乡镇。

按今天的行政区划分，沙湾镇包括了17个行政村(管理区)，但习惯所说的沙湾，只是指现在镇政府所在地的聚落单位，民国以前称为本善乡。这一乡镇聚落在1949年后虽然划分为东、西、南、北四个行政村，

① 《同治五年初详清丈沙田章程》，见加拿大英属哥伦比亚大学藏手抄本《广东清代档案录·沙坦》。

但无论是在人们的观念上还是在实际的社会生活中，仍然是一个保持着高度整合性的社区。整个社区的聚落面积在 20 世纪 90 年代初之前占地约 1 平方千米。根据 1988 年的统计，沙湾镇内的居民有 4051 户，16065 人，其中农民和城镇居民各占一半左右，整个社区在各个方面都同时具有城镇和乡村的特征，以至我们常常为称之为沙湾镇还是沙湾乡而踌躇。

民国以前，在沙湾，被视为当地人的居民，主要分属于何、王、李、黎、赵五大姓，在社区内有一百多间分属于五大姓的宗族祠堂，各姓均有一间至数十间祠堂不等。祠堂最多，规模也最为宏敞的是何氏的祠堂。据统计，何氏的祠堂多达 87 间，其中大宗祠何留耕堂是珠江三角洲远近闻名的祠堂建筑典范之一。王氏的祠堂也有 12 间，李氏、黎氏则分别有 7 间祠堂，虽然远少于何姓的祠堂，但同中国大多数地区的宗族相比，也不算少了，唯有赵氏只有 1 间相对较小的宗祠。各姓拥有祠堂数目的差别，大体上与各姓在社区中的地位和势力相一致。

沙湾的聚落，依傍在以青萝嶂为中心的一片低丘台地的边缘，西北面是山坡地，东南面则是冲积层，建筑群沿着山势由西南向东北伸展成一梭形，南北最宽处约 600 米，东西长约 2100 米。全社区共有 30 多条大街和将近 300 条小巷，除市中心的安宁市外，分为 17 个街区，习惯上称为一居三坊十三里，它们是翠竹居、市东坊、亚中坊、侍御坊、文溪里、三槐里、忠心里、萝山里、亭涌里、石狮里、官巷里、承芳里、经述里、第一里、江陵里、东安里、西安里。其中，王姓比较集中居住在三槐里和文溪里，李姓主要居住在文溪里和市东坊，黎姓聚居在经述里，赵姓人数很少，其唯一的祠堂坐落在江陵里，何姓则遍居于包括上述各里在内的所有坊里。

1949 年以前，沙湾的居民相当大一部分是地主或“耕家”，据说土改时被划为地主成分的有数百户之多。在沙湾南村，有一种说法：如果你站在大街上，手持长竹竿，横扫一通，打中的都是地主。沙湾很多从事农业经营的居民，他们或者拥有自己的土地，或者自己没有土地，靠承佃宗族或他人的土地，但他们的身份和社会地位，与是否占有土地没有直接的联系。农业经营者有几种不同的类型，第一种是耕种附近的旱地和水田的小农，第二种是耕种附近沙田的农户，第三种也是最重要的，是那些在当地称为“大耕家”的农业经营者，他们大量从本地以至外乡的大族手上大规模批耕(租佃)沙田，再转租或雇工经营。本地居民的主要经济来源，无疑是依赖从沙湾东南方的沙田收取的地租。一位在1949年以前拥有大量沙田的何姓老人告诉我们，沙湾何姓即使关起门来三年也不会饿死，意思是他们的地租收入是相当可观的。依赖大量的沙田收益，1949年以前的沙湾基本上是一个消费型的社会。据统计，20世纪30年代以前，沙湾的各种店铺有：银铺10间，布匹店3间，百货店3间，制饼店8间，茶楼7间，甜品店4间，猪肉铺7间，鱼档10多档，谷米铺15间，文具纸料店10间，烧腊卤味店4间，药材铺11间，粉面粥品店12间，夜餐馆4间，首饰店2间。① 这些行业很显然都是为镇内居民消费服务，其数量之多，反映出居民消费力之强。早在1926年，沙湾已经有经营电话、电灯的业务，也说明当时沙湾的居民有比较高的消费能力。

沙湾的居民也大量外出经商，在广州、香港的沙湾人据说比留在乡下的还多，在沙湾西面的大商业市镇陈村，也有很多沙湾人开设的商业机构。

除了五大姓之外，居住在沙湾的人口还有很多被称为“杂姓”的“外地人”，但其实有不少已经在沙湾居住了几代。这些杂姓有些是大姓的奴仆，有些是外来从事小生意的居民，也有的是租佃沙湾附近土地的农民。根据我们在当地访问时的感觉。“杂姓”在沙湾居民中其实人数并不少，但他们一直以来都被视为外地人，在社区事务上没有任何权利。

清末民初，沙湾的正式名称为“本善乡”，管理全乡事务的行政机构是“仁让公局”，公局由大姓推举的士绅组成。公局的主持者在清代是保正，民国时期是乡长，照例由何姓的人出任，日本人占领时期则由当地

---

① 参见番禺县沙湾镇建设委员会：《番禺县沙湾镇(本善乡)建设志，1930—1988》，手稿本。

称为“大天二”的地方豪强把持。[①] 在仁让公局下，社区权力的运作有两个系统：

一个是宗族组织，例如何姓，大宗祠何留耕堂是举行祭祀仪式的场所，是宗族权力的象征；另设树本堂为管理族内事务的行政司法机构，设立大宗馆为管理族产的财政机构。何氏宗族还组织了一队“更练”维持镇内治安，在沙田区装备了一支护沙队。在清末和民国时期，沙湾何族不仅在乡中办了书院、小学、中学，还在广州建了数间书院、武馆，同时资助广州两所中学供何族子弟读书。清末以后，还曾先后由宗族开办过工艺传习所、医院、贫儿院、民众教育馆等福利机构。何氏宗族组织的这些社会职能，差不多扮演了一个地方自治政府的角色。

另一个是坊里的系统，各坊里都有某种形式的组织，并以“合会”等形式建立起坊里的共有财产，组织“更练”维持治安，由推举出来的理事管理本坊里的事务。

同珠江三角洲其他地方宗族之间常常有深刻矛盾的情况相比，沙湾几大姓之间的关系还算融洽，但宗族之间也存在明争暗斗。在明代末年和清代，王姓、李姓与何姓就为争夺沙田展开过尖锐的争斗，王、何之间为此积下世仇，据说在何氏的族谱中就有“万代冤仇王世业”的训诫，过去王姓与何姓曾经有不通婚的历史。

要明白沙湾这类社区的独特性，需要比较一下在地理上与这些聚落紧密相连的沙田区的情况。和沙湾这样在政治、文化和社会身份上掌握了正统性资源的村落与宗族形成鲜明对照的是，在沙田地区，长期以来，几乎没有形成什么乡族聚落。虽然明清时期沙田开发非常迅速，但在整个沙田区，极少有村落形成。清中后期，出现了一些为经营沙田设立的“耕馆”，以耕馆为中心，开始有一些聚落，但这些聚落仍然和民田区有

---

① 参见 Helen Siu，“Subverting Lineage Power：Local Bosses and Territorial Control in the 1940s”，in David Faure & Helen Siu eds.，*Down to Earth*：*The Territorial Bond in South China*，pp. 188-208。

明显的差别。近代有人这样描述民田区和沙田区两种村落面貌的差别:

> 广东农村多聚族而居，如外海之陈，沙湾之何，数万兄弟，同居一村最为繁盛。而数千数百者则随处有之……惟沙面各农村则不然，多是各族杂居，完全无姓氏之界限，甚至姓氏之观念。虽人口繁多如万顷沙，如渔涡头，亦不见一祠一厅。①

事实上，我们今天在沙田区所见的村落大部分是人民公社时期为集体出工方便聚集而成的。我们在这些沙田区的乡村考察时，既没有见过祠堂，神庙也几乎不存在。最值得一提的是，在沙田里耕种的农民，其实有相当一大部分是由民田区的村落中流散出来的贫困农民，他们虽然逐渐在沙田区定居，但是很多人仍坚持保留着与原居地乡族的联系。②可见以民田区的村落为基础的乡族联系，对于这一地区的乡民具有十分重要的意义，代表了一种政治上的权利，一种文化上的优势，一种正统性的身份。一些疍民出身的人，一旦在经济上发达起来，也往往要通过到这些大乡村或者“认祖归宗”，或者建立起自己的祠庙，以改变自己的身份和社会地位。“埋面”的乡村与“开面”的沙田的关系，形式上是中心与边缘的关系，实质上乃包含了在社会上和文化上区分不同的身份和权力的意义。像沙湾这样的超级乡镇，不但需要一整套维持社区整合的机制，而且要维持其在地域社会中的优势和中心地位，更需要在经济上、政治上和文化上的资源。这些资源是通过掌握和利用国家语言而获得的。下面的讨论也许可以帮助我们进一步了解这一点。

三、沙田控制的权利

讨论到沙湾作为一个区域性的“中心”地位，受施坚雅(William Skin-

---

① 邬庆时:《广东沙田之一面》，见《文史资料选辑》，第5辑。

② 例如，邬庆时《广东沙田之一面》提到:“禺南之大山乡及中村乡，各有壮丁万余，俱出外往各县沙田为雇农，逐渐移居。但每届清明时节，必回乡省墓。”

ner)的启发，我们自然首先会想到沙湾在地方市场体系中的位置，也许需要就此先做一点交代。清代以后，在珠江三角洲“沙田—民田”格局下，沙田区与民田区在产业结构上出现了明显的分工，民田区乡村中的商品性经济作物经营和手工业有明显的发展①，商品化形成对商品粮需求的显著增长，这是刺激沙田开发速度加快的重要因素，形成了沙田区以生产稻米为主，并向民田区供应商品粮的市场格局。沙湾虽然处在沙田区和民田区的交接处，镇内也曾有 15 家谷米铺，但沙湾并不是沙田区与民田区之间的商业中心。在沙湾东南方的沙田区中，有一个大岗墟，是沙田区粮食的主要集散中心；而在沙湾西边则有一个闻名珠江三角洲的城乡粮食交换市场中心陈村镇，沙湾居民中经营沙田耕作的“耕家”及从事粮食买卖和金融业的商人活跃在这两个商业中心，但沙湾镇在区域市场体系中，一直没有充当市场中心的角色。沙湾的“中心”地位，并不是由市场关系形成的，而主要表现在政治、文化和土地控制方面，突出表现在沙湾各大姓对沙湾东南方大片沙田的控制上，以及在此基础上形成的沙湾何族在地方上的政治权力和声望。

环绕着沙湾的西北和西南面，是一片名为青萝嶂的丘陵台地，属于北江水系的沙湾水道由西北向东南从这片丘陵台地的南边流出珠江口。在沙湾的东南方，是一片广袤的冲积平原，地理学家称之为“番禺冲缺三角洲”，是珠江三角洲内仅次于“中山冲缺三角洲”的第二大沙田区。在宋以前(10 世纪前)，沙湾所依傍的这块丘陵台地，还是一个海岛。② 它的西面，是北江主河道的入海口。由北江河水夹带来的泥沙不断冲积，使

① 参见叶显恩：《明清珠江三角洲商业化与墟市发展》，见《珠江三角洲社会经济史研究》，台北，稻乡出版社，2001。

② 唐代李吉甫《元和郡县志》载，“大海在府城(指广州)正南七十里”，也就是现在的大良、沙湾一带。当地人习惯称沙湾一带的丘陵台地为“小谷围”，称沙湾以北由大乌山至莲花山一线的丘陵台地为“大谷围”。据屈大均的《广东新语》卷 2 云：“下番禺诸村，皆在海岛之中，大村曰大箍围，小曰小箍围，言四环皆水也。”“谷”与“箍”同音，当地人听说的“大谷同”显然就是屈大均所说的“大箍围”。可见一直流传到今天的这些地名，亦证明了现番禺县的两大台地，古时曾是海岛。

北江河口逐渐向东南推移。到宋代(10—13世纪),青萝嶂的西面和北面逐渐冲积成陆,北江河口大致应在沙湾与顺德大良之间。于是,以青萝嶂为中心的这个古代的海岛,借西北面的冲积平原与大陆连接起来,成为一块突出在冲积平原上的台地。作为北江主流的顺德水道,在青萝嶂南侧入海。于是,在青萝嶂东侧的沙湾就成为北江河口旁的一处海湾,由于该海湾背向北江水流方向,在北江河口继续向东南推移的运动中,很自然地成为泥沙首先沉积下来的地方。这大概就是"沙湾"一名的来历。沙湾也就很自然地被珠江三角洲沙田的早期开发者选择为定居点之一,成为宋元以后发育起来的番禺沙田区的一个自然起点,为它后来发展成为一个控制着广大沙田的地域中心奠定了地理上的基础。

沙湾所控制的沙田的扩张过程已经很难清楚地了解。据说,何姓的沙湾始迁祖何人鉴在宋代来到沙湾时,居住在青萝嶂下大岗边,耕大岗边前面的田地,土名"润水围",面积约三顷。后来又再向南扩展,耕于梅湾之"南牌田",面积也是约三顷。进而转耕九牛石之潮田,尔后又渡过沙湾水道,向南面大沙田区的西樵、大乌头、南边埒至大小乌等地扩耕。至明代嘉靖年间,沙湾何族的沙田已扩展到尾沙(现鱼窝头区马克乡)。此后,"感悟其买田发展不大,造田发展可观之理,以是力向造田,以求土地之扩展焉"①。这一说法的根据虽然不是很充分,但这里所说的何族先祖到沙湾后扩张土地的过程,即先种岗边的地,然后耕种海湾内的潮田,以后再向东南方的沙田扩展,并由购买现成的沙田发展到人工造田的过程,大致是符合逻辑的。

在明初,有记载说进士何子海曾捐出沙田十五亩,"设为书田",以供子孙入学读书的资费。② 由此推测,这时沙湾何氏已经拥有一定的沙田。到明代中后期,沙湾何族的族产有了明显的增长,一份大约写于清

① 何汝根、而已:《沙湾何族留耕堂经营管理概况》,见《番禺文史资料》,第2辑。

② 参见宣统《番禺县续志》卷43,《余事志一》。

代康熙年间的《沙湾何氏留耕堂尝租簿序》中明确记载：

> 至嘉隆之朝，沙日积税日增，租赋倍于先代。递年尝租所入，除纳粮饷供祭祀各项外，有余分作甲田，以荫子孙之有室者，诒谋不亦善乎。初编为十甲，以十年为一周；继联为五甲，以五年为一周；继联为三甲，以三年为一周。

这里讲到族产收入的分配方法，是把全体宗族成员(按家族房派)分编为若干甲，逐年轮流收用。轮收的周期由十年缩短到三年，无疑是以族产的增加为前提的，如果考虑到宗族人口不断增加的因素，可推知其时何氏控制的沙田已有明显的增加。

调查资料表明，在沙湾何族控制下的沙田区附近，大部分居民点和围田基本上是在清代才出现的。① 沙湾镇政府收藏的《留耕(堂)各沙田总志》也很清楚地记录着，民国初年何留耕堂控制的沙田，大多数是清代前中期以后才向政府报承的。当然，报承的时间并不就是开垦围筑的时间，在明清，珠江三角洲的沙田大多被大族或地方上有权势者占有，有意隐瞒面积而不向政府申报登记纳税的情况相当常见。但从当时沙田地区的政治社会环境看，成片的沙田长期完全不向政府登记纳税显然并不明智，因为这一地区的大族之间经常为争夺沙田的控制权发生纠纷，如果没有通过报承从政府处获得合法性的认可，在诉讼时将会处于十分不利的地位。所以，被隐瞒的应该是部分面积数字，就成片的沙田而言，人工围筑一般是在向政府报承之后才开始的。清代嘉庆年间，居住在与沙湾相距只有十多千米的顺德县大良镇的龙廷槐，曾经比较详细地叙述过这一地区的沙田围垦过程，他写道：

> (凡)居民规度可以成坦者，报官承垦……准垦之后，俟其水势

① 参见曾昭璇、黄少敏：《珠江河道历史时代的变迁》，载《热带地貌》，1981(2)。

渐浅，人力可施，又合赀雇工赁舟运石，沉累海底……名曰石基……积之数年，或十数年，潦泥淤与基平，则又运石再累。至再至三。如是者又数年十数年，渐积渐高。于是潮退尽时，而坦形可见。①

根据他的说法，珠江三角洲的沙田，往往是在报承之后的数年以至数十年才逐渐成田的。不过，据邬庆时的说法，也有在沙坦积成之后才报官的。但即使在沙坦积成之后，也还是在所谓“鱼游鹤立”的阶段，仍在围筑成田之前。因此，沙田垦成的时间一般不会早于向官府报承的时间。

据叶显恩、谭棣华先生所见的《留耕堂祖尝契券各件汇记簿》记载，沙湾何族在近代占有的沙田中，在官府登记的最早记录，是在明代万历年间。即在万历十五年(1587)领赏蚝门沙 14 亩，乌沙、石项、铺锦沙熟田 1224 亩，万历四十四年(1616)与王姓构讼，经藩司丈出大小乌沙并新生沙(即高沙、西樵沙与白水坦)906 亩。② 这里所列的沙田土名中，乌沙与蚝门沙是前引《番禺县续志》中已经提到的，而《番禺县续志》所引《沙湾原始考》可能就是《(沙湾何氏)庐江宗谱》中所载的《原始考》(一些抄本中又作《居址考》)，这是一篇写于永历庚寅(1650)的短文，不足以作为何族在宋代已经控制了大片沙田的证据。作者完全有可能把沙湾何族当时占有的沙田附会成宋代始迁祖何人鉴买下的田产。事实上，沙湾何族通过开发和占有沙田建立大规模族产，应该是从明代中后期开始的。

明末清初，何氏宗族虽也受到奴变和迁海的冲击，但元气未伤，康熙八年(1669)展界后，“居虽辟莱，尝坦有增”，开发沙田更趋积极。如康熙二十二年(1683)，“工筑西樵上下二坝以广耕种”。从明末到清代前期，何族开发沙田主要集中在沙湾东南方的大小乌和西樵沙一带。从清

① 《广东文征》卷 22，龙廷槐《与胡中丞言粤东沙坦屯田利弊书》。

② 参见叶显恩、谭棣华：《论珠江三角洲的族田》，见《明清广东社会经济形态研究》，广州，广东人民出版社，1985。“乌沙、石项、铺锦沙熟田”在叶、谭文中写作“乌沙、石头铺、绵沙熟田”，相信为手写之误，今据《留耕各沙田志》改。

代中期开始，又进一步向东南推进，开发的重点转到白水潭沙和青罟沙一带。在沙湾何留耕堂，至今还保存着两个长 76 厘米、高 28.5 厘米、重约 70 千克的铁牛，铁牛身上铸有铭文，分别为“乾隆五十一年何思贤等置”和“乾隆五十一年何肯堂等置”。这些铁牛在开发沙田时作为产权地界的标志，一般在围筑之前就被沉入浅海滩中。据调查，这两个铁牛是在围筑白水潭沙和青罟沙时铸造的，而白水潭沙和青罟沙在何留耕堂的沙田中占了将近一半，所以这两个铁牛是沙湾何族在清代中期大规模开发沙田的有力见证。

《留耕各沙田总志》的记载还反映出，在清代已报承的沙田税亩面积中，大约有一半以上还没有成坦。考虑到这一文件只是何族内部使用的一份登记资料，似乎没有必要有意隐瞒已成坦的实际面积，这也说明，直到清末民初，沙湾何族所占有的沙田，仍在形成过程中。

根据这些情况，我们大致可以知道，沙湾何留耕堂所控制的沙田，在明末清初时(17 世纪中)，最多只有数十顷的规模。到康熙中期(18 世纪初)，开始超过一百顷。此后，开发沙田的活动愈趋积极，到清末，何族控制的沙田已经超过三百顷，进入民国以后，进一步增至六百顷，成为珠江三角洲地区拥有族产最多的大宗族之一。这还只是大宗祠的田产，何姓各分房也分别有自己的公尝，加上沙湾其他姓氏的宗族，加上私人占有的田产，我们可以想象沙湾的居民实际控制的沙田要比这个数字多得多。

沙田虽然是由江河水冲下来的泥沙长年沉积而成，但在珠江三角洲地区，近二三百年来形成的新沙田，“天然积成者少，大部分是人工造成”①，也就是人为地加速泥沙沉积的过程，并利用人工修筑的水利设施使其成为可耕地，这是珠江三角洲沙田形成的主要途径。沙湾何氏宗族所占有的沙田，就大多是人工造成的。以人力造成沙田的办法，主要有两种：一是雇人用船运石沉于珠江口附近的浅海，人工造成沙骨，加速

---

① 邬庆时：《广东沙田之一面》，见《文史资料选辑》，第 5 辑。

泥沙在附近沉积；二是在原有沙田的堤围外修筑石坝，横伸出海(江)面，使水停沙聚。由于采用了这样的措施，泥沙就可能在比较短的年限内沉积成潮退时露出水面的草坦。

沙田开发这一特点，引出一个问题，就是开发者如何保障自己对所开发沙田的开发权和控制权，尤其是很多实际开发的投资往往是由承佃人负担的。而向官府报承与沙田开成之间，还有数年以至上百年的时间差，在报承与成田之间，所谓“田”其实还是一片水面或滩涂。在这种状况下，控制权的获得和保障更多需要依赖在地方社会有权势者，而不是法权上的占有。

从沙湾何氏宗族的情况来看，沙湾何族开发和经营沙田的历史，同时也是与周围的其他宗族势力竞争的历史，他们之间甚至不止一次为争夺沙田控制权发生纠纷。所以，我们有理由相信，何氏宗族所控制的沙田，基本上都会在获得实际控制权的时候，就通过向官府报承使其占有权合法化。但是，这种基于向政府登记纳税得到的权利其实更多只是一种象征，因为实际的沙田位置、边界、面积都是不确定的。因此，沙湾要保持自己在资源控制和地域社会的优势，更多需要依赖文化象征方面的权力。

四、祖先的力量

沙田的控制，很显然给沙湾带来了巨大的财富，使沙湾成为在珠江三角洲城乡(包括广州、香港、澳门等大城市在内)中非常著名的乡镇。至迟在19世纪，在粤语方言中已经有一句非常流行的歇后语：“沙湾灯笼——何苦(粤语‘苦’与‘府’同音)”。沙湾何府的灯笼，被借用作为“何苦”一词的歇后语，很显然是由于书写着“何府”二字的灯笼，给人们留下了非常深刻的印象。事实上，“沙湾何”在珠江三角洲地区一直是象征富有的符号，这种富有的象征是以宗族的方式表达出来的。

珠江三角洲地区的宗族组织与沙田经营的关系，早已引起了研究者的注意。① 由于沙田的开发和经营都需要大量的资金和劳动力组织，人们也就很自然地多从沙田的开发经营和防卫需要以及沙田的丰厚收入来解释该地区宗族组织特别发达的原因。的确，在珠江三角洲地区，大族在开发经营沙田和保障沙田的收益方面发挥着十分重要的职能，但是，如果把宗族仅仅看成一种组织起来的生产力或政治力量，并不足以解释宗族在更深刻层面上的意义。事实上，在16世纪以后的珠江三角洲，社会经济的发展，已经生成了相当发达的商业资本和财富积累，也产生了许多在地方上拥有权势的士绅，人口的流动和社会的分化也形成了充足的劳动力资源，开发和经营沙田完全可以用其他组织形式来进行。而且，在实际的沙田开发和经营的过程中，资金和劳动力组织，也常常是由大耕家而不是由宗族来进行的。② 就沙湾的情况而言，在沙田控制上，宗族的意义其实主要不是一种经营组织，而更多是一种文化的资源，这种资源表现为祖先的力量。

据说，沙湾何氏之所以拥有如此大规模的沙田，而且还拥有可以一直扩展的沙田开发权，是因为何氏的始迁祖在宋代到沙湾定居时，就通过当地一位著名的士大夫李昴英，向广东常平司交纳过一笔钱，从而获得在沙湾东南方沙田的所有权，并“命诸子孙世为沙湾人也”③。

关于何人鉴纳价广东常平司买得大片沙田的传说，是我们在当地做调查访问时最经常听到的，也见于各种文字资料中。④ 这一传说的真实

---

① 参见陈翰笙：《解放前的地主与农民——华南农村危机研究》，27～45页。

② 参见张之洞：《张文襄公全集》卷28，《参革劣绅折》(光绪十五年十月十八日)。

③ 《沙湾何氏族谱·附录七》，抄本。这一说法在清末通过参加编修《番禺县志》的何氏士人写入地方志。

④ 在何人鉴的各种传记中，此事都是作为他的主要事迹记录下来的；另外，在一份据说是李昴英撰写的《承务郎德明公像赞》和一篇写于清初的《居址考》中，都特别提到此事。这些记载还在许多近人的著作中被广为引用。

性颇令人怀疑①，我们在前面已经论及，沙湾何氏宗族所控制的沙田，其实大多是在明代中期以后才开发的。不过，就本文的论题而言，这一传说本身是否真实其实无关紧要，重要的是在沙湾及其附近地区，当地人一直都相信这是事实。我们在沙湾调查时，只要问："沙湾何族为什么能够占有这么多沙田?"听到的回答几乎都是用一种毋庸置疑的口气所说："太公买下的!"他们和周围的人们似乎从未对这一解释的合理性发生过怀疑。很显然，祖先向官府承买沙田的行为，对于后世具有证明权利来源的意义。在何族的族谱资料中，就特别强调，正因为何人鉴置买了官荒田园，才使何族的子孙在沙湾"有田可耕，有地可牧，有山可樵，有水可渔"，"生者可居，殁者可葬"②。在传统中国乡村社会，这是一些最基本的社会权利，在珠江三角洲，这些权利的重要性表现得尤为明显。在沙湾镇，社会成员是否属于某个在镇里建有祠堂的宗族成员，是一种社会身份的标志。在社区内是否有权参与社区事务的所谓"五大姓"的资格，既不是根据人数的多少，也不是根据财产状况，而是根据他们是否在社区中建有祖先的祠堂。

在沙湾为祖先建立了祠堂的宗族，都有各自的关于祖先定居沙湾的合法性的传说。李姓说他们的祖先是宋代广东著名士大夫探花李昴英，本来李姓在沙湾实力并不强，但由于何姓祖先定居传说认定何姓的定居和占有沙田的权利，是在李昴英的帮助下取得的，而李昴英之所以会帮

① 关于何人鉴定居沙湾时纳价广东常平司买下了附近大片沙田的说法，是很令人怀疑的。其实，传说中的何人鉴买下的沙田，全部分布在沙湾东南方，这些地区在宋代是否已经成沙，本身就是一个疑点。近人一些研究珠江三角洲发育史的著作一般认为沙湾东南方的冲积平原基本上是元代以后才形成的，唯有沙湾何族声称宋代已买下的今榄核至鱼窝头、灵山这片沙田在宋代已经形成，但这一结论的唯一依据只有沙湾何族的这条材料。根据调查，这一带的居民点基本上是清代以后才出现的。广州地理研究所的钻探资料也显示：在何族声称宋代买下的沙田附近的灵山九比沙，－24.8米的淤泥为18600年，－7.4米的淤泥为5020年，－5.9米的淤泥含蚝壳为1680年，照这样的泥沙沉积速度推算，在800多年前也不太可能自然沉积到露出海面。

② 《(沙湾何氏)庐江宗谱》。

何姓，是由于何姓的祖先娶了李家的婢女(何姓的说法是娶了李昴英的妹妹)。由此，本来比较穷的李姓在沙湾有了特殊的地位。李姓还借助一个放木鹅的传说，来证明他们拥有无限地占有下游沙田的权利。这个传说的内容大致是，宋朝皇帝给了李姓祖先(一说是李昴英，一说是李姓有一太婆是皇帝的妹妹，称为皇姑)一只木鹅，允诺这个木鹅顺水流到哪里，哪里就是李姓的土地。木鹅一直流到珠江口外的大屿山，所以一直以来香港大屿山都被认为是李姓的土地。[①] 香港的古物古迹办事处保存一块原立在香港大屿山的石碑，上刻"食土税邑"几个大字，据说就是根据宋朝皇帝的这一意旨树立的。

王姓则声称其祖先比何姓、李姓还要早在沙湾定居，始祖来自南雄珠玑巷，先定居在位于沙湾东面的黄阁，后来"太婆"带一个儿子到中山县，"太公"带另一个儿子留在黄阁，"太公"死后，儿子迁到沙湾。在珠江三角洲，珠玑巷传说是一个关于身份和定居合法化的传说[②]，虽然王姓似乎没有直接说明他们在沙湾定居具有合法性依据的传说，但是珠玑巷传说以及其他一系列的传说都与王姓在沙湾的权利地位有关。一是王姓人会以他们的祠堂大门有石鼓而何姓大祠堂则没有，证明他们世代官宦且地位比何姓高；二是通过一些关于沙湾的风水的故事，显示王姓在沙湾具有定居权；三是传说王姓曾经和李姓争夺沙田，王姓胜诉，如此等等。

黎姓的祖先则据说是先从南雄珠玑巷迁到广州，其后再迁南海季华，再到沙湾南面的紫泥，后娶了沙湾陈姓的一个女子，陈姓是沙湾更早期的居民，陈姓女子用了沙湾的一块地作为嫁妆，黎姓由此得到在沙湾定居的权利。

---

①　关于这个传说，请参见 James Hayes，"Letting go The Wooden Goose"，in *Journal of the Hong Kong Branch of the Royal Asiatic Society*. vol. 12，1972。

②　参见 David Faure，"The Lineage as a Cultural Invention：The Case of the Pearl River Delta"，in *Modern China*，vol. 15，no. 1，1989. 刘志伟：《传说、附会与历史真实：珠江三角洲族谱中宗族历史的叙事结构及其意义》，见《中国谱牒研究》。

赵姓是沙湾人数最少的，只有几户人家和一间非常简陋的祠堂。不过赵姓声称他们是宋朝皇室的后代，他们强调，其他姓氏无论多么有钱有势，经过他们的祠堂门口都要下马，从而也争取到列入沙湾五大姓的权利。

基于这些传说，五大姓拥有镇内的“杂姓人”和镇外的“开面人”所没有的种种权利，并极力维持自己垄断的特权。在沙湾镇，我们看到一块石碑，是光绪十一年(1885)五月由王、何、黎、李四姓组成的地方行政机构仁让公局所立，其碑文如下：

> 我乡主仆之分最严，凡奴仆赎身者，例应远迁异地。如在本乡居住，其子孙冠婚、丧祭、屋制、服饰，仍要守奴仆之分，永远不得创立大小祠宇。倘不遵约束，我乡绅士切勿瞻徇容庇，并许乡人投首，即着更保驱逐，本局将其屋段投价给回。现因办理王仆陈亚湛一案，特申明禁，用垂久远。

碑文里提到的陈亚湛原是沙湾镇王姓宗族的祠仆，后在乡中致富，便在镇内建起了一间陈家祠，结果，被乡中大姓出面干预，拆除所建祠堂，同时立碑公禁。这一事件和碑文很清楚地反映出，如果不是镇中五大宗族的成员，即使奴仆已经赎了身，甚至发了财，要想在镇里建立祠堂也是绝对不允许的。因为建立祠堂是建立宗族的象征，而组成宗族，也就意味着在镇里可以和五大姓平起平坐，享有同样的权利。祠堂、宗族，加上祖先合法定居的传说，在这里就是社会权利的标志。

在身份地位上与沙湾“大姓”有更明显区别的，是居住在沙湾边缘和更外面的沙田区居民，他们既无祠堂，也没有宗族组织，对于祖先的来历，基本上一无所知，很少能说出四代以前祖先的名字。他们虽然世代在沙田区谋生，但对那些从海上浮生出来，甚至他们亲手开发出来的沙坦，根本不可能拥有任何权利，连在堤围上搭盖茅寮居住，都必须以租种像沙湾何族这类大族的沙田为前提。① 很显然，在这一地区，建有祠堂，有一套关于祖先出自名门望族或家世显赫的历史传说，有被正统规范所认可的定居历史依据的宗族，与那些没有组成宗族的，讲不出祖先来历的“水流柴”之间，有着被视为天然的社会区分。居住在珠江三角洲的民田区与沙田区交接地带的大乡镇中的大族，就是依靠着这种文化上的优势，确立了对沙田的控制权，在这一地区形成了一种“埋面”统治“开面”的地域性社会的政治格局。

了解这一点，就不难明白沙湾何族关于祖先来历和定居沙湾的传说的基本意义所在。要组成一个宗族，需要一个能被正统的文化传统所认同的历史，这是一个社会成员具有某种社会身份和社会权利的证明和价值来源。沙湾何族的历史传说，不管真实与否，我们都可以把它看成一种群体记忆，是一个确认传统、昭示今日的“神话”。关于何人鉴定居沙湾的传说，特别强调了始迁祖所买下的沙田是通过李昴英的关系，向政府承买下来的。这就使他们定居和开发沙田权利的合法性和合理性更能得到正统价值规范的认可。于是，宗族实际上意味着由祖宗的恩泽衍生出来的一系列权利。而这种被及子孙的恩泽又包括了一种士大夫文化的价值判断。宗族的这一意义很集中地体现在至今仍挂在何族大祠堂里的一副对联中：

阴德远从祖宗种，心田留与子孙耕。

据说，这副对联是明代著名学者陈献章撰书的，是何族的大祠堂称

① 在道光十九年(1839)东莞士绅与顺德温姓宗族争夺万顷沙一案中，被东莞士绅控告的主要被告有两个沙湾人郭进祥和郭亚宝，控文中说郭进祥是“疍户”“疍匪”“积案沙棍”，郭亚宝是出本给郭进祥围筑沙田的“土豪”，这两人看来都是在沙田区有财有势的像后来的“大天二”一类人物。但他们即使是自己出本围筑沙田，也必须以向顺德温氏宗族批耕的方式来进行。可见沙田上有势力的疍民，也不可能拥有沙田的所有权，而要以承认大族的所有权的方式，在大族的庇护下开发沙田。参见《东莞县志》卷 99，1911；[日]西川喜久子：《关于珠江三角洲沙田的“沙骨”和“鸭埠”》，见叶显恩主编：《清代区域社会经济研究》下册。

为“留耕堂”的出典。何氏宗族中有人在解释这一对联的意思时说：

> 溯自四世祖择居沙湾，稼穑维勤，彻田置业，其后生齿日众，衍派分房，谓非于万斯年，子孙千亿欤。……我太祖宽后(厚)仁慈，福地心田，两美兼擅，其子孙发越，继继绳绳，后之人溯本寻源，食旧德，服先畴，仰念前徽，列为支派。①

由此看来，“心田”本意是指一种精神的遗产，但也可以理解为“精神”和“田产”两类财富，这是沙湾何氏宗族发展的精神资源和财产资源。这些资源的创造，既是一个历史的过程，又是一个文化的过程。本文不可能对这一问题作更深入的讨论，只想指出，作为士大夫文化向乡村社会渗透的结果，祖宗观念和士绅价值的互相掺和与互相加强，是明代以后宗族发展的重要根据。在中国的传统文化里，人间和天国是一个连续体，现世的权利主体往往不是现实的个人或法人，而是祖先。但祖先的权利实际上又需要通过现实的政治经济行为来产生和维护。尤其是在地域社会中各种势力争夺沙田开发权和地方控制权的明争暗斗日趋激烈时，尽可能“培养”出祖先与士大夫文化传统的联系，无疑可以占据更有利的位置。根据正统的文化规范组成宗族也就成了一种最有效的手段和途径。②

五、祠堂里的神

与沙湾镇内建有一百多间宗族祠堂相比，沙湾的宗教寺庙数量要少得多，规模也远远比不上宗族祠堂。据沙湾镇建设委员会 1988 年的调查，民国时沙湾的寺庙中，除了有 5 处佛教寺庵外，民间祭祀的庙宇共

① 《沙湾何氏族谱·附录五》，抄本。

② 有关讨论，请参见[美]科大卫、刘志伟：《宗族与地方社会的国家认同——明清华南地区宗族发展的意识形态基础》，载《历史研究》，2000(3)。

有 14 处，它们是青龙庙、巡抚庙、华佗庙、玄坛庙、天后娘娘庙、观音堂、华光庙、康公主帅庙、三元庙、福善庙、关帝庙、窦母娘娘庙、义士祠、望海观音。

然而，在沙湾居民所供奉的神明中，地位最高的并不是这些庙中的神，而是一位没有自己专门庙宇的北帝。当地人把这位北帝称为“村主”，并且认为，沙湾这个北帝是中国仅有的三个（也有说是四个）北帝“正身”之一，按照当地的说法，这三个北帝“正身”一个在北京，一个在武当山，一个就是沙湾所供奉的这个。根据番禺县一位文人在沙湾所收集到的传说，这个北帝的来历是：

> 明代沙湾人李路远，在云南做边关大将时，云南有两族人为争夺朱元璋始造的北帝塑像而几次发生械斗，幸得李将军调解平息，重归于好。他们深感李将军清廉正直，办事有方，为两族人免去一场纠纷，遂把北帝塑像送给李将军。李将军把该像运回沙湾。①

这段关于北帝来历的传说，与我们在沙湾所听到的传说略有出入，事实上，这个故事在当地有多个版本流传，我们当然不会把它视为历史学家所谓“信史”。它很显然是一个被刻意编造出来的“神话”，在后来的流传过程中，必然会掺进更多以讹传讹的成分。但是，当地乡民们的确是从这一传说中，建立起关于北帝正统性的信念。据说，北帝从云南运回沙湾后，先是安放在村外的青龙庙中，周围各乡的人都来拜祭。有一次，水藤乡的人来拜时，将这尊北帝塑像偷回去，并照样做了两尊一模一样的。沙湾人发现北帝被偷去，正不知到那里去找，北帝就托梦说是水藤人偷了，并说塑像鼻子上爬有苍蝇的才是真的。于是，沙湾人根据北帝的指引，去水藤把北帝找了回来。从此就不再安在青龙庙了，改安放在村内的祠堂中，并从此形成了一种独特的北帝祭祀形式。一直到民国时期，这个北帝都没有一座专门的庙，而是每年轮流安放在各坊里的

---

① 司徒彤：《沙湾飘色》，见《番禺文史资料》，第 4 辑。

祠庙中。在民国时期，沙湾共有17个坊里，北帝每年由一个或两个坊里供祭，称为“当甲”，12年一轮，其轮流的次序是：

第一年：亭涌里、石狮里

第二年：忠心里

第三年：萝山里、侍御坊

第四年：经述里

第五年：东安里、江陵里

第六年：三槐里

第七年：第一里

第八年：文溪里

第九年：市东坊

第十年：经述里

第十一年：亚中坊、翠竹居

第十二年：三槐里

另外还有承芳里、官巷里、西安里不当甲。这些坊里中，三槐里是王姓宗族聚居的地方，经述里是黎姓宗族聚居的地方，文溪里则以李姓为主，其他各坊里的居民主要是何姓，也有少数李姓和赵姓。北帝在各坊轮祭时所安放(当地人称为“坐”)的地方一般是祠堂，少数几个坊专门建了间北帝祠(值得注意的是，这些北帝祠在当地人的观念中是祠堂而不是寺庙)来安放北帝，这些祠在本坊不当甲的年份是空的，并无北帝的偶像在里面。据一些乡民的回忆，北帝在各坊所坐的祠庙一般是固定的，它们分别是：

经述里：黎氏世德堂(后来世德堂做小学后，曾坐李家祠)

第一里：何氏十世祠

江陵里：赵家祠

东安里：北帝祠

市东坊：(何氏)悠远堂，一说北帝祠

亚中坊、翠竹居：何氏光裕堂(何氏丁房的大祠堂)

忠心里：(何氏)罄宜堂(后被“大天二”拆了，另建了一间北帝祠)

石狮里、亭涌里：何氏郡侯祠

萝山里、侍御坊：(何氏)崇敬堂、流芳堂、燕翼堂

三槐里：(王氏)乡贤祠

文溪里：李贻毂堂

每年轮流供祭北帝的单位，是作为地缘组织的坊里，但供奉北帝的场所，又是本来用于供奉祖先的宗族祠堂，这种现象把同一社区中地缘观念和血缘观念的交叉重合呈现出来。然而，北帝在各坊里坐什么祠堂，似乎没有严格划一的规则。有的可能是长期沿袭下来的习惯，如江陵里坐在赵家祠；有的是在本坊里聚居的血缘群体共同的宗祠，如亚中坊主要是何氏丁房聚居的地方，北帝也就坐到丁房的大祠堂去了，经述里、忠心里也如此；有的是选择地理位置适中处，如石狮里、亭涌里用来安放北帝的郡侯祠，只是何氏乙房衍庆房之下的一个较低层次支派的祠堂，而衍庆堂也在亭涌里，但由于郡侯祠刚好在两坊之间，也就选择了该祠堂。此外，也有人提到，北帝坐哪间祠堂，要用择杯的方式，“问过北帝公喜欢坐哪间”。唯有一点是相当明确的，这就是除了只有一间祠堂的赵氏宗族以外，其他四个大族的大宗祠都没有用作供奉北帝的场所。对于宗族来说，北帝坐进祖宗的祠堂，似乎并不一定会给祖宗或宗族带来多少荣耀和好处。如在萝山里和侍御坊有一排颇具规模的祠堂，分别是供奉何族的远祖侍御公何昶的追远堂、何族甲二房的孔安堂(六世)、丙房六世的贻燕堂和燕翼堂(共一间)、甲一房下的流芳堂(九世长子)和崇敬堂(九世次子)。在日本人占领该地前夕，乡长何汝达是流芳堂的子孙，而族长何汝辉是崇敬堂的子孙，据说这年北帝应该坐崇敬堂，但崇敬堂的族长不让坐(理由何在，讲述人说不清楚)，北帝只好坐到流芳堂。

1989年，我曾访问一位时年90多岁的王姓老人，据他说，北帝轮流供祭的方式，最早是按姓氏来轮的，除了现存五大姓外，还有一个朱姓，共有六姓，所以在12年里，每个族姓轮值两年。后来，何姓势力越来越大，而李、赵、朱等姓逐渐衰微，便逐步变成按坊甲来轮。这位老人的说法是否真确仍有待核实。不过，北帝在三槐里坐王姓祠堂，在经述里坐黎姓祠堂，在文溪里坐李姓祠堂，在江陵里坐赵姓祠堂的事实，反映出沙湾的北帝轮流供祭制度，的确与该社区内族姓关系有着某种联系。特别值得注意的是，在沙湾一直有相当势力的王、黎宗族聚居的经述里、三槐里在12年中分别轮值两次，这似乎是过去按族姓轮流供祭的痕迹。另一个访问对象也曾提到，原来，李姓也是六年一届当值，后来"顶不顺"(负担不了)，甚至要卖田来应付，才改为12年一届。

如果北帝祭祀的轮值制度在历史上的确曾经发生过上述变化，那么，从关于北帝来历的传说和沙湾独特的北帝祭祀传统中，我们可以了解到沙湾社区形成和演变过程的某种"真实"。

根据今天沙湾各姓居民聚居范围和现存宗族祠堂的分布以及我们对沙湾镇的地形和建筑物的考察，可以比较清楚地看出，早期的沙湾，是一群坐落在这个弧形海湾的山边的村落。各姓最早定居沙湾时，大体上是分别聚居的，何姓居住在现沙湾镇中部的山坡上，王姓在西部，赵姓在东部，李姓在何姓居地与王、赵两姓居地之间，黎姓定居稍后，聚居在李姓村的北边和何姓村的东边。后来随着人口的繁衍，这些村落逐渐连成一片，各姓之间的联系也日渐密切。北帝祭祀制度的形成过程，很可能就是沙湾各姓的村落整合为统一社区的过程。关于北帝来历的传说，暗示这个北帝原来是李家的神，后来各族姓轮流供祭，成为全乡共同的神，北帝的祭祀也就成为沙湾社区整合的一个重要手段。然而，社区整合的过程，并不简单地只是各个血缘群体结成地域联盟的过程，也必然包含了不同群体之间的兴衰隆替，甚至矛盾冲突。地方神祭祀仪式的安排，其实是不同的社会群体利用其作为调整和确认他们之间社会关系的一种手段，在这中间，可能是一场不同势力之间明争暗斗的竞赛，也可能是调适不同群体间矛盾冲突的一个机会。沙湾的北帝祭祀活动在地方历史上曾经起过什么作用，我们已经很难详细了解到了。不过北帝祭祀的轮值制度，从按族姓轮值改为按坊甲轮值，显然包含了社区关系的一系列重要的变动。从形式上看，这个变化的内容是社区关系由以血缘群体为基本单位变成以地缘组织为基本单位，但实际上，这显然也同时是何姓扩张其势力的过程。按坊里轮值使何姓在事实上控制了大多数年份北帝的祭祀，沙湾社区的整合过程，也是何氏宗族逐步确立起其在沙湾的统治地位的过程。

北帝祭祀每年最重要的仪式，是农历三月三日的北帝诞出会，仪式的组织和所需的经费主要由当值的坊里负责，随北帝出游的“飘色”队伍称为“出色”，则由各坊里自行负责。在这里，主角是作为地缘性社会单位的坊里，参加者基本上是以坊里居民的身份参加各种活动。各坊的经费有的来自坊甲本身的共有财产，更多是以做会的方式集资，如“迎銮会”，就是专门为了北帝祭祀活动而设立的，“会”的成员，一般是本坊里的居民，并无姓氏的限制。经费不足部分，则由各家各户“签钱”，或由一些较富有的人捐出。可见集资和活动的组织，基本上是在地缘性的社区基础上进行的。由于在同一坊里的居民并不一定属于同一血缘群体，在活动中宗族组织并不扮演直接的角色。在主要由王姓宗族聚居的三槐里和主要由黎姓宗族聚居的经述里，如果坊里筹集的资金不足，也会由宗族的尝产出部分钱，但何氏宗族则不同，尽管何留耕堂是沙湾财富最雄厚的经济实体，也是乡中最有权势的有组织的力量，但何留耕堂既不负担祭祀活动的资金，也不直接出面组织北帝祭祀的主要活动(除了下面谈到的出头请戏班外)。我们在访问时，不同的人讲到北帝祭祀活动时，也表现出不同的宗族意识。王姓、黎姓的人在观念上把本坊里参加北帝祭祀活动也同时看成本族的事，而何姓的人则较多强调这只是坊里的事，与宗族无关。

然而，这并不意味着何氏宗族被排除在活动之外，何氏宗族的存在，其实是以更潜在更深刻的方式表现出来。特别明显的是，在祭祀活动中的演戏安排上，何氏宗族在镇中的地位突出地表现出来。沙湾的北帝祭祀活动，同许多地方一样，除了巡游的队伍外，在几天的庆典中还有演戏和烧炮等活动。演戏由送北帝的坊和迎北帝的坊各请一班，有时何氏宗族的留耕堂还另请一班，也就是有两至三个班戏，所请戏班是由当甲的坊里或留耕堂派人去广州请的。戏班由坊甲或留耕堂请回来后，再给私人承包，承包者再向看戏者收钱。最主要的戏棚搭在留耕堂前的水塘上，戏台向着留耕堂，看戏人就坐在留耕堂前的广场上。一般在“出色”的活动结束后开始演戏，各坊的“色”都集中摆在戏台前，北帝则或坐在戏台前的中间，或坐在看戏人群的后面(据说日本人占领前坐戏台前，日本人被赶走后坐“后座”)。很显然，这场戏既是给北帝看的，也是给何氏宗族的祖先看的。更重要的是，主戏场总是设在留耕堂前，而北帝每次巡游了全镇之后，也总是来到留耕堂前，这无疑向人们显示出留耕堂在镇上的特殊地位。

尽管三槐里和经述里在祭祀活动中也会由族产出一部分经费，但总的来说，在北帝的祭祀活动中，宗族基本上是退到幕后的，每个社会成员在祭祀仪式中的角色主要由他作为坊里居民的身份来决定，整个活动呈现出来的主要是弥漫着合作气氛的邻里和坊里之间的关系。1992 年 4 月，我们参与了沙湾北帝诞出的祭祀活动，这时整个仪式同传统的形式相比，已经发生了很大的变化，北帝已经到何留耕堂旁边的另一间何氏宗族的祠堂“安家”了，这间祠堂也改称“玉虚宫”。北帝也不再出巡了，只是在玉虚宫内摆上烧猪等祭品，由各村派出舞狮队进行简单的拜祭。北帝诞的活动以庆祝沙湾旅港同乡会成立七周年的名义举行，祭祀活动也主要由旅居香港的沙湾籍人士主持，从香港回来参加祭祀活动的人士多达数百人，从主持者到一般成员都包括了何、王、李、黎等姓的人士。他们一再向我们强调的是，北帝是属于全镇的“村主”，他们恢复北帝祭祀活动，主要是因为北帝可以维系他们对家乡的感情，北帝的信仰是乡亲之间凝聚力的一种源泉。然而，尽管北帝祭祀仪式主要象征着地域性的社区整合，但在仪式表现出来的地缘关系背后，始终都存在宗族的影响。在我们的访问过程中，王姓和黎姓的人总是为他们聚居的坊里有能力保持在 12 年中轮值两次而感到自豪。而何氏宗族表现出看似不介入的姿态，只不过是由于何族已经牢牢掌握了社区控制权，何氏宗族在沙湾社区的地位已经不需要用如此直接的方式来证明。

以上讨论似乎表明，北帝祭祀的仪式反映出来的只是不同血缘群体之间的地缘联系，北帝祭祀活动也很容易被看成不同血缘群体在同一空间里显示其势力的表演舞台，被解释为大族利用来确立其统治地位的一种手段。但实际的情形似乎并不如此简单。前面谈到的何氏崇敬堂的族长反对北帝进崇敬堂的例子就透露出，对于宗族来说，北帝进祠堂供祭，并不一定是荣耀或值得欢迎的事。事实上，宗族在北帝祭祀中所扮演的角色是十分复杂的，宗族在北帝诞的巡游这种以地缘组织为单位的社区活动中的角色变化已经表明，如果说在沙湾社区整合的早期，北帝祭祀仪式是不同宗族之间以地缘关系为纽带整合为一个地域社会的重要途径，那么后来宗族的角色似乎淡出，北帝祭祀在整合不同血缘群体方面的意义也相对淡化。这时，要对一个血缘群体和地缘组织并存而且由两者叠合组成的社区关系作更深入的考察，也许还需要考察同样作为群体凝聚力象征的祖先和神明有什么不同的文化意义，从而明白社会成员对祖先和地方神崇拜的心理情感，这有助于我们把握这个社会的内在关系的实质。

在许多沙湾人的观念中，沙湾的北帝是永乐皇帝的化身。也有一些人能够比较清楚地讲出北帝来历的传说。一位何姓老人讲述这位北帝的来历时说：

> 北帝是沙湾的“村主”，而沙湾的北帝是由永乐皇帝所铸。传说永乐是马上皇，有一次杀到云南，惨败，全军覆没，只有一个将军与他逃回。他回来后对子民说：“我中了敌人的诡计，幸亏我是真命天子，有个被发仗剑赤足的水神救了我。”这个水神就是北帝，于是就铸了四个北帝，是照着永乐皇帝的样子铸的。一个放在北京的故

> 宫，一个在武当山，还有一个不知在什么地方，一个赐给了那位将军。将军带回家放在家庙里，因为很灵验，周围的亲戚朋友都来拜。将军死后，他的两个儿子分家时争这个北帝，打了几十年官司。后来经李昴英调解(因为李昴英是他们父亲的同僚)，兄弟和解了，就把这位北帝神像送给了李昴英，李昴英就把神像带回沙湾，安放在沙湾村外的青龙庙。

这一版本同前面那个经过文人整理的版本相比，显然更多地包含了讲述者记忆的错乱，但也似乎更多地包含了这一传说在当地人观念中的意义。北帝无论被说成是永乐皇帝的化身，还是说由永乐皇帝所铸造，显然都源出于明成祖朱棣隆祀真武(即北帝)的历史，明成祖朱棣认为他起兵靖难得真武神助，在永乐年间先后建真武庙于北京和武当山，在沙湾流传的关于北帝来历的传说，显然是借这段历史改造而成。这一传说在沙湾的流传过程中，一再强调的其实是沙湾北帝的正统性，我们在沙湾常常听到当地人说他们的北帝是正宗的，同时也强调了和其他地方(例如佛山)北帝的不同。他们说一般的北帝庙所供奉的是文北帝，而沙湾的是武北帝。的确，我们在沙湾所见到的供奉在正座的北帝塑像是一身戎装，而佛山祖庙供奉在正座的北帝则是身着一袭官服。但其实，北帝的形象本来就是有两种装束的，《新刻出像增补搜神记》中的玄天上帝(即北帝)就先后受玉帝赐以“素销飞云金霞之帔，紫销龙衮丹裳羽属绛采之裙”和“金甲玄袍”两套服饰。佛山祖庙的北帝行宫塑像，也是一身戎装，似乎并没有什么不同。但无论如何，一个一再被强调其正统性的北帝，是极富象征意义的。①

根据当地人的说法，沙湾的北帝是明代后期才从外地移入的，初时安放在村东面的青龙庙。根据当地老人的说法，青龙庙的建立，是为了

---

① 关于北帝崇拜是国家认同和地方整合的象征。参见拙文《神明的正统性与地方化——关于珠江三角洲地区北帝崇拜的一个解释》，见《中山大学史学集刊》，第2辑。

同位于沙湾东面的顺德大良争风水。原来沙湾被大良的塔镇住，所以一直发不起来，后来建立青龙庙，又在青龙庙前方的海边建了一座塔，沙湾就发起来了。这种关于风水的说法，隐含了沙湾的新兴大族与居住在顺德大良的旧大族争夺沙田控制权的历史。沙湾的大族不但建起了青龙庙，还搬来了一座自称为最正统的北帝神，至少对内可以鼓舞士气，对外可以形成一种文化上的优势。由此看来，沙湾北帝祭祀传统的形成和演变，与沙湾发展成为地域中心的过程有着内在的联系。

在珠江三角洲沙田开发过程中，不同地方势力之间的争夺异常尖锐。新沙田区的开发和经营，一般都由老开发区的大族所垄断，这些大族依靠种种社会地位和人身关系的不平等，对新沙田区的农民实行控制和奴役。但随着沙田开发向东南推进，新沙田区不断形成，成熟的沙田区的农民在经济上和政治上的地位上升后，就会向原来的支配势力发起挑战，并极力想成为新的沙田控制者。但是，这种挑战和地位的改变，不可能只凭借经济上的手段，他们也需要在文化上把自己改变成为正统的规范所认同的社会势力。培养子弟猎取功名，建立宗族，是最常见的文化手段。沙湾的北帝祭祀传统的形成，也与这种潜在的动机有关。

我们这一假设似乎还可以从另一个相关的事实得到支持，在沙湾的旁邻，有一个称作“基围”的小村落，过去是沙湾的附属村。村里的居民被沙湾镇里人称为“疍家仔”“水流柴”，虽然这个村子与沙湾几乎是紧连在一起，但村子过去也被认为属于沙田区，村里人过去也被视为“开面人”。在沙湾的北帝祭祀活动中，这个村子的居民是无权参与的。和其他沙田区的疍民一样，这个村子本来既没有祠堂，也没有神庙。但是，我们 1989 年在沙湾调查时，在这个村子看见一座非常简陋狭小的北帝庙，这座小庙大约建于 20 世纪 40 年代。当我们向沙湾人问到这座北帝庙的情况时，人们以一种不屑的态度说他们只是学镇里人拜北帝。基围村的北帝崇拜显然是一种新传统形成的开始。事实上，由于基围村与沙湾邻近，同其他沙田区的聚落相比，这个村子可能有比较久的定居历史和比较固定的居民。不难看出，这种新发展起来的村落在文化上的模仿，反映出某种具有正统性象征的神明崇拜，可能被利用作为改变社会地位的文化手段。因而，民间神祭祀传统的形成和变化，实际上是地域社会变迁的一种文化过程。

六、结语

沙湾的社区形态，是在特定的地方历史过程中形成的，这个过程既是社区的历史，又是地域社会发展的历史，同时也是王朝的历史。珠江三角洲独特的地域社会格局，造就了沙湾在边缘的沙田地区的核心性。这种核心性表现为通过文化上的优势和政治上的霸权而拥有资源控制的权利。这种权利的获得和维持，是通过掌握和利用国家话语，通过基于王朝国家的种种制度性、合法性和象征性资源的运用来实现，是国家权力的发挥；但这种地方性的"中心"的形成及其对边缘地区的控制，又是地方社会的经济变迁、权力转移以及文化转变的动态过程的结果。地域社会中的"中心—边缘"关系，既是王朝国家体制下"中心—边缘"关系的表现，又是一种特定的地方性的政治经济格局。传统乡村社会研究需要把社区、地域社会和国家体制的动态过程结合起来考察。

原刊《中国乡村研究》，第1辑，北京，商务印书馆，2003。

初版后记

在这部粗糙的书稿交付给出版社的时候，我倍加怀念业师汤明檖教授。早在1974年，在那个特殊的年代里，老师就不但教了我如何做学问，更教了我如何做人，使我领略到以学术为业的乐趣。在20世纪80年代初，老师从指导我研读梁方仲教授的遗著开始，把我引入了明清户籍赋役制度的研究领域。在老师的指点下，我才得以对梁方仲教授在他的著作中由于种种原因未能充分发挥的“微言大义”理解一二。由于我的懒散，这一研究拖了十年，今天才勉强成书，可老师却已经在1992年11月21日离开了我们，这是我最大的遗憾。如果本书尽管粗糙但还不至于为媚俗而离开了学术轨道的话，那完全归功于老师的言传身教。我希望把这本书，呈献在老师的灵前，作为我对老师的永远的纪念。

我最衷心地感谢姜伯勤教授，多年来，他对学术的执著和严肃的治学精神，一直是我的楷模。尤其在汤明檖老师离开我们之后，姜老师以对学生的关心和对学术事业的责任感，一直关心着本书的写作。正是在姜老师一次又一次的教诲、鼓励，甚至责骂之下，我才有勇气有力量写出了现在这部书稿。

我深深地感谢中山大学历史系的老师和同事们，没有他们多年来的帮助，没有他们营造出来的学术气氛和人际环境，我不可能甘于寂寞和清贫，在学术道路上坚定地走到今天。

我衷心地感谢在本课题的初期研究中曾经给予我许多帮助的老师和朋友，尤其是李文治、彭泽益、彭雨新、伍丹戈、陈绍闻、韦庆远、郑昌淦、李华、方行、魏金玉、经君健、洪焕椿、滨岛敦俊、片山刚、王宏钧、刘永成、杨生民、朱鸿林、伍跃等教授，假如一一列出，将有一长串名单，他们以各种方式给予我的指导和帮助，令我终身难以忘怀。在我成长道路上，李龙潜、叶显恩等老师长期关心和指导我的学习和研究，我将永远铭记在心！

我尤其感谢中山图书馆、北京图书馆、故宫博物院图书馆、南京图书馆、上海图书馆、中国科学院图书馆、北京大学图书馆、南京大学图书馆、中山大学图书馆、中国第一历史档案馆、新会市景堂图书馆、香港中文大学图书馆、香港大学图书馆、香港科技大学图书馆、广州博物馆等图书收藏机构。没有它们的收藏和服务，本书是不可能完成的。

我特别感激科大卫、萧凤霞、陈春声、蔡志祥，我想我不需要称呼他们的头衔，他们既是我的学长，更是我的朋友，他们不仅为我的研究无私地提供了大量的资料和宝贵的学术见解，还提供了许多研究条件和机会。最令我难忘的是，他们曾一起“密谋”，采取了一个“非常”的行动，促使我再也不敢拖延和犹豫，把这本小书写了出来。这一举动表达的最纯真的朋友之情，绝不是言语可以形容的，我除了努力写作之外，没有什么方式可以报答。和他们一样，陈支平、郑振满、罗一星、戴和等学长，也给了我许多的帮助。近年来，在与这些有共同学术追求的朋友们合作的关于华南传统社会的研究计划中，我们进行过多次无拘无束的讨论，他们的研究成果以及这些讨论，对本书关于明清广东社会变迁的许多基本观点的形成，影响至深，本书融入了这些愉快的经历和友情，令我异常地珍惜！

毫无疑问，如果没有中山大学出版社提供的出版资助，没有杨权、戴和两位学长的努力，本书根本没有可能出版。我对此感激至深！

我对我的儿子和父母以及其他的家人深深地感到歉疚，我在埋头于研究时，常常冷落和疏忽了他们，给他们带来了许多麻烦，是不可原谅的过失！

我唯一不需要感谢的是我的妻子，她和我一起分享了所有的失败与成功、痛苦与欢乐！

1997 年

再版跋

这本小书，是在我 1983 年提交的研究生毕业论文基础上写成的，1985 年修改成现在这个样子，1997 年才在稍作修订后正式出版。之所以拖了这么久，是因为我自己一直将其视为一部未完成的作品。

我初时拟订的研究计划，是要在弄清了明清之间户籍赋役体制的结构性改变的基础上，转向对清代广东乡村社会结构的更专门的研究，比较完整地讨论从明代一条鞭法到清代摊丁入地赋税改革的实质，由此揭示王朝控制编户齐民的户籍制度演变的机制，进而说明明清王朝国家和地方社会结构的转型。我把已经写出来的部分作为书的上半部，准备再用 5 年到 10 年的时间，在对清代地方社会结构作专门研究之后，再写出下半部。但其实，当时我对如何进行清代乡村基层社会结构的研究，并没有非常清晰的头绪，只是大致地设定问题切入点是国家权力(特别是在州县行政运作层面)与多元化的乡村社会组织之间的关系，至于要研究的问题有哪些，从哪些材料入手，在理论上和方法上应该如何把握等，都缺乏明确的方向和清晰的思路。

恰好就在这以后的数年间，我有幸先后结识了科大卫、萧凤霞、郑振满、陈支平、陈其南、蔡志祥、程美宝等一群从事华南地区社会史和人类学研究的朋友。我和陈春声、戴和、罗一星等同学一起，同这些师友结下了不解的学术之缘。我们共同开展了几个以华南地方社会为主题的研究计划，开始了后来称为“华南研究”的学术活动，在广东、福建等地的乡村开展传统中国社会历史文化研究。在多年的合作研究和密集的集体讨论中，我们提出了很多新的问题，也打开了新的视野。尤其是田野研究经验的积累和民间文献的收集与解读，令我们逐渐对传统中国乡村社会历史形成一套新的解释模式。然而，对传统乡村社会的理解越深入，为自己设定的目标就越向前推移，有点儿令人沮丧的是，个人研究的缓慢进展与不断前移的目标之间距离越来越拉大了。到了 20 世纪 90 年代中期，我已经很清醒地知道，当初设想的这部书的完整框架，是没有可能在短时间内搭建起来的了。于是，在诸师友的一再催促下，我把这本没有完成的书稿交给了中山大学出版社。

书出版后，我一直很惶恐。因为这个研究原来的野心，是要打通制度史研究与社会经济史研究的藩篱，从分析赋役制度运作机制的转变入手，揭示明清社会经济乃至王朝国家体制转型的内容和实质。但我在书的末章只是循这一思考的方向，概括地提出来了一些基本的思路之后，还没有真正展开讨论，就戛然而止了。把这样一本半成品著作呈现给学界，实在有点儿心虚。幸运的是，这本小书出版以后，虽然发行渠道非常有限，但还是有很多学界朋友给予了很多的关心和理解，尤其是尽管没有完成下半部，很多学者还是从书中读出了我的用意。例如杨念群在《中层理论：东西方思想会通下的中国史研究》一书中对本书的评论，就在准确地概括了本书主旨的同时，把我没有清晰表达的意图非常精练地点了出来，令我多了一些自信。我特别受鼓舞的是，随着中国社会史研究的深入，最近十多年来，很多青年学者对中国不同地区的户籍赋役制度和乡村基层组织的研究，已经揭示出比本书更丰富而且精彩得多的事实。这些在不同地区呈现出来的事实，很多都能够支持我在研究广东地区的情况时所提出的解释。这也是我到今天有勇气把这本只是一个半成品的书再版的一个原因。

虽然本书的下半部没有写出来，但我在最近二十年来，并没有放弃最初的关怀。从表面上看，我最近二十年的研究，似乎在风格上也与本书写作时期有很大的不同，但是，我研究的问题和兴趣，始终没有离开过原来设定目标的方向，而且，我对早年的户籍赋役制度研究同后来的研究课题之间内在联系的认识，也越来越自觉和清晰起来。这次再版所附的三篇论文，是综合了我最近二十年来的研究写成的。选择这三篇文章作为本书附录，或者多少可以补偿本书下篇“夭折”的遗憾。就这些文章的实质内容而言，在一定意义上也可以视为本书的下篇。其中《地域社会与文化的结构过程》《历史叙述与社会事实》两文，都尝试把本书的一些论点整合到其他问题的讨论中，《边缘的中心》则是在前面两篇论文展开的地域社会历史框架下来讨论一个社区的历史。科大卫在他最近出版的新著 *Emperor and Ancestor*：*State and Lineage in South China*（Stanford，Stanford University Press，2007）的导言中，有一句话借用来表达这三篇文章的主题与本书论题之间的联系颇为妥帖，他说：“The household，therefore，was a creation of law，but the lineage became its successor in ritual.”在这个命题下，把本书和附录的三篇论文联系起来，表达了我理解明清时期王朝制度变迁与基层社会结构转型之间关系的基本思路。尽管这个思路或者还只是一个不那么清晰的轮廓，但我想，相对于我写作本书时候的想法，已经向前走了一步。为此，这次再版，我把书名改为《在国家与社会之间——明清广东地区里甲赋役制度与乡村社会》，希望这点改动，稍能表达我近二十年研究上的一点点进展。

写到这里，我想起在 1987 年冬，萧凤霞、科大卫和我一起到江门市郊区潮连镇的洪圣庙，为了在一段紧张的工作后愉悦一下身心，我向洪圣大王求了两支签，第一支问工作，第二支问前程，第一支求得的是第 49 签，签文曰：

> 羁人失所几多时，忽遇羊猴可见贵，镜遇高人亲拂拭，从新依旧发光辉。

第二支是第 29 签，签文曰：

> 万里静无云，长空孤月明，吉星来照护，名利两相成。

这两条签文言辞虽俗，但也俗得有趣。虽然我从不相信任何灵验和预言，但我非常佩服民间卦文签语设计所蕴涵的机智，它总是可以令人们在自己的人生经历中找到与“预言”相契的事实，信者谓之“灵验”，不信者亦难不动容。

回顾我的治学道路，这两支签语，除了“名利两相成”之类梦呓之外，大体上可算“灵验”。我回到中山大学入汤明檖老师门下攻读研究生是1980年，当年就是猴年。洪圣大王的观念也许还停留在科举时代，这位老先生大概还不知道今天读书治学已非名利场之正途，还以为读研究生大概与入国子监差不多，亦算是见“贵”了。其实真正令我见“贵”的，是自这个猴年开始，我得以在汤老师指导下，从读梁方仲先生的著作始，步入中国社会经济史研究之门。正是梁方仲先生的著作，打开了我在这个学术领域里的视野。我后来的研究，在问题意识和理论、方法上，是循着梁方仲先生开辟的路前行，这一个猴年无疑是我走上这条治学之路的起步点。在我的研究道路上，另一个具有标志性的时间点，就是由萧凤霞、陈其南主持的“华南传统中国社会文化形态研究计划”开始的1991年。这个计划聚集了前面提到的各位师友，每两个月一次的工作坊，白天考察，晚上热烈争论到深夜，令我们在传统乡村社会研究方面找到了很多共识，更逐步找到了自己研究的基本问题和方向。虽然这是一个逐渐清晰起来的过程，但1991年这个羊年无疑是最关键的转折点。当然，这两条签文最应验的是“高人亲拂拭”和“吉星来照护”两句。正是我这十多年来遇到的高人、吉星，把我从“失所几多时”的状态中解救出来。在这部小书附上后来三篇习作得以“从新依旧”再版的时候，我特别要表达感恩之情的，是那拂拭着我的高人和照护着我的吉星。

最后，我要特别致谢的，是中国人民大学出版社以及谭徐锋、吕鹏军两位编辑，他们不嫌拙作浅陋，又细心校订，令本书得以新貌再版。还有我的学生们，他们在阅读这本小书过程中，毫无保留地对本书提出了很多批评。尤其是在这次再版时，周鑫、申斌、黄壮钊、刘勇、杨培娜等同学，还有协助我通校全书的周惊涛博士，他们不仅指出了本书的很多错漏之处，还就本书的很多表述提出疑问，甚至提出了修改的建议。

虽然我未能全部接受所有的意见，加上作为一再版书，不应作太大修改，难以就他们提出的问题做全面的回应，只能先对明显的错漏作一些订正，但我非常感激他们，尤其是为他们对学术的热忱和执著感到欣慰！

2009 年 12 月 30 日谨跋

图书在版编目（CIP）数据

在国家与社会之间：明清广东地区里甲赋役制度与乡村社会/刘志伟著．—增订版．—北京：北京师范大学出版社，2021.1（2024.6重印）

（新史学&多元对话系列）

ISBN 978-7-303-26407-0

Ⅰ．在… Ⅱ．①刘… Ⅲ．①赋税制度—研究—广东—明清时代②徭役—研究—广东—明清时代③户籍制度—研究—广东—明清时代 Ⅳ．①F812.948②C921.3

中国版本图书馆CIP数据核字（2020）第200175号

营销中心电话 010-58808006

北京师范大学出版社新史学策划部微信公众号 新史学1902

ZAI GUOJIA YU SHEHUI ZHIJIAN MINGQING GUANGDONG DIQU LIJIA FUYI ZHIDU YU XIANGCUN SHEHUI

出版发行：北京师范大学出版社 www.bnupg.com
北京市西城区新街口外大街12-3号
邮政编码：100088

印　刷：北京盛通印刷股份有限公司
经　销：全国新华书店
开　本：730 mm×980 mm 1/16
印　张：21.75
字　数：292千字
版　次：2021年1月第1版
印　次：2024年6月第2次印刷
定　价：98.00元

策划编辑：谭徐锋　　责任编辑：王艳平
美术编辑：王齐云　　装帧设计：蔡立国
责任校对：陈　民　　责任印制：马　洁　赵　龙